U0507456

本书为国家社会科学基金青年项目

"解释者信念度语境相关模型研究"（项目批准号：09CZX017）成果

社科文库

科学解释模型与解释者信念研究

闫坤如 著

中国社会科学出版社

图书在版编目（CIP）数据

科学解释模型与解释者信念研究／闫坤如著．—北京：中国社会科学
出版社，2016.1

（华南理工大学社科文库）

ISBN 978 - 7 - 5161 - 7593 - 4

Ⅰ．①科…　Ⅱ．①闫…　Ⅲ．①阐释学—研究　Ⅳ.①B089.2

中国版本图书馆 CIP 数据核字（2016）第 025330 号

出 版 人	赵剑英
责任编辑	田　文
特约编辑	陈　琳
责任校对	张爱华
责任印制	王　超

出　　版	中国社会科学出版社
社　　址	北京鼓楼西大街甲 158 号
邮　　编	100720
网　　址	http://www.csspw.cn
发 行 部	010 - 84083685
门 市 部	010 - 84029450
经　　销	新华书店及其他书店

印　　刷	北京君升印刷有限公司
装　　订	廊坊市广阳区广增装订厂
版　　次	2016 年 1 月第 1 版
印　　次	2016 年 1 月第 1 次印刷

开　　本	710×1000　1/16
印　　张	15.5
插　　页	2
字　　数	254 千字
定　　价	58.00 元

凡购买中国社会科学出版社图书，如有质量问题请与本社营销中心联系调换
电话：010 - 84083683
版权所有　侵权必究

《华南理工大学社科文库》编委会

主　　编　杜小明　王迎军

执行主编　章熙春

副 主 编　麦均洪　李石勇

成　　员　朱桂龙　王仁曾　刘社欣　吴克昌

　　　　　钟书能　徐松林　苏宏元　米和平

　　　　　刘　明　陈锦昌　安　然　张乐平

序

高水平大学建设离不开人文社会科学的发展。华南理工大学办学 60多年来，坚持党的教育方针和社会主义办学方向，形成了学术立校、培育英才、服务社会、追求卓越的办学理念，取得了辉煌的发展成就。特别是2003 年以来，学校紧紧抓住大学城建设的契机，大力发展人文社会科学学科，并在较短的时间内取得瞩目的成绩，在综合型、高水平大学的发展道理上迈出了坚实的步伐。

作为一种知识体系和价值体系的人文社会科学，对于大学承担起人才培养、科学研究、社会服务和文化传承创新的职能，具有不可替代的重要意义。从个人成长来看，当今时代发展所需要的创新型人才，不仅要有过硬的专业技能，更要有坚定的理想信念、高尚的道德情操和强烈的社会责任感。人文社会科学能够帮助大学生树立正确的世界观、人生观和价值观，促进人的全面发展。从学校发展来看，纵观世界一流大学的发展，无不具有理工结合、文理渗透、互为补充的特点，从这种意义上，人文社会科学是推动高校长远发展的持续动力。从国家建设来看，人文社会科学不仅直接解决国家经济社会发展中遇到的重大问题，更从宏观上满足着人类的精神需求，主导精神文明建设，从而促进社会全面进步、和谐发展。华南理工大学高度重视人文社会科学建设，始终将学校发展融入国家和地方经济发展的大局当中，培养了大批党、政、军和企业管理人才，为促进经济社会发展做出了重要贡献。

《华南理工大学社科文库》汇集了华南理工大学人文社会科学研究者主持国家社科基金项目结项的优秀学术成果，集中体现了学校在人文社会科学领域取得的学术成就。本套文库是展示优秀成果的窗口，旨在让国家社科基金项目结项成果"走出去"，让社会各界更好地了解和分享华南理工大学人文社会科学研究的发展。本套文库是思想交汇碰撞的平台，凝结了研究者对国家和区域发展重大理论和现实问题的思考，对学术前沿问题的关注，为相关领域专家学界和同行提供了很好的思想交流与对话平台。同时，在华南理工大学深厚理工科背景下发展起来的人文社会科学，对促进跨学科、跨领域的知识创造具有更为重要的参考意义。本套文库是服务社会发展的智库，在推进人文社会科学发展的进程当中，华南理工大学始终以国家和地方经济社会发展中的重大理论和现实问题为导向，致力于提供全方位、多方面、有力度的知识贡献和思想资源。文库正是深入探索国家发展、民族崛起和地方治理战略的思想宝库，从而能够对推动国家和地方科学决策提供智力支持。

在建设一流大学的征程上，华南理工大学将与时代同步伐、与祖国共命运、与人民齐奋斗，激昂奋进，勇攀高峰，进一步加强人文社会科学建设，打造人文社会科学优秀学术品牌，提升人文社会科学办学水平，创造出更加辉煌的成就。

是为序。

华南理工大学校长

前　言

自盘古开天始，人类就对生存的环境充满好奇，提出例如"天空为什么是蓝色的?"、"筷子插入水中为什么会弯曲?"等等这样的问题。科学家尝试给出这些问题的答案，试图减少人类的困惑，这就是科学解释（Scientific Explanation，又译作科学说明）的过程。自 1948 年第一个科学解释模型提出以来，科学解释一直是科学哲学的中心问题之一，近年来更可谓是"当代经典"的热点问题，2005 年《综合》专门用一辑讨论科学解释问题（*Synthese*，Vol. 143，2005）。长期以来，科学哲学家提出了形形色色的科学解释理论，彼此之间展开了激烈而持久的争论。1948 年亨普尔（C. G. Hempel）和奥本海姆（P. Oppenheim）合写了《解释的逻辑研究》（*Studies in the Logic of Explanation*），提出了第一个科学解释模型，即演绎—律则模型（Deductive‑Nomological Model，D—N 模型），自此科学解释成为科学哲学的核心问题之一。由于他们把科学解释仅仅看成由前提演绎推导出结论的逻辑过程，使得此模型不可避免地遇到了一些麻烦。科学解释模型的缺陷激起了对科学解释的本质的研究，激发了各种各样的科学解释模型的出现，连亨普尔自己也意识到这些缺陷，对 D—N 模型进行了修正，他于 1965 年发表的《科学解释面面观》（*Aspects of Scientific Explanation*）中增加了两种统计解释的模型：演绎—统计模型（Deductive‑Statistical Model，D—S 模型）和归纳—统计模型（Inductive‑Statistical Model，I—S 模型）。在对 D—N 模型的修改中比较重要的模型是萨尔蒙（W. Salmon）的统计相关模型（The Statistical‑Relevance Model，S—R 模型）（1970，1971）和费茨尔（J. H. Fetzer）的因果相关模型（The Causal‑Relevance Model，C—R 模型）（1993），这两种模型把解释作为识别产生事件、状态和规则性的基础性本体论机制；弗里德曼（M. Friedman）和凯切尔（Philip. Kitcher）提出统合解释理论（The Uificatory Theory of

Explanation）（Friedman，1974；Kitcher，1981），统合模型认为解释就是提供现象的相容的统一。以上这些解释模型都是从语义学维度提出的科学解释模型。范·弗拉森（Bas. C. Van Fraassen）和阿欣斯坦（P. Achinstein）从语用学视角提出了新的科学解释模型，他们认为解释需要针对被解释者的知识状态或语境的需要作相应的调整。语用学解释观点包括范·弗拉森的语境相关的解释理论（The Contextual Theory of Explanation）（1977，1980）和阿欣斯坦提出的考虑到解释者意图的以言行事行为模型（The Illocutionary Act Model）（1977，1983），其他还有雷尔顿（P. Railton）提出的概率解释的演绎—律则模型（Deductive - Nomological Model of Probabilistic Explanation）以及汉弗莱（P. Humphreys）的科学解释的或然性模型（the Aleatory Model of Scientific explanation）等等。综上所述，对科学解释的研究表现了几个特点：第一，关注解释项和被解释项之间的关系，对这个问题的处理关涉到对科学解释的其他本质问题的理解和辩护；第二，科学解释研究进路多、模型多，至少有 6 条进路和十几个模型；第三，对科学解释的研究的总体趋势是从语义学的研究转到语用学的研究。

在一个解释中，我们称被解释的事件为"被解释项"（explanadum），称用于解释它的事件为"解释项"（explanans）。

例如，为什么天空是蓝色的？

因为光的散射。

其中"（为什么）天空是蓝色的"是被解释项；"光的散射"是解释项。

对科学解释的最早讨论可以追溯到古希腊哲学家亚里士多德，他认为哲学的主要任务就是解释现象世界的原因。亚里士多德在"物理学"中提出"四因说"。即，质料因、形式因、动力因和目的因。

1. 质料因。即构成事物的原始质料，就好比建造房屋用的砖木石瓦。

2. 形式因。即构成事物的样式和原型，就好比造房屋的图纸或建筑师头脑里的房屋原型。

3. 动力因。即推动质料变成形式的外部力量，就好比把砖木石瓦变成房屋的建筑师。

4. 目的因。即事物产生和运动变化所追求的目的，就好比建造房屋的目的是为了居住。

亚里士多德认为，只要把一个事物的四个原因都解释清楚，也就是认识了这件事物，他的"四因"中的每一个原因都是对"Why—问题"的回答，也就是一个科学解释。从这个意义上来讲"亚里士多德是第一位科学哲学家，他通过分析科学解释的某些问题而创立了这门学科"。①

亚里士多德不仅提出科学解释就是对 Why—问题的回答，他还指出了"Why"的含义，"这就是要指出：（1）这个结果必然是那个原因引起的（或绝对地或通常由它引起的）；（2）如果这个是这样，必须先有那个是这样，例如有结论必有前提；（3）这就是某事物的本质；（4）因为这样比较善（不是绝对的善，而是每一事物的本质来说是善）"。②

亚里士多德的四因说理论不但提出科学解释是对 Why—问题的回答，而且还提出解释必须满足的四个条件："（1）前提必须是真的；（2）前提必须是无法证明的；（3）前提必须比结论更为人所知；（4）前提必须是在结论中所作归属的原因。"③ 亚里士多德的理论为科学解释标准模型的提出提供了理论基础。

本著作立足于科学解释的标准模型，通过对解释模型的分析，探讨解释相关的解释者信念，从而对科学的解释进行思考。

---

① ［美］约翰·洛西：《科学哲学历史导论》，邱仁宗等译，华中工学院出版社 1982 年版，第 6 页。

② ［古希腊］亚里士多德：《物理学》，张竹明译，商务印书馆 1982 年版，第 61 页。

③ ［美］约翰·洛西：《科学哲学历史导论》，邱仁宗等译，华中工学院出版社 1982 年版，第 10 页。

目　　录

第一章　科学解释的标准模型及其困境

第一节　科学解释标准模型

一　科学解释标准模型的结构形式

科学解释的"标准观点"是解释的"覆盖律模型"（the covering - law model）。一个解释，就是由解释项推衍出被解释项的过程。狭义上覆盖律模型指的是亨普尔的演绎—律则模型，广义的覆盖律模型包括亨普尔提出的所有科学解释模型。覆盖律模型认为解释就是把特殊事件置于普遍规律之下。随着科学哲学家对科学解释研究的深入，覆盖律模型遇到了一系列反例，关于解释的种种替代观点也发展起来。其他科学解释观点都是对亨普尔基本思想的扩展、修改和批评，但我们不能否定亨普尔科学解释模型在科学解释中的作用。下面我们从亨普尔的科学解释模型切入分析科学解释模型。

亨普尔注重科学解释的解释项和被解释项之间的逻辑关系，很少考虑科学解释中的解释者，他的科学解释模型是典型的语义学意义上的科学解释模型。卡尔纳普曾经说过"如果我们不考虑语言的使用者而只是分析表达式或它们的指谓关系，我们就是在进行语义学领域的分析"。①

在亨普尔看来，科学解释的哲学基础是它的逻辑形式，恰当的科学解释可以重建为一种或几种类型的模型，比如演绎—律则模型和归纳—统计模型等。这些模型的被解释项一般由包含一个定律和至少一个边界条件（boundary conditions）的解释项演绎地或者归纳地推导出来的。逻辑经验主义者认为"科学定律（scientific law）具有解释能力，据悉是

---

① R. Carnap, Introduction to Semantics, Cambridge, Mass, 1942, p. 9.

因为它们描述了事物不得不如此的方式"。① 亨普尔认为解释就是论证，解释就是由前提演绎地或者归纳地推导出结论，解释项和被解释项之间的关系是演绎相关或者归纳相关的，也就是说解释项和被解释项之间是逻辑相关的。同时，"解释句还要求某些初始条件（initial conditions）或者边界条件，这些条件将是对相关因素的一种描述。"② 罗森堡（A. Rosenberg）指出，"一开始，这些哲学家（逻辑经验主义者）就寻找构成解释句和被解释句之间的一种客观关系的科学解释的概念；这种关系就像数学证明中的关系一样，它之成立与人们是否认识它之成立无关"。③ 亨普尔只考虑解释项和被解释项之间的逻辑关系，没有考虑到解释所处的具体的环境，因此，亨普尔的科学解释模型是语义学维度的。

亨普尔认为科学解释不仅仅是对特定事实的解释，还是对普遍规律的解释。此时，解释的过程可以用高层次的定律去演绎地推导出低层次的定律，如用牛顿的引力定律及其他力学定律导出开普勒的行星运动律。据此亨普尔区分了两种科学解释的类型，一种是对事实的解释；一种是对规律、理论的解释。

我们可以把亨普尔的演绎—律则模型归结为以下五个命题来说明：

1. 科学解释是对 Why—问题的回答。在科学解释中必须有一个 Why—问题，科学解释就是回答这个 Why—问题。

2. 解释的对象是描述现象的语句，而不是现象本身。解释的关系后承并不是世界中的事件和事物本身，而是语句描述之下的事件或规律。

3. 科学解释的恰当性的逻辑条件为：A. 解释项与被解释项必须演绎的或归纳的相关；B. 解释项至少包含一条普遍定律，而且这些定律必须实际满足对被解释项的衍推性要求，这一条件保证解释项导致被解释项的出现是可以重复的，是规律性的；C. 解释项必须具有经验内容，就是说，它至少在原则上必须能被实验或观察所检验。

4. 科学解释的恰当性的经验条件是：组成解释项的语句必须为真。

---

① A. Rosenberg, Philosophy of Science, A contemporary introduction, London and New York: Routledge, 2000, p. 20.

② Ibid., p. 24.

③ Ibid., p. 26.

亨普尔认为解释是论证，论证不仅仅需要形式正确，还需要前提真实，因此，组成解释项的语句必须为真，由虚假前提推导出的结论是不可靠的。

5. 解释和预测在逻辑上同构，其差异仅仅源于语用的不同。①

亨普尔的演绎—律则模型用公式可以表示如下：

解释项：C_1, C_2, …, C_N （前提条件陈述）

L_1, L_2, …, L_N （普遍性定律陈述）

被解释项：E （对被解释经验现象的描述）

在 D—N 模型中，被解释事件实际上是一组全称普遍定律和一组相关的初始条件经演绎推理得出的一个合式推论。普遍定律在科学解释 D—N 模型中是必不可少的，但是仅从普遍定律是不可能演绎出被解释现象的陈述，必须要有初始条件，且这组定律和初始条件对于被解释事件是充分的。亨普尔认为演绎—律则模型解释是"在普遍定律下进行演绎归结"（deductive subsumption），而解释性论证是"将被解释项归结在那些定律之下"。② 演绎—律则解释在最强的意义上满足了解释的相关性要求："它们提供的解释性信息演绎地蕴涵了被解释语句，并且从而对于被解释现象为什么被预期提供了逻辑上的最终根据。"③

亨普尔在《自然科学的哲学》（*Philosophy of Natural Science*）中把上述五个解释的恰当条件弱化为解释的相关性和可检验性这两个条件：

（1）解释相关性：所引证的解释性信息提供了很好的理由使得人们相信现象的确已经发生或者真的会发生；

（2）可检验性：构成解释的陈述必须能够进行经验检验。④

亨普尔的科学解释理论使得科学解释成为科学和哲学的核心问题之一，丰富了科学哲学的研究领域。原来人们认为，在科学哲学领域中不存在科学解释，解释是属于形而上学和神学的范围，解释不在科学的研究范围内。自演绎—律则模型提出后，没有人再否认科学解释的存在

---

① R. Cohen, The Context of Explanation, Dordrecht: Kluwer Academic Publishers, 1993, pp. 1 – 4.

② C. G. Hempel, Philosophy of Natural Science, Englewood Cliffs, New Jersey, Prentice Hall, 1966, p. 51.

③ Ibid., p. 52.

④ Ibid., pp. 48 – 49.

了。"它是一个源头，后来有关科学解释的哲学工作都直接或间接地源自于它。"① 亨普尔的科学解释理论是 20 世纪最伟大的哲学成就之一，使科学解释问题变成科学与哲学的核心问题和主要目标之一，改变了自然科学与人文科学二分的对立局面，对当代科学哲学具有十分重要的价值。自亨普尔开始，科学哲学家们开始深入探讨对科学解释本质的研究，学者们致力于以逻辑化的语言对自然科学和社会科学进行解释。虽有许多针对亨普尔标准解释模型的新的修改方案的不断出现，但也只是在其基础上的修正与批评，并未脱离它的影响。可以说，亨普尔的科学解释理论对当代科学哲学的发展有重要的意义和价值。自亨普尔解释模型提出后，科学家们争论的焦点变为：是否每个满意的科学解释都必须至少包含一个法则，解释项中的陈述是否必须为真的，高度确证是否是一个更恰当的要求，解释是否应该考虑参与解释的人的作用，以及解释和预测的对称性论旨，等等。

亨普尔科学解释模型的意义，主要表现在以下三个方面：

首先，亨普尔科学解释模型扩展了科学哲学的研究领域。

对科学解释问题的关注最早可追溯至亚里士多德时期，自亨普尔标准解释模型提出后，人们不再满足于对"是什么"的问题的探索，而更想关注事件背后的深层问题——"为什么"的问题。无论是早期的穆勒与休谟，还是后来的亨普尔、萨尔蒙、范·弗拉森、阿欣斯坦等现代西方科学哲学家，对"Why—问题"由浅至深的理解与探索，使得科学解释成为科学哲学研究的核心论题之一，至今仍受到广泛的关注与讨论。

20 世纪初期，逻辑经验主义在科学哲学中占据统治地位，关注为知识提供一个清晰的表达式和对知识的经验主义提供理论的证明。亨普尔立足于逻辑经验主义的基本纲领，对原有哲学问题进行深入研究，并对自身的缺陷与弊端进行分析与修正，使科学解释观深入人心，重新引发了解释与理解之争，开创了科学哲学研究的新领域。

其次，亨普尔解释模型引发了对解释相关的思考。

亨普尔从逻辑经验主义立场出发提出了科学解释的覆盖律模型。在

---

① P. Kitcher & W. C. Salmon, Scientific Explanation, Minnesota: University of Minnesota Press, 1989, p. 8.

覆盖律模型中，普遍定律起着至关重要的作用，本质上是运用形式化的逻辑语言对解释项与被解释项之间进行逻辑重构，注重对单个事件的科学解释进行逻辑的精确描述。亨普尔的科学解释模型解释方法主导了20世纪五六十年代的科学哲学，影响深远。随着现代自然科学与逻辑学的发展，逻辑经验主义自身的缺陷也不断暴露，引发了学者们对科学解释本质的深入研究，对亨普尔的科学解释标准模型进行批评与修正。尽管后期相继出现了各种不同的科学解释模型，并对科学解释而言是一种进步与发展，但它们也只是在标准模型基础之上的修正，并未脱离逻辑经验主义的科学解释标准模型的研究范式，都是在寻找解释项和被解释项之间的相关关系，之后的萨尔蒙的统计相关解释模型、费茨尔的因果相关解释模型、范·弗拉森和阿欣斯坦的语境相关解释模型等都基于探讨解释项和被解释项之间的相关关系，可以说其他解释模型都与亨普尔解释模型一脉相承。

再次，亨普尔解释模型奠定了科学理论问题研究的基础。

亨普尔在《自然科学的哲学》一书中系统地表述了解释与科学理论二者之间的关系。他指出理论是用理论定律或理论原理说明先已发现的经验上的统一性并且通常还预言新的规则性，也就是逻辑经验主义所主张的科学理论的解释力与预测力的统一，并提出了内部原理与桥接原理对该问题加以论证。内部原理将阐明理论及基本实体与过程遵从的定律需要的那些基本实体与过程，桥接原理所设想的过程如何联系于我们已知的经验现象，从而使科学理论可以说明、预言或逆断这些现象。桥接原理保障理论的解释力，使其能够接受检验；而内部原理则体现的是由该理论所设定的特定的实例及过程，需要借助特有的理论概念，通过我们原已熟悉的事物和事件对理论原理进行检验。亨普尔在研究科学解释理论的基础上，细致地考察了理论的性质、功能和结构等，强调科学理论是作为一个系统和经验建立的联系，十分重视科学理论的解释力和预测力的功能。因此，不难看到，逻辑经验主义者对科学解释理论的探索为科学理论问题的研究奠定了基础。

亨普尔解释模型除了提出D—N模型之外，亨普尔为了处理科学研究中的概率解释，1962年提出了"归纳—统计模型（I—S模型）"。他按类似于D—N模型的构造方法和要求对统计解释作了形式定义。亨普尔的I—S模型逻辑结构表示如下：

P（G，F）＝r（r 接近于 1）　　　　统计定律

Fi　　　　　　　　　　　　　　初始条件

——————————————　　　［r］

Gi　　　　　　　　　　　　　有待解释的现象

与 D—N 模型不同，在 I—S 模型中，解释项不能必然地推导出被解释项。统计定律和初始条件对 Gi 的解释并非确定性的逻辑蕴涵关系，解释项只是给被解释项以高概率的支持。这里概率 r 的取值范围为 0≤r≤1。亨普尔认为"解释是论证"，根据解释就是解释项对被解释项的高概率支持的观点，亨普尔的 I—S 模型中概率 r 的取值范围应为 0.5≤r≤1，r 的值最好接近于 1，因此亨普尔说"只有当 r 的数值非常接近于 1，一个这种类型的论证才能算是解释性的"[①]，解释项对被解释项是高概率支持的。

I—S 模型必须满足三个逻辑条件和两个经验条件。I—S 模型需要满足的逻辑条件为：

1. 被解释项必须由很高的或然性从解释项得出，归纳—统计解释"以很高的概率或甚至以'实际上的必然性'来预期被解释项"；[②]

2. 解释项必须至少有一个统计定律，它对于推导被解释项是必要的；

3. 解释项必须具有经验内容，即它必须能够至少在原则上可由实验或观察来检验。

I—S 模型需要满足的经验条件为：

1. 解释项中的语句必须为真；

2. 解释项中的统计定律必须满足最全特征要求（requirement of maximal specificity，RMS）。

最全特征要求指的是我们在使用 I—S 模型时，要尽量选用概率较高的统计定律。例如，"张三吃糖后晕倒了"，如果我们用"人吃糖后可能晕倒"这一统计定律就不合适，因为一般人吃糖后晕倒的概率非常低。如果张三得了糖尿病，糖尿病人吃糖后晕倒的概率高达 99%，而

---

① C. G. Hempel, Aspects of Scientific Explanation and Other Essays in the Philosophy of Science, New York: The Free Press. 1965, p. 390.

② C. G. Hempel, Philosophy of Natural Science, Englewood Cliffs, New Jersey, Prentice Hall, 1966, p. 59.

且"糖尿病患者"比起"人"具有更大的明确性，我们应该用"张三是糖尿病患者"来解释"张三吃糖后晕倒"这个现象。

亨普尔完成了关于统计解释的开创性理论工作之后，整个对科学解释理论的研究领域可以划分为：

Ⅰ．决定律解释 $\begin{cases} \text{D—N［p］（解释特定事实或事件）} \\ \text{D—N［r］（解释普遍律则）} \end{cases}$

Ⅱ．统计律解释 $\begin{cases} \text{I—S（解释特定事实或事件）} \\ \text{D—S（解释普遍律则）} \end{cases}$

逻辑经验主义者把解释看作寻找解释语句和被解释语句之间的客观的联系，这种关系与认知主体和解释主体没有太大的关联。亨普尔的科学解释模型的解释项和被解释项之间是一种逻辑关系，没有考虑解释主体即解释者的参与，没有考虑语用因素和解释者，没有剔除解释中的不相关因素，等等，这些难题使得亨普尔的模型不能摆脱困扰。脱离语境的语义学的科学解释模型不可避免地遇到了一系列困难。

二　科学解释标准模型的困境

自从亨普尔提出第一个科学解释模型以来，科学解释成为科学中的一个重大问题，这一点是毋庸置疑的。"解释是科学的一个主要目的，对于这一点人们几乎没有什么异议。"[1] 但是，自科学解释模型一提出，各种反对意见接踵而来。这些意见主要表现在以下几个方面：

1. 科学解释中定律是否必要的问题；

2. 关于解释是否是论证；

3. 关于解释本质上是否与预测逻辑同构的问题；

4. 关于能否构造一个充分的完全形式化的解释模型的问题；

5. 关于亨普尔的解释模型逻辑技术上是否合理的问题。比如其限制到底是过宽还是过窄的问题；

6. 解释是否必须满足高概率要求的问题；

7. 语义学科学解释能否解决解释中存在的困难等问题。

下面我们通过具体分析语义学科学解释模型遇到的反例来分析亨普尔模型遇到的困难。

---

① ［美］摩根贝塞：《科学解释》，鲁旭东译，载《哲学译丛》1987 年第 6 期，第 48 页。

（一）导出是解释，解释是论证

亨普尔的解释模型会误把导出作为解释。例如，日食的出现是由太阳、地球、月球的相对位置引起的，但是古人认为这是由天的意旨控制的行为。在古代，人们可以根据太阳、地球、月球的相对位置推导出日全食的出现日期，但古人只是推导出日食的出现，并不是真正解释了日食出现的原因，虽然太阳、地球、月球的位置与日食的出现是有关系的，但这与日食的出现并非解释相关的。月亮和潮汐的关系的反例也能说明亨普尔的模型不能从解释中把"导出"排除出去。在牛顿以前，船员们已经意识到月亮的位置与潮起潮落相关，但是他们没有月亮和潮汐的因果知识，他们不能解释潮汐现象，只能用月亮的位置来导出潮汐，如果非要问他们潮汐产生的原因，他们也许会说这是上帝的恩赐，直到牛顿才有了对月亮和潮汐关系的因果解释，牛顿之前只是对潮汐的预测，不是解释潮汐的产生。

亨普尔认为"解释是论证"，所谓论证是这样的推理，"一系列陈述或命题（前提）被用来支持另外一个陈述或命题（结论）。从前提到结论的过渡，由于遵循了可接受的推理模式，而被证明是合理的"。①亨普尔把解释项和被解释项之间的关系等同于前提和结论之间的逻辑相关关系。

解释不是论证，解释是论证被称为科学解释的"结膜炎"，可见它是研究科学解释的人的眼中挥之不去的阴影。萨尔蒙称"解释是论证"为逻辑经验主义的第三个教条，把它与"分析与综合的二分"和"还原论"并列，可见"解释是论证"属于逻辑经验主义者的通病。

（二）对称性困扰

亨普尔认为解释和预测在逻辑上同构，解释和预测具有"结构同一性"（structural identity），"每个适当的解释潜在的是一个预测，每个预测潜在的是一个解释，其差异仅仅源于语用的不同"②。亨普尔认为科学解释是一个论证，被解释项能够从解释项中演绎地（或归纳地）推导出来。如果被解释项是已知的，那么这个论证就是解释；如果被解释项是未知的，那么这个论证就是预测。解释和预测的"结构同一性"

---

① ［英］尼古拉斯·布宁、余纪元：《西方哲学英汉对照辞典》，人民出版社2001年版，第70页。

② C. G. Hempel, Aspects of Scientific Explanation and Other Essays in the Philosophy of Science, The Free Press, 1965, p. 367.

一出现就批评如潮。亨普尔认为解释和预测的区别仅仅在于知识状态的不同。因此解释和预测在亨普尔看来是完全对称的。还有一种对称性是亨普尔不得不面对的就是为避免循环论证的出现，例如 A 可以解释 B，但不能反过来说 B 可以解释 A。这样一来，解释就必须是单向的、非对称性的。

最典型的反例是斯科里文（M. Scriven）在 1959 年提出的气压表的例子。一般来讲，气压表下降，风暴就会来临，我们确信：如果大气条件正常，情况定会如此。如果风暴将临气压表也会下降。那么，按照亨普尔对科学解释的理解，气压表下降是风暴来临的解释，同样，风暴来临也是气压表下降的解释。其实，亨普尔的对称性观点有问题，如果我们通过调整大气压来改变气压表的读数，但风暴不会来临。因此，我们可以说解释和预测不是对称的。

布朗姆博格（S. Bromberger）于 1966 年提出旗杆反例来反驳亨普尔的解释和预测的对称性。一根旗杆立于地面之上，当太阳照射旗杆时会在地面产生一定长度的阴影，根据几何光学和毕达哥拉斯定理，并结合太阳的方位和旗杆的高度这样的初始条件可以推导出阴影的长度，也就是说根据普遍定律和先行条件，我们可以推导出阴影的影子的长度，这符合亨普尔的演绎—律则模型。

布朗姆博格的反例可以表达为

L：物理几何学定律

C：旗杆高度、太阳高度角

E：阴影长度

我们改变 C 和 E 的位置，得到

L：物理几何学定律

C：阴影长度、太阳高度角

E：旗杆高度

我们不能根据光的直线传播定律和阴影的高度解释"为什么旗杆有这样长？"这是针对亨普尔的 D—N 模型。但它显然不是对旗杆高度的解释，不过它可作为对旗杆高度的预测。这里违反了：（1）解释的非对称性：当 A 解释了 B 时，B 不能解释 A；（2）亨普尔提出的解释与预测是对称的这个结论。原因在于这些反例前提与结论的关系并不是解释关系，而是一种因果性的关系，原因和结果本来就不对称，所以有人就提议采取因果机制来代替覆盖律模型。

亨普尔意识到把解释等同于上述那种类型的因果解释太狭窄了，在1965年《科学解释面面观》的第二章第二节中，只对继发性定律（laws of succesion）有效，而对同时性定律（laws of coexistence）无效。对后一类定律，诸如欧姆定律、波义耳定律、摆长与周期的关系定律等，定律所涉及的变项之间并无在时间链条上相继那种意义上的因果联系。

按照对称性关系，当一个条件成立时并且仅当此时，另一个成立，但可以用其中一个条件来解释另一个，却不可用后一个条件解释前一个。例如，红移现象使我们相信河外星系正远离我们而去，但并不能说明红移时星系远离我们的原因。

（三）高概率要求问题

亨普尔认为，在一个科学解释中，解释项如果不能给被解释项以高概率的支持，此解释就不是真正有效的解释，其理由是低概率的解释力差。许多哲学家反对亨普尔模型的高概率的要求。

1992年萨尔蒙提出对高概率要求进行修改的反例：

有梅毒病史的病人，如果不定期注射青霉素，则有25%的病人患偏瘫。

病人A有梅毒病史并且没有定期注射青霉素。

—————————————————————————————　（r = 25%）

∴ A患了偏瘫。

病人A患了梅毒没有注射青霉素，这构成了他患偏瘫的解释。这个解释虽然是由低概率归纳得出的结论，但却是一个合理解释。这说明高概率并非统计解释的必要条件。

亨普尔意识到统计解释的高概率要求不是解释的充分条件，却认为它是解释的必要条件。这个反例充分说明了统计解释的高概率要求既不是充分条件也不是必要条件。此外，还有杰弗里（R. Jeffrey）提出的投掷偏心钱币反例：假设有质地不均匀的偏心钱币一枚，投掷得到正面（头像）的概率为95%；而投得反面（花纹）的概率为5%。当投得正面时，该情况可以用I—S模型来解释，虽然此偏心硬币投得反面时概率很低，但同样可以用I—S模型来解释。这样一来，同一前提可以解释完全相反的两种情况，这等于对为什么出现正面或是反面没有作出任何解释，因此概率统计解释不成立。亨普尔赞同这种观点："即一个解释的适当不要求它的被解释事物的概率，而是包括随机程序特征和产生事件的初始条件。"①

反驳亨普尔的 I—S 模型的高概率要求的例子非常多。例如，吃蘑菇中毒只会在吃了某种蘑菇的少数人身上发生，但是吃该种蘑菇无疑被看作是对该人中毒的解释。铀原子核在某个时刻自发发射一个 α 粒子而衰变的概率低至 10^{-38}，只要出现衰变时，我们可以根据"隧道效应"来解释这种现象，虽然这种解释赋予该事件的是一个低概率。以上例子说明低概率有解释意义。

其实，对解释来说，高概率也未必比低概率具有更高解释力。假定史密斯和琼斯都自杀了，我们收集一切可利用的有关两人的资料（例如性别、年龄、种族、健康状况、婚姻状况、收入等等），发现史密斯自杀的概率低，而琼斯自杀的概率高。但是，这并不意味着解释琼斯自杀比解释史密斯自杀更容易，因为在这两种情况下所需要考虑的是同样的理由和同样的相关因素，所以，并非任何解释都要满足高概率的要求。

（四）解释的相关性困扰

亨普尔认为一个科学解释的解释项不但要包括至少一个定律和一个初始条件，并且，此定律和初始条件与被解释项的出现演绎相关或者统计相关的，否则，就不算一个恰当的科学解释。例如：

金属受热膨胀

酸性溶液使得石蕊试纸变红

所以，铜受热膨胀

以上这个例子在亨普尔看来不是一个科学解释，因为铜受热膨胀与酸性溶液使得石蕊试纸变红之间没有相关关系。要满足解释的相关性要求，亨普尔认为应具备三个重要条件：

1. 解释所依据的前提必须是定律而不是偶适概括；

2. 解释依据科学理论所作出的关于基本过程的假定必须明确；

3. 解释项和被解释项之间应真正存在演绎的或概率的蕴涵关系。

在亨普尔看来，解释相关就是解释项和被解释项之间有逻辑上的相关关系。

① C. G. Hempel, The Philosophy of Carl G. Hempel: Studies in Science, Explanation, and Rationality, Edited by James H. Fetzer, Oxford University Press, 2001, p. 20.

萨尔蒙反对亨普尔认为的解释相关是逻辑意义上的相关，他给出了男人吃避孕药没有怀孕的反例。比如琼斯定期服用他太太的避孕药，结果他没有怀孕。亨普尔对此有如下解释：

所有男人定期吃避孕药都不怀孕

琼斯定期服用他太太的避孕药

所以，琼斯没有怀孕

尽管上式完全符合 D—N 模型的要求："琼斯服用了避孕药"这个初始条件加上"凡是服用了避孕药的男人都不会怀孕"这个规律，就可以解释语句"为什么琼斯没有怀孕"。其实琼斯定期服用避孕药并不构成对他不怀孕的解释。虽然男人服用避孕药对于妻子的怀孕具有很大的解释力，但这不是对琼斯没有怀孕的解释，琼斯是个男人才是对琼斯没有怀孕的解释。萨尔蒙认为"这些被解释事件都具有独立于解释事件的高先验概率，而被解释事件相对于解释事件的概率与其先验概率相同。在这个意义上，解释事件与被解释事件无关"。[①] 这说明只关注解释中的逻辑结构是不行的，必须考虑解释中的语境和解释主体。

亨普尔的解释相关性要求无法排除解释无关项的参与，萨尔蒙在1986 年提出心理治疗反例来反驳亨普尔的 I—S 模型的解释的相关性要求：

许多患有 N 型神经官能症的病人经过心理治疗都痊愈了

琼斯患有 N 型神经官能症并经过心理治疗

——————————————————————————————— [r]

∴ 琼斯痊愈了

按照亨普尔的 I—S 模型，如果 r 是高概率的，那么这个解释就是好的统计解释。但是 N 型神经官能症有一个特点：患者即使不治疗也会逐渐自动痊愈，所以琼斯的痊愈不一定与心理治疗有相关关系。在此，不管这里的概率 r 是高（比如大于50%）还是低（比如小于50%），都不能按上式解释琼斯的痊愈。对于问题的恰当回答即解释，它应该改变解释主体知识状态以增加被解释项的可信值。

亨普尔所要求的解释项的高概率也就是可信值不是解释的恰当性的

———————

① W. C. Salmon, *Statistical Explanation and Statistical Relevance*, Pittsburgh：Pittsburgh Press, 1971, p. 36.

必要条件，其可信值只要超过一个在由解释句获得信息之前对它的相信值就足够了。"e，因为 e"这类解释虽然真，且增加 e 的可信值，但没有提供经验信息。解释项应该传达与一个人在知道 e 为真时所具有的知识相关的信息，解释项不应是可由在给定知识状态中已知的东西以及被解释项中推出的。

利昂（Ardon Lyon）提出了以下反例来反驳亨普尔的解释的相关性要求[①]：

所有的金属都导电

所有导电的物体都受到重力吸引

所有金属都受到重力吸引

利昂的例子符合亨普尔的 D—N 模型的所有要求，满足亨普尔认为解释需要满足的逻辑条件和经验条件，并且在解释项中也有定律，但我们并不认为这构成了对"所有金属都受到重力吸引"的解释，因为金属受重力吸引是因其有引力质量，金属导电性与其受到的重力吸引是不相关的。亨普尔的科学解释不能有效地排除解释中不相关的情形。

麦克卡什（T. McCarthy）也提出一个公式来反驳亨普尔的 D—N 模型的解释的相关性要求[②]：

$\forall$ (x) (Ax→Bx)

C (e) & Ao

¬ Bo∨¬ C (e) D (e)

D (e)

其中，e 为任一事件；D (e) 为任一描述 e 的语句；C (e) 为描述 e 的原因的任一语句；$\forall$ (x) (Ax→Bx) 为与 e 的出现无关的任何定律。以上说明无非想表达：公式的第一项是全称定律，它和后两项的合取可以逻辑地推导出被解释项。这个公式满足亨普尔的 D—N 模型的逻辑条件和经验条件，但它并不是一个好的科学解释。例如：

酸性溶液可以使得石蕊试纸变红

铜加热膨胀，硝酸溶液是酸性溶液

或者硝酸溶液不能使得石蕊试纸变红，或者铜加热不膨胀，或者铜

① Ruben D, Explaining Explanation, New York：Routledge, 1990, p. 182.

② McCarthy T, On an Aristotelian Model of Scientific Explanation, Philosophy of Science, 1977 (44), p. 161.

能导电

所以，铜能导电

这个论证符合亨普尔模型，但是这个解释是非常荒谬的，荒谬的原因就是因为解释项和被解释项是不相关的，亨普尔的模型立足与逻辑关系不能很好地排除解释中的不相关因素，忽略解释者，这是问题的症结所在。

为了解决这类解释不相关的难题以挽救 D—N 模型。亨普尔在 1966 年的《自然科学的哲学》中给科学解释补充了解释相关的要求。但是他对解释相关性没有很好的界定。解释相关是本体论相关还是语境相关或是心理学相关呢？由于亨普尔没有明确的关于解释相关的界定，也就使得他的科学解释模型陷入了相关性困扰。

亨普尔在《自然科学的哲学》中通过物理学家解释彩虹现象出现的原因提出了解释的相关性的要求。物理学家借助光学定律，表明彩虹现象的形成是白色的阳光经过水珠反射和折射的结果。我们把物理解释的知识作为使得我们相信被解释的现象会出现或曾经出现提供有力证据，这就是解释的相关性的要求。相关性的要求表明，所引证的解释必须有坚实的基础，因此，使人们充分相信被解释现象确实发生过。这些引证的解释材料包括：科学的理论或者科学的定律以及辅助的事实。但是，亨普尔认为这个要求是解释之所以为解释的必要条件，而非充分条件。"这个要求表达了恰当解释的必要条件，但不是充分条件。"① 在亨普尔看来所谓的解释相关就是演绎相关或者统计相关。

亨普尔认为一个科学解释的解释项不但要包括至少一个定律和一个初始条件，并且，此定律和初始条件是与被解释项的出现演绎相关或者统计相关的。否则，就不算一个恰当的科学解释，比如，金属受热膨胀，酸性溶液使得石蕊试纸变红，所以铜受热膨胀，这就不是一个科学解释。因为铜受热膨胀与酸性溶液使得石蕊试纸变红没有相关关系。并且，科学解释不能仅仅根据一个科学定律或者一个初始条件得出，在一个解释项中必须同时有定律和初始条件，两者缺一不可。

亨普尔的解释相关性要求无法排除解释无关项参与解释，亨普尔认为的解释的恰当性条件或解释的相关性既不是解释的充分条件也不是解

① ［美］亨普尔：《自然科学的哲学》，张华夏译，中国人民大学出版社 2006 年版，第 54 页。

释的必要条件。下面我们举例说明：

铀$_{238}$原子和铀$_{214}$原子的均匀混合物使得盖革计数器在时间间隔（t，t＋m）时发出咔嗒声，这解释其中一个原子衰变了，原因是因为它是铀原子238。我们不仅仅能解释为什么有衰变现象，而且还能够解释为什么恰恰是那个原子在那时衰变。但在现代物理学中这是未加解释的事件之一。

遥远星系的光谱中的红移现象使得我们相信河外星系以巨大的速度越来越远离地球而去，但这个解释没有表明为什么会出现这种现象，亨普尔认为解释是对"Why—问题"的回答，但是我们不能简单地说红移是星系远离的原因。

解释的相关性是解释之所以为解释的第一个条件，第二个条件"解释的可检验性"是为"解释的相关性"蕴涵的。"所提出的解释如果满足了相关性的要求，也就满足了可检验性的要求。"[1] 因此，如果解释的相关性不是解释的充分和必要条件，那么解释的可检验性的条件就无法保障。

解释的相关性与解释的可检验性的关系如下[2]：

1. 如果一个假设或理论不可能被任何经验加以检验，那么该假设或理论就一定没有给出任何经验上的断言，并因此不可能解释任何经验事件。

2. 一个假设或理论 T 即使是可检验的，它仍然可能对它所要解释的给定事件 E 给不出任何解释，举例来说，如果 T 是伽利略的自由落体定律，而 E 则是一次由化学反应引起的爆炸。此时，T 显然是可检验的，但它对于 E 没有解释相关性。如果 T 要具有对 E 的解释相关性，那么就一定要能从 T 推导出 E 的发生。此时，很显然，T 可以通过下列方式而得到检验：检验 E 是否在 T 所指明的条件下发生。

因此，对于某种给定现象的解释相关性是一个比可检验更强的条件，前者在逻辑上蕴涵后者。解释的相关性要求不能满足，解释的可检验性要求无从谈起。

（五）认知歧义性难题

认知的歧义性主要体现在对统计无关前提的限制方面，这个问题是

---

① ［美］亨普尔：《自然科学的哲学》，张华夏译，中国人民大学出版社2006年版，第55页。
② 同上。

I—S 解释模型特有的问题，源自"归纳—统计解释的两可"（ambiguity of inductive – statistical explanation）。"两可"就是在选取样本的不同子集时，由相同格式的推理可产生两个相反的结果。认知歧义性表征如下："我们所接受的科学陈述总集 K 包含着不同的陈述子集，这些陈述能被用于刚才所考虑的概率形式论证的前提，并使逻辑上相互矛盾的结论都有高的概率。"[①]

认知歧义性有如下的逻辑形式：

论证1：   论证2：

$P（G/F）= r$ $P（\neg\ G/F）= r'$

Fa Ha
------------------   ------------------
Ga $\neg\ Ga$

根据统计概括我们可以知道，广州人有60%是有钱人，张三是个广州人，那么，张三有60%的概率是有钱人；据另一个统计概括，大学教师的收入不高，大概有60%大学教师是穷光蛋；张三是大学教师，所以，张三有60%的概率是穷光蛋。那么对于广州的大学教师张三，到底是个有钱人还是个穷光蛋呢？我们根据不同的统计得出不同的结果，这出现了认知的歧义性。

亨普尔为了解决 I—S 解释模型的歧义性问题提出了最全特征要求，所谓的最全特征要求指在表述和评论 I—S 解释模型时，我们应该考虑背景知识 K 所提供的最大限量的与被解释事件潜在解释相关的信息。

萨尔蒙认为最全特征要求"无论是归纳的还是演绎的推理都有一个最全特征要求，即要求在前提中提及所有的相关证据。这个要求对归纳推理来说是相当重要的，而演绎推理则自动满足此要求。相比之下，解释似乎需要一个更严格的要求，即解释项只包含相关因素"。[②]

萨尔蒙对亨普尔的最全特征要求也提出了质疑，比如：

所有的魔盐放在水中都会溶解

魔盐放在水中

所以，魔盐溶解了

① C. G. Hempel, Aspects of Scientific Explanation and other Essays in the Philosophy of Science, New York：The Free Press, 1965, p. 396.

② P. Kitcher & W. C. Salmon, Scientific Explanation, Minnesota：University of Minnesota Press, 1989, p. 102.

　　按照亨普尔的理解，盐之所以放在水中溶解，是因为我们对盐施以魔法，使得这些盐变成了魔盐（hexed salt），所以它才溶解。其实，盐是水溶性的，只要是盐，都能在水里溶解，这与是否对盐施以魔法无关。上例符合亨普尔的 D—N 模型，但不是一个好的解释。

　　最全特征要求和解释的相关性要求紧密联系，如果不能更好地阐释解释的相关性，就不能彻底地解决解释的最全特征要求。亨普尔给出的最全特征要求虽有利于排除某些无效论证，却不能用于彻底去除解释中的无关项。原因在于亨普尔的解释模型中要求的相关性仅仅指的是逻辑相关，而逻辑相关不能保证解释项和被解释项之间的相关关系。所以，科学哲学家们尝试修改亨普尔的标准模型。

第二节　科学解释标准模型中的解释者因素

　　亨普尔的理论形式可以表示为"理论 T 解释了事件 E"，亨普尔等人的理论一再强调解释前提必须是真的，解释是理论与事实之间的关系，那么作为解释者的人在解释中扮演什么角色呢？对于 x 的解释，汉森（N. R. Hanssen）说"如果没有人的帮助，那什么也不能解释。仅当我们能把 x 置于其他事物例如 y 和 z 的概念的连锁模式中，我们才有 x 的解释"。[①] 因此，解释应该关注解释者在解释中的作用。

　　亨普尔的模型体现解释者的方面，具体表现在：

　　A：解释与特定的人相联系

　　亨普尔认识到解释是针对不同的人的，对某人解释某事就是使这个人可以明白或了解这件事。对一个人是满意的解释，对另一个人却未必如此，解释是与人相关联的。亨普尔在 1965 年的《科学解释面面观》中明确提出："广泛地说，对某人解释某事就是使得这件事对于这个人而言变得明白晓畅，使他能够理解。因而要把'解释'这一词语和它的同类理解成语用的术语，对它的使用要求参考解释过程中的人。"[②] "在一个语用语境中，我们可以说一个特定的论述 A 对于 P₁ 来说解释事

---

　　① ［美］汉森：《发现的模式》，邢新力、周沛译，中国国际广播出版社 1988 年版，第69页。

　　② C. G. Hempel, Aspects of Scientific Explanation and other Essays in the *Philosophy of Science*, New York: The Free Press, 1965, p. 425.

实 X，我们必须牢记着并非对另一个人 P_2 解释了 X。"① 对于一个特定的人，一种满意的解释将依赖于他固有的信仰、理解能力以及其个人特质。解释与特定的人在特定时刻的特定的信念以及智力水平有关，解释是针对不同的个体的。语境下的信念对于一个解释非常重要，亨普尔认识到了这一点，但是对解释中的语境没有详加分析。

科学解释是对 Why—问题的回答，"一个科学解释可以看作一个 Why—问题的答案"，② 但是"并非所有的 Why—问题都需要解释"。③ 亨普尔认为，在各种不同的场合，科学解释的形式是多种多样的，由于提出问题和成功回答问题的条件在不断变化，所以科学对问题的回答方式也在不断变化。

既然亨普尔把解释主要看作对 Why—问题的回答，这就涉及问题的提问者和回答者，就要涉及提问者和回答者的理解能力、知识状态以及提问者和回答者所处的具体的提问环境。需要什么样的解释，不同的人提问方式不同，解释就相应的不同，这就不能不涉及解释者和解释的语境了。如果我们把解释作为对 Why—问题的回答，就要在语境中分析 Why—问题。亨普尔的科学解释模型之所以没有能对 Why—问题有合理的认识，原因在于它没有对解释中的语境因素高度重视。

科学解释有的时候是对如何可能问题的回答，这也是亨普尔的解释的语用学方面。按照亨普尔的理解，提问者只有在对事实的假定或者信念出现错误时，"如何可能"问题才会出现。"为什么情况不是 P?"等价于"非 P 情况出现是如何可能的?"对"如何可能"的解释必须要分析提问者也就是被解释者的信念，涉及信念也就涉及了解释中的语用因素。

B：解释的恰当性与语境相联系

在亨普尔看来，对某一特定事件作出科学解释的一个恰当条件就是提供信息，以便客观地证明所讨论事件的预期性。既然解释的恰当条件是提供信息，提供信息就涉及针对不同的人提供不同的信息。涉及预期性，就涉及不同的人有不同的背景知识。亨普尔已经意识到了解释的语用因素，但是，他认为要想做到解释的客观性，必须要把事件纳入一般

① C. G. Hempel, Aspects of Scientific Explanation and other Essays in the *Philosophy of Science*, New York: The Free Press, 1965., p. 425.

② Ibid., p. 334.

③ Ibid..

法则并加以解释时，才能提供这种信息，我们才能彻底解决解释的问题。这样，亨普尔的科学解释模型从语境身边擦身而过了。

"在语用意义上的解释是一个相对的概念：在这种意义上，某些事件只能说构成了对这个那个具体个人的解释。"[①] 解释针对具体的人，恰当的解释或者好的解释涉及对一个理论的评价，对一些人来说是好的解释未必是对另一些人的好的解释，同样的两个解释哪个更合适，也需要考虑解释的语境。对理论的评价涉及人，涉及解释者的行为和解释者所处的独特的语境，与人的社会经验、智力水平和理解能力有关。

比如，我们回答一个小朋友提出的问题："为什么会出现月食?"我们可以采用中国古人关于月食现象出现的原因。西汉的刘向就说过："日蚀者，月往蔽之。"（见《开元占经》卷九所引）东汉王充在《论衡·说日篇》中引述过别人的一种更明确的说法："或说，日食者月掩之也。日在上，月在下，障于日之形也。"张衡在《灵宪》中专门论述了月食的原因："月，光生于日之所照；魄生于日之所蔽。当日则光盈，就日则光尽也。众星被耀，因水转光。当日之冲，光常不合者，蔽于地也，是谓暗虚。在星星微，月过则食。"以上对问题"为什么会出现月食?"的回答是正确的答案，但是针对一个年幼的小朋友而言，他无法理解，也不认为这样的解释恰当。

对此问题的回答，我们也可以采用现代科学知识来说明"在农历十五、十六，月亮运行到和太阳相对的方向。这时如果地球和月亮的中心大致在同一条直线上，月亮就会进入地球的本影，而产生月全食。如果只有部分月亮进入地球的本影，就产生月偏食"。小朋友由于背景知识的局限也很难理解这样的回答。如果我们直接回答"月食的原因是因为天狗吃月亮"，很多小朋友觉得这是对"为什么会出现月食?"的合理的解释。成年人一般不会认为"天狗吃月亮"是对问题"为什么月食产生?"的解释，但它对于小朋友来说是一个合适的解释。也就是说，除了解释要针对不同的人，对解释的评价也要针对不同的人。

亨普尔模型的经验条件，即解释项中引用的理论和定律必须为真，严格地说，科学理论和科学定律所指明的理想世界对现实物理世界而言

① C. G. Hempel, Aspects of Scientific Explanation and other Essays in the Philosophy of Science, New York: The Free Press, 1965, p. 425.

并非都是真的。它们只是在科学家们的约定的条件下大致地被视为真。即使这样，对于科学定律，我们也必须在语境中分析。比如我们一般认为"火柴点燃就燃烧"是一个科学定律。但是，我们说"火柴点燃并且把它放在咖啡中它会燃烧"，这显然是错误的，原因在于没有分析科学定律的语境。

一个解释仅仅是推理形式正确是不够的，我们不能仅仅局限于语义意义上分析解释，必须拓展到语用方面。

C：最全特征要求与语境紧密联系

针对 I—S 解释模型的认知歧义性，亨普尔引入了"最全特征要求"的概念。其基本思想是"在建立或评价 I—S 解释时，我们应该把 K 提供的所有对被解释项事件具有潜在解释相关性的信息考虑进来；即所有有关的统计规律和特殊事实，这些特殊事实通过统计规律与被解释事件相连"。① 根据最全特征要求，I—S 解释模型是相对于知识状况 K 的，I—S 解释模型就是建立在 K 中所能得到的最大限度的相关信息基础上的解释，即我们应该考虑背景知识 K 所提供的最大限量的与被解释事件有着潜在解释相关的信息。然而，最全特征要求虽然排除了某些无效论证，但也存在一些问题。例如，若把 I—S 解释模型看作是 K 中的论证时，K 就必须内含多个统计定律，而这是不合理的，最全特征要求并不能有效地排除非相关因素在解释中的存在以及无关项参与解释的问题，所以仍然不能挽救那些因为包含非相关因素而失败的解释。I—S 模型涉及了特定事件与我们的信念之间的关系，解释者的信念随着概率因素引入解释，解释不得不涉及语用因素了。亨普尔要想彻底解决解释中的难题，必须考虑到解释的特定语境以及解释者。

解释不能离开语境，涉及解释和预测的区分同样也离不开语境。亨普尔认为解释和预测在逻辑上同构，解释和预测具有"结构同一性"，解释和预测的差异仅仅源于语用的不同。亨普尔认为解释是对 Why—问题的回答，一个对 Why—问题的回答到底是一个解释还是预测呢？我们必须在特定的语境中来分析。亨普尔的解释还涉及目的论解释，目的论解释涉及人的解释意图，与语境紧密联系。

① C. G. Hempel, Aspects of Scientific Explanation and other Essays in the Philosophy of Science, New York: The Free Press, 1965, pp. 400 – 491.

通过以上的论述，我们看出，亨普尔的科学解释模型中包含着语用因素和解释者信念，但是亨普尔认为只有把被解释事件纳入一般法则才能解释。亨普尔坚持科学解释中的解释项和被解释项的关系是逻辑的演绎关系或归纳关系。亨普尔模型遇到的困难说明解释相关并非是逻辑相关。我们在研究科学解释的时候必须要考虑解释中的语境的合理性作用。

第三节　解释标准模型困境的理论根源

以亨普尔为代表的逻辑经验主义者通过分析命题的意义为理论基础，他们认为，除了数学和逻辑学的以及可被经验所证实的命题或陈述是有意义的外，任何别的命题或陈述都是没有意义的。传统形而上学的命题恰恰是经验之上或者经验之外的知识，它们割断了命题与经验之间的联系，因无法被经验证实从而被逻辑经验主义拒斥。所以传统形而上学对事物本质以及终极问题的追问以及它超出日常生活去探究超经验之物的目标在逻辑经验主义看来是毫无意义且必须要剔除的。逻辑经验主义代表卡尔纳普（R. Carnap）曾声称，"'形而上学'这一术语用在这篇文章里，与欧洲通常的用法一样，是指所谓研究事物本质的知识领域，它超越了以经验为基础的归纳科学的领域。"① 在逻辑经验主义那里，构成命题的基本概念应该是：定律、命题、符号等具有鲜明的数理逻辑味道，更像是把传统哲学以科学的方式来重新建构。那些构成形而上学命题的概念，如：本原、物质、精神等都是在经验范围之外的，而由这些概念所构成的形而上学的命题，如："世界的本原是什么"、"精神与物质何为第一性"、"经验之外是否还有物质存在"等在哲学史中长期争论的问题，之所以没有一个明确的答案，在逻辑经验主义看来正因为超出了经验的范围，是不可能有终极答案的，因此这种无意义的追问和研究是多余的。

逻辑经验主义者坚持以一阶谓词逻辑为工具，力图构建一种形式的不关涉语境和解释者的解释项的充分必要条件。被解释项必须是解释项的一个逻辑后承，被解释项必须是由包含在解释项中的信息逻辑地推断出来，否则，解释项就不会构成被解释项恰当性的基础。起初这里的"可推断"

---

① 洪谦：《逻辑经验主义》（上册），商务印书馆 1982 年版，第 31 页。

仅限于演绎推理，演绎—律则解释是在普遍规律覆盖下进行演绎归结（deductive subsumption），而解释性论证可说是"将被解释项归结在那些规律之下"①。后来覆盖律模型扩展到也包括归纳的推理模型。按照亨普尔的理解，解释项与被解释项之间的解释相关是在逻辑上构造演绎的或归纳的推理关系。被解释项被认为是必然地或概率统计地由解释项推导出来的，解释就是从解释项推演出被解释项的过程。亨普尔的解释观将解释视为一个纯粹的逻辑过程，将解释的真等同于逻辑的真。

亨普尔曾指出科学解释的两个基本要求之一是相关性要求。他说解释的相关性要求指的是逻辑性的相关性要求。演绎解释在最强的意义上满足了解释的相关性要求，解释项语句逻辑地蕴涵被解释项的语句。归纳解释则以很高的概率甚至概率值接近于 1 来满足解释的相关性要求。即使如此，归纳解释和演绎的科学解释相关还是有区别的。在归纳解释中，解释项可以给被解释项以或高或低程度的归纳性支持，它允许有程度差异；而演绎解释的解释项和被解释项之间具有必然性，依据特定的似律陈述和初始条件要么必然推导出要么不能推导出被解释项，它不允许有程度差异。

亨普尔的逻辑相关性要求遇到了很多反例，比如：

患链球菌感染并用青霉素加以治疗能迅速康复的概率接近于 1

约翰患链球菌感染并用青霉素加以治疗

————————————————————————————————————— [r]

约翰很有可能获得康复

在这里，青霉素对链球菌感染的康复概率必须尽可能地接近于 1，否则，很难满足亨普尔的逻辑上的相关关系。如果约翰除了患有链球菌感染外还染上了艾滋病，我们都知道艾滋病是人体免疫系统功能被艾滋病病毒破坏。如果链球菌患者感染了艾滋病病毒，人体会对治疗细菌性感染的青霉素失去疗效，我们就不能按照上式解释，这说明在解释中高概率也未必能满足解释的相关性要求。

从亨普尔对高概率要求的讨论中更明确了这一点：解释的关键在于尽可能地找到相关因素并且排除非相关因素。同时，解释也要考虑解释中的

---

①　C. G. Hempel, Philosophy of Natural Science, Englewood cliffs, New Jersey, Prentice Hall, 1966, p. 51.

语境的作用。亨普尔的 D—N 模型和 I—S 模型没有排除解释中不相关因素的要求，不相关因素会损害解释的有效性。萨尔蒙提出的吃维生素 C 治疗感冒的例子说明了亨普尔的模型不能排除解释中不相关因素的干扰。约翰患感冒且连续服用维生素 C，约翰在两周内康复了。服用大量维生素 C 的事实与某些统计定律的结合似乎可以作为约翰两周内康复的解释。

患感冒且连续服用维生素 C 后两个星期内康复

约翰患感冒且服用了维生素 C

———————————————————————— ［r］

∴ 约翰在两周内康复了

我们根据医学常识可以知道，无论感冒患者是否服用过维生素 C，绝大部分的感冒都可在两周内康复，故服用维生素 C 不是对感冒症状消失的解释。这符合亨普尔的 I—S 模型的要求，但是解释项和被解释项之间没有逻辑性的解释相关关系，这也说明逻辑相关与解释相关的外延关系也不是等同关系。所以，亨普尔的模型不可避免地遇到了很多困难。

覆盖律模型属于认识论进路，其标志性特征是把科学解释看作一种演绎的或归纳的推理结构。这种科学解释模式的最大难题是 I—S 解释模型遇到了认知歧义性难题，其基本特征是已接受的科学陈述总集中包含的不同陈述子集被用于 I—S 解释的前提时，导致逻辑上相互矛盾的结论都可能具有高概率，即两个真命题构成的不同的解释项有时会对两个矛盾的命题都具有很高概率的支持。

比如，根据统计规律，在美国 80% 的选民根据双亲的投票立场（女儿按照母亲，儿子按照父亲）来票选候选人，R 女士的母亲投了左翼候选人的票，因而，有 80% 的概率 R 女士在选举中投左翼候选人的票。根据另外一个统计结果，90% 的百万富婆投票给右翼候选人，R 女士是百万富婆，所以 R 女士有 90% 的概率投票给右翼候选人。R 女士投给左翼候选人和右翼候选人的概率都比较高，这样就出现了认知的歧义性。只有找到解释中的最窄的相关参考类（the norrowest relevent reference class），我们才能对被解释项给出合适的解释。亨普尔没有分析解释的背景知识，只要求解释在逻辑上正确才导致出现的认知歧义性，所以，逻辑相关不能彻底地解决 I—S 模型的认知歧义性难题。

亨普尔错误主要是逻辑经验主义自身的理论困难难以克服，招致逻辑经验主义内部不断修正及外部的诸多批判与反驳。逻辑经验主义拒斥形而上学，在逻辑经验主义看来，"形而上学"就是"那些研究万物的本质、存在的普遍规律这些靠感性经验不能直接认识的问题的哲学学说"。①

亨普尔的科学解释理论的出现引起很多人对科学解释进行更加深入的研究，但把解释项和被解释项之间的关系等同于逻辑关系会遇到很多困难。解释项和被解释项之间不是简单的逻辑演绎或者逻辑归纳关系。"在亨普尔—奥本海姆的解释模式中，要正确地刻画解释项与被解释项之间的逻辑关系，这个问题非常困难。"②

费茨尔对亨普尔的逻辑相关科学解释模型作了如下评论："这些发现给亨普尔的覆盖律理论造成了严重的困难。亨普尔的理论是建立在如下假设基础上的：解释是把被解释现象显示为'普遍有效地可期望的'来对它们加以说明的。虽然没有任何特定的普遍有效可期望度满足亨普尔理论为I—S解释规定的'恰当的'要求，但亨普尔仍一以贯之地暗示普遍有效可期望度应该是'高的'。两种逻辑可比的解释项的结构都把高的普遍有效可期望度赋予不可比的被解释项，于是沉重打击不期而至，覆盖律理论永无恢复元气之日了。"③

亨普尔之所以坚持"科学解释是逻辑论证"这一观念，将逻辑形式确认为科学解释的本质，其原因就在于他是逻辑经验主义者，他坚持逻辑主义的观点。逻辑经验主义者都预设三个哲学前提：逻辑的有效性、科学语言的无歧义性和中性的客观事实的存在。逻辑经验主义者在没有对此三个前提进行论证的情况下，只是先入为主地假定了这三个前提为真。逻辑经验主义用精确的形式化来改造解释观念，不注重解释者在解释中的作用，这限制了逻辑经验主义者对解释的恰当的研究。

在经验主义的传统上，亨普尔坚持认为只有综合命题才提供知识和信息，如果要对Why—问题作出回答，必须将这个事件纳入或包容在一般的经验定律中；从逻辑主义出发，构造一个理想模式，精确解释这种"包容"的逻辑，也就成为逻辑经验主义对科学解释的解释。

在亨普尔看来，一切科学解释只是凭借其形式才能成为科学解释，并且只有通过逻辑分析才能把握解释的本质。这样，对科学解释的哲学

---

① 涂纪亮：《分析哲学及其在美国的发展》，中国社会科学出版社1987年版，第86页。

② ［日］竹尾治一郎：《科学哲学》，桂起权译，上海译文出版社1994年版，第48—49页。

③ J. H. Fetzer, Philosophy of Science, New York: Paragon House, 1993, p. 67.

研究也就变为对其逻辑形式的考察。亨普尔解释模式的困境，根源于其拒斥形而上学，不能考虑科学解释者作为主体的认识论地位，坚持科学解释与论证同一的逻辑重建纲领。萨尔蒙认为，"科学解释是论证"已成为了逻辑经验主义的第三个教条。

在逻辑经验主义科学解释观中，科学解释的形式条件不仅是解释的必要条件，而且是解释的充分条件，因而科学解释模式就只是形式条件模式化的结果，二者是直接同一的。

亨普尔的覆盖律模型认为解释项和被解释项之间的关系是逻辑关系，即演绎相关或归纳相关，解释项中的基本特征是有定律或似律陈述，通过以上的分析我们可以看出，解释关系不仅仅是逻辑相关关系，必须考察解释者和解释的语境。

第四节　解释标准模型中的定律

一　定律是解释的必要条件

科学研究不仅仅局限于对现象的描述，还应该寻找引起这些现象的原因。这种对引起自然现象的原因进行研究的物理步骤一般是提出Why—问题，然后给出问题的答案。这就是一个科学解释的过程。按照亨普尔的理解，科学解释标准模型就是由包含一个定律和至少一个边界条件（初始条件）的解释项演绎地或者归纳地推导出来被解释项的过程。亨普尔认为科学解释就是运用科学定律通过对现象进行论证与理解来回答科学家提出的Why—问题。"科学解释可以看作Why—问题的答案"①，"科学解释可以看作有疑问的'论证'过程，目标就是找到问题为什么E的答案。"② 例如，对"刷白的墙为什么变黑了？"的解释或者说对这个Why—问题的回答是：根据定律"硫黄和碳酸铝化合反应后生成了黑色的硫化铅"和边界条件"燃烧的煤中有硫黄，墙的涂料中含有碳酸铝"推导出"刷白的墙变黑了"，这就是一个科学解释。解释包括解释项和被解释项，我们称被解释的事件（刷白的墙为什么变黑了）

---

① C. G. Hempel, Aspects of Scientific Explanation and other Essays in the *Philosophy of Science*, The Free Press, 1965, p. 334.

② Jakka Keranen and Wesley Salmon, Explanatoriness: Cause Versus Craig, *Synthese*, 2005, 143: p. 125.

为"被解释项",称用于解释它的事件(定律:硫黄和碳酸铝化合反应后生成了黑色的硫化铅,边界条件:燃烧的煤中有硫黄,墙的涂料中含有碳酸铝)为"解释项"。这样,科学解释一开始就和定律以及 Why—问题紧密地结合起来,定律成为科学解释成立的条件。我们称亨普尔的这种解释项蕴涵被解释项的模型为覆盖律模型。覆盖律模型认为解释就是把特殊事件置于普遍规律之下。科学解释的覆盖律模型逻辑公式可以表达为[①]:

(1) $\forall x\ (H\ (x)\ \rightarrow E\ (x))$ 覆盖律
(2) $I\ (b)$ 初始条件
(3) $\underline{\forall x\ (I\ (x)\ \rightarrow H\ (x))}$
(4) $E\ (b)$ 被解释项

当然,人们除了对自然界的某个特定事件进行解释,也可能对一类事件甚至对某些定律进行解释。因此,按照"解释需要定律"这样的思路,亨普尔的科学解释的模型可以用下表来表示:

定律 ＼ 被解释项	特定事实或者事件	一类事件或普遍规律
全称定律(决定律)(universal laws)	解释特定事实或事件的决定律模型(演绎—律则模型)	解释一类事件或者普遍规律的决定律模型(演绎—律则模型)
统计定律(stasistical laws)	解释特定事实或者事件的统计定律模型(归纳—统计模型)	解释一类事件或者普遍规律的统计定律模型(演绎—统计模型)

在亨普尔看来,定律是科学解释成立的必要条件,解释项中必须有定律,区别只是统计模型需要统计定律,演绎模型需要全称定律而已。科学解释的恰当性的逻辑条件为:解释项与被解释项必须演绎地或归纳地相关;"解释项至少包含一条定律(全称定律或者统计定律),而且这些定律必须实际满足对被解释项的演推性要求,这一条件保证解释项导致被解释项的出现是可以重复的,是规律性的。定律对于推导被解释

---

① Jakka Keranen and Wesley Salmon, Explanatoriness: Cause Versus Craig, *Synthese*, 2005, 143: p. 126.

项是必要的，并且，组成解释项的语句必须为真。"① 亨普尔认为解释是论证，论证不仅仅需要形式正确，还需要前提真实，因此，组成解释项的语句必须为真，由虚假前提推导出结论是不可靠的。因此，科学解释需要的定律的真值为真。"这类陈述（全称定律）讲的是无论何时何地只要有某种特定种类的条件 F 发生，就总是无例外地有另一个特定种类的条件 G 发生。"②

同为逻辑经验主义者的卡尔纳普也明确地指出："如果不涉及至少是一个规律，就不可能作出解释——就是说没有任何东西应该得到'解释'这个光荣称号。"③ 亨普尔把基于定律陈述的解释模型称为"覆盖律模型"。就在于他们认为在科学解释的解释项中必须包含一个定律，解释项包摄了被解释项。其中 D—N 模型的解释项中包含全称的定律，D—S 模型和 I—S 模型包含统计定律，定律和初始条件推导出被解释项，所以我们才把亨普尔的科学解释模型叫作"覆盖律模型"。

萨尔蒙不同于亨普尔的认识论进路，他是在本体论意义上的理解科学解释中需要定律的，借探讨参考类的齐一性从另一个角度深入对定律的研究。费茨尔也是从本体论意义上理解定律，他通过因果蕴涵来解释科学解释模型中定律的重要性。萨尔蒙、费茨尔等人虽然与亨普尔采取不同的进路研究科学解释，认为科学解释有不同的恰当性条件，但是他们都明确地表示：科学解释在解释项中必须包含定律。定律具有普遍性的特点决定了它有解释作用。定律形如"每当有 F，便有 G"的形式。费茨尔指出解释是受定律支配的事件的序列关系，解释就是把原因和结果联系起来，而此联系要依靠定律。解释项中的定律是解释的必要条件，发挥解释功能的是定律，可见定律在科学解释中是非常重要的。下面我们就对定律进行详细阐述。

解释为什么需要定律是因为"科学定律（scientific law）具有解释能力，据悉是因为它们描述了事物不得不如此的方式"④。"定律在演

① R. Cohen, The Context of Explanation. Dordrecht, Kluwer Academic Publishers, 1993, pp. 1 –4.

② C. G. Hempel, Philosophy of Natural Science, Englewood Cliffs, New Jersey, Prentice Hall, 1966, p. 53.

③ Ibid. , p. 55.

④ A. Rosenberg, Philosophy of Science, A Contemporary Introduction, London and New York: Routledge, 2000, p. 20.

绎—律则解释中起着根本性的作用。定律提供了一种中间环节，把特定环境条件（由 C_1，C_2，…，C_k 描述）与某种给定事件的发生相互联系起来，并使前者可用来解释后者。"① 在解释中，定律是把特定环境条件与某种给定事件的发生互相联系起来的中间环节，从而使前者可用来解释后者。"解释的主要成就乃是在于表明了被解释现象可以由已有的定律及关于特定事实的已有材料来解释。"② 亨普尔认为解释一个现象相当于把它归入某种规律，只要给定了自然律和初始条件，被解释现象成为可高度预期的，我们就有了对该现象的解释。

解释需要定律，在解释中有所区别的是不同解释模型需要不同的定律而已，演绎—律则模型通过演绎得以包含在普遍形式的规律内，归纳性的解释不像演绎解释一样需要在解释项中有全称定律，但是在解释项中包含定律也是必不可少的条件。不同的仅仅是，统计解释需要的是统计定律。在亨普尔看来，对某一特定种类的事件在一定的时间和地点发生的解释在于指出它的原因或决定因素，定律是一个科学解释的必要条件，在解释中发挥解释功能的就是定律。但是全称定律并非作为一个科学解释的充分条件，"把科学定律定义为全称形式的真陈述那是不恰当的，这些特征只是这里所讨论的那些定律的必要条件，而不是充分条件。"③ 解释项必须包含普遍定律，而这些定律是推导被解释项时所必需的。必须有普遍定律是为了确保解释项产生被解释项是可以重复的。

二　对定律是解释的必要条件的反驳

很多科学哲学家否定定律在科学解释中的作用，针对定律是解释的必要条件，罗森堡在《科学哲学——当代进阶教程》（*Philosophy of Science, A contemporary introduction*）中列举的"泰坦尼克"号沉没的例子可以说明解释未必需要定律。对为什么"泰坦尼克"号沉没的解释是因为它与冰山相撞，这种解释是被我们普遍接受的。即使人们对"泰坦尼克"号的定律一无所知，对触冰山而沉没的船只的定律也一无所知，

---

① C. G. Hempel, Philosophy of Natural Science, Englewood Cliffs, New Jersey, Prentice Hall, 1966, p. 54.

② Ibid., p. 53.

③ Ibid., p. 51.

我们仍然可以对"泰坦尼克"号的沉没作出科学解释。针对罗森堡的反驳,亨普尔也许会辩护说,这只是个省略定律的解释,我们把"泰坦尼克"的速度、船壳的构成、密封门的设置等的相关定律省略了而已,这些定律构成了背后的解释原因,只有把定律补充上才是完整的科学解释。如果按照亨普尔的理解,解释将变得非常复杂。

斯科里文也举例说明解释未必需要定律,比如,约翰教授书桌旁的地毯上有一片黑色的墨迹,约翰教授如何解释这件事呢?他解释道:昨天他把打开了盖的墨水瓶放在桌子边,不小心用手杖将它打翻在地,于是墨水倒到地毯上了。这是有一个关于"为什么书桌旁边有黑色的墨迹?"的解释,但是这里解释不需要定律,这个解释就已经清楚、完备了。如果按照亨普尔的观点,每个科学解释必须要有定律,我们就要补充上万有引力定律及精确的初始条件表述,逻辑地将这块地毯污渍推导出来,这样解释就变得烦琐了,我们需要的是教授给出的解释,而不是通过万有引力定律给出的解释。

斯科里文还举了一个"威廉大帝击败苏格兰王却不入侵苏格兰"的反例来反驳科学解释需要定律。我们对这个问题的解释是:这是因为威廉大帝并不想要苏格兰贵族的土地,他通过打败苏格兰王 Malcolm,迫使他效忠自己从而巩固了自己北方的边界。这个解释也不含任何定律。

范·弗拉森也提出了旗杆的例子反对定律在解释中的作用。在美国的蒙大拿州米苏拉市市政厅门前的旗杆在每年美国国庆日下午 3 点其影子与旗杆等长,按照亨普尔的解释模型应该有如下形式:

1. 光沿直线传播。(定律)

2. 在 2000 年 7 月 4 日下午 3 点,在旗杆所在处,阳光以 45°角照射地面,旗杆垂直于地面。(边界条件)

3. 旗杆投射的影子有 50 英尺长。(边界条件)

4. 有两个角相等的三角形是等腰三角形。(数学原理)

所以,

5. 旗杆高度为 50 英尺。[1]

以上完全符合亨普尔对科学解释恰当性的要求,但是我们了解了真

---

[1] A. Rosenberg, Philosophy of Science, A Contemporary Introduction, London and New York: Routledge, 2000, p. 36.

实的情况后知道，"为什么在特定时间旗杆和影子等长？"的真正原因是这个城市的官员为了体现美国对和平和联邦制的承诺，在每年的独立日，让旗杆投射出与旗杆同样长度的影子，并且，使旗杆和影子的英尺数值等于美利坚合众国拥有的州数目，这才是对问题"旗杆与影子为什么都是 50 英尺高？"的一个正确的回答，也就是一个合理的科学解释。通过范·弗拉森的旗杆的例子我们可以看出：在解释中包含定律，也符合亨普尔给出的科学解释恰当性的其他条件的却不是解释，也就是说解释项中含有定律也未必是科学解释，定律不是解释的必要条件。

在解释中，如果需要定律，则使得解释的过程非常复杂。内格尔通过"草坪表面在某一天形成湿度"的解释可以说明这一点，按照亨普尔的模型，解释"草坪表面在某一天形成湿度"的论证过程是这样的：

1. 每当包含水蒸气的任何容量的空气的温度下降到这一点，即空气中蒸汽的密度大于空气中水蒸气在此温度的饱和密度时，在凡是空气的温度已经降到这一饱和点以下的地方，空气中的水蒸气就会凝结成液态水。

2. 昨天环绕草坪的空气含有水蒸气。

3. 当冰水浸入草坪时，与草坪直接接触的空气层的温度降低。

4. 当这层空气的温度降低时，其中的水蒸气的实际密度大于新温度的饱和密度。

5. 因此，与草坪相邻的空气中的水蒸气在草坪表面凝结成液态水——总之，在草坪上形成了湿度。①

有的语句符合了"每当 F，便有 G"这种普遍形式，也支持反事实条件句，但未必是定律，虽然"每当有人从一张桌子拿走一只表，这只表便不再在桌子上"，这个语句支持反事实条件句，如果按照我们对偶适概括和定律的区分标准，这个语句不是一个偶适概括，那么它是一个定律。"有人从桌子上拿走一只表"与"这只表不再在桌子上"两个命题完全等价，提供同样多的经验内容，有相同的逻辑形式，是近乎重言式的循环论证，这样的所谓的定律也不能提供解释。

同样，分析命题也具有定律的普遍形式，但是也不能作为解释的充

---

① E. Negal, The Structure of Science, Problems in the Logic of Science Explanation, New York, Harcourt, Brace & World, Inc., 1981, p.30.

分条件或必要条件。比如"如果你是单身汉，那么你是未婚的"。我们如果问"你为什么没有结婚？"你的回答是因为你是单身汉，这是循环论证，没有增加我们知识的经验内容，这也不是一个合理的解释。

通过上面的论述，我们可以看出，在科学解释中，用到的定律或者太普通明显，为大众所理解，在科学解释的作用已经是不言自明的，或者定律太复杂，无法准确地陈述出来。因此，定律不是科学解释成立的必要条件，把解释和定律这两者相提并论会导致这样的后果：或者放宽定律的定义标准，或者把科学解释的定义加以严格限制，两者都将排除一些真正的科学解释。

三 定律陈述的逻辑特征分析

定律陈述一般分为两种：全称定律（universal laws）陈述和概率统计定律（statistical laws）陈述。全称定律断言的是现象的规律性毫无例外的出现；统计定律则指的是现象的规则性只以一定的百分率出现。统计定律有这样的形式：$P(A, D) = r(0 < r \leqslant 1)$。在费茨尔看来，无论全称定律还是概率统计定律，本质上都是全称定律。"因为在（单例）倾向诠释下的一条概率式定律不再简单地断言一个参考类的某种比率也属于性质类，它断言的是该参考类的每个成员在其恒定的性质中具有某种（逻辑偶然的）倾向。对于概率式的定律来说，这种倾向力是概率力的（因果）倾向；就全称式定律来言，这种倾向力是普遍力（因果）。因此，两类定律的区别不是多少成员具有特定性质的问题，而是每个成员拥有这种性质的（普遍的或概率的）力的问题。"[1] 萨尔蒙也把全称定律看成是概率值为1的统计定律，把演绎解释看作是概率值为1的统计解释。全称定律和统计定律并无本质区别，只是程度不同。

亨普尔认为，科学解释就是运用科学定律通过对现象进行论证与理解来回答科学家提出的 Why—问题。就是说在科学解释中必须有一个定律，定律的弱化形式就是似律语句。亨普尔利用了古德曼（N. Goodman）的

"似律句"概念，认为"任何一个定律都是一个似律句（而不是相反）"。①
古德曼在认识论意义上给出似律陈述的两个判据：

1. 似律的概括就是这样的概括：据此我们发现自己愿意断定虚拟
条件句和反事实条件句。

2. 我们愿意接受其为真，而且是未穷尽其实例的过程，便为未知
情形涉及这些概括，理性的人都愿意接受。②

似律语句支持与之对应的虚拟条件句。不管是事实条件句还是反事
实条件句，我们都用全称陈述句加上实质蕴涵来表达。似律陈述在适用
范围的广泛性上不受限制，它具有广泛性和普遍性的特点。似律陈述表
达一个类，这个类的个体是无穷的。

定律具有哪些特征呢？费茨尔认为"在语言 L 中，S 是定律当且仅
当 S 是似律的并且 S 真"。③ 从认识论上来讲，定律之所以为定律就是
断定一个陈述是似律的并且是真的。定律的弱化表现形式为似律陈述，
似律陈述是与偶然陈述相对的，定律一般是与偶适概括（accidental gen-
eralization）相区分的。

亨普尔等人仅仅把定律关系看成规则性的关系，这样就不能区分定
律和偶适概括。比如在美国每当民主党执政，一个橄榄球队就得冠军，
经过多年的观察，我们发现情况的确如此。民主党执政与这个橄榄球队
得冠军就是一种规则性的联系，但是我们不认为这是定律，这是偶适概
括。命题"铜受热膨胀"是定律，因为加热任何一块铜"在物理上必
然"使其膨胀，具有这种必然性关系的全称陈述是"定律"。而偶适概
括不具有这种必然性。"我桌上的粉笔盒中的粉笔都是白色的"这是一
个偶适概括，因为并不存在把任何一支粉笔放入我桌上的粉笔盒中它就
是白色的这种必然性。

从自然语言的视角来看，偶适概括和定律都是相同的，它们都是以
全称的形式出现的，不管是定律还是偶适概括都可以表达为"所以 S 是
P"的形式，并且，科学定律是具有全称陈述形式并且是值为真的陈

---

① C. G. Hempel, Aspects of Scientific Explanation and other Essays in the Philosophy of Science, New York: The Free Press, 1965, p. 265.

② N. Goodman, The Problem of Counterfactual Conditionals, The Journal of Philosophy, 1947, (44), pp. 113 – 128.

③ J. H. Fetzer, *Philosophy of Science*, New York: Paragon House, 1993, p. 27.

述，偶适概括也具有全称陈述形式，它只是不容易成为科学定律，并非绝对没有可能成为科学定律，两者很难严格区分，比如，对于"所有的金子都不大于一吨"这个陈述到底是定律还是偶适概括将依赖于人们对世界的认识，按现在科学的观点这是偶适概括，如果某一天科学家们通过研究发现，金子到了一吨就会自行分解、转化为其他物质，那么这就是一个科学定律。偶适概括有可能转变成定律，但相对于某一个特定的时刻，定律和偶适概括也有很大的区别，它们的区别主要表现在：

（1）定律在适用范围上具有广泛性，而偶适概括不具有适用范围的广泛性。比如，对于"石蜡在 60°C 以上时处于液态"，只要是石蜡就具有这样的性质，这就是一个定律。如果我们经过经验或者实验的检验它是真的，这就是一个科学定律。对于"我口袋里面的硬币面值都是一元的"，我们可以用枚举归纳法，我从我口袋里拿出一枚硬币，一看是一元的，接着拿出第二枚一看还是一元的，接着又拿出第三枚，一看仍然是一元的，因此我归纳出结论：我口袋里的硬币都是一元的。接着又拿出几枚，发现还是一元的，因此验证了我的假说，我得出结论"我口袋里面的硬币都是一元的"。但是，并非把任何硬币放入口袋中，它都具有面值是一元这个属性。因此这是偶然现象，这个陈述只是偶适概括，不是科学定律，偶适概括不像定律，偶适概括不具有适用范围的广泛性。

（2）定律与偶适概括相对于背景知识的信念度不同。科学定律断定了命题的主项 P 和谓项 Q 之间具有必然性联系，偶适概括却没有这种断定。定律陈述和偶适概括的相对于背景知识的信念度不同，定律假设相对于背景知识虽然不是必然真的，但却是信念度较高的全称命题，而偶适概括对背景知识的信念度较低，这使得前者容易得到归纳证据的支持和容易成为科学定律，而后者却不易得到归纳证据的支持，不太容易成为科学定律。

（3）定律和偶适概括的逻辑形式不同。在逻辑意义上，不论是全称定律还是统计定律都可以表达成一个全称的逻辑形式，偶适概括和定律一般都预设了主项是存在的，主项不能是空词项，它们在一阶逻辑里面可以共享同一个逻辑形式，即 $\forall x\,(Px \to Qx) \land \exists x Px$。我们先假设不论是定律还是偶适概括它们的主项是存在的，那么公式可以简化为：$\forall x\,(Px \to Qx)$。定律的假设一旦成为科学定律便具有必然性，并且不再需要证据的支持，它表达的是一个必然命题，因而应当被表达为 $\forall x$ $\Box$（Px→Qx）。即，对于所有的 x，如果 x 具有性质 P，则 x 具有性质 Q。而偶适概括一般不能成为科学定律，它表达的不是 P 和 Q 之间的必然联系，虽然也需要证据的支持，但不具有必然性，我们一般把偶适概括表达为 $\forall x$（Px→Qx）。定律和偶适概括在语言形式上是相同的，但是它们深层次的逻辑形式上是不同的。

（4）定律和偶适概括的区别还表现在是否支持反事实条件句。定律的逻辑特征表现在它支持反事实条件句，而偶适概括不支持反事实条件句。例如，牛顿第一定律可以表述为："没有外力作用下的物体保持恒定的速度"，它的反事实条件句是"如果一个物体不受外力作用，那么它将保持匀速直线运动或静止状态"。定律是支持它的反事实条件句的，但同样是全称陈述的偶适概括却不支持反事实条件句。例如，"所在这只篮子里的苹果都是红的"，就是一个偶适概括，因为它不保证相应的反事实条件为真，即不保证"任何苹果如果曾在这只篮子里，那它一定是红的"这句话为真。

科学定律和偶适概括不仅在是否支持反事实条件句上有区别，它们在投射性（project）上也有区别：科学定律可以被投射到尚未观察到的事例上，亦即对未知事实作出预测，而偶适概括却不能。科学定律和偶适概括之间的区别源于这样一个事实：科学定律具有必然性，而偶适概括不具有必然性。亨普尔等人就是没有对必然性进行分析，才会把定律作为科学解释的基础。

四　对覆盖律模型的理论根源分析

亨普尔错误的根源在于他作为逻辑经验主义者拒斥形而上学，回避必然性问题，仅仅把定律关系看成规则性的联系，因此很难把定律与偶适概括区分开来。在亨普尔看来，定律一般发展过程大致如下：对事物进行多次观察和实验的基础上，进行归纳推理，提出科学假说，然后以假说为前提演绎地推出一些推论，然后再用实验和观察的结果验证推论，如果推论与实验观察的结果相符合，此假说得到确认。如果推论部分或者大部分与实验观察结果不相符合，则我们考虑放弃此假说，只有经受住实验和观察检验的假说才是科学定律。偶适概括也是在观察的基础上经由归纳推理得到的，得出的推论也经得起经验检验，因而可能也是真的概括，但是这样的概括不是科学的定律，因为其证据是有限的，科学定律的证据是无限的。

亨普尔把定律看成是规则性的联系，但是定律的本质并非如此，定律可能是一种"先定的和谐"，它也不是简单地由逻辑分析就可以得到，科学定律或者科学理论的形成过程主要有三种观点：约定论、先验论和经验论。这三种观点并非都认为定律或者理论必须满足经验上的真实性，比如约定论认为科学的一些基本原理既不是经验事实的归纳，也不是先验综合判断，而是一种约定。约定无所谓真假，只是出于方便而已。约定在从事实过渡到实验定律的作用重大，而解释的覆盖律模型只从经验的真实性来考虑定律，而没有关注定律形成的不同的途径，因此，亨普尔等逻辑经验主义者对定律的认识不深刻。既然亨普尔的覆盖律模型把科学解释作为对 Why—问题的回答，就不能避免对自然界的本性的追寻，"我们最广泛的科学知识不是'定律的知识'，而是'事物本性的知识'"。① 如果把解释看成对 Why—问题的回答，科学解释绝对不仅仅局限于对自然现象的描述，还要发现自然现象之间的因果联系，"解释事件是展示因果机制的语言产品"，② 而站在逻辑经验主义立场的亨普尔，他把形而上学的问题看成没有意义的加以拒斥，没有去考察现象背后的因果关系。

解释与特定的理论框架相联系，覆盖律模型仅仅局限于逻辑经验主义的理论框架中，这种理解未必是对科学解释的恰当的理解。比如燃素说认为燃烧的原因在于物质中含有特殊的物质，而近代化学的发展认为燃烧是物质跟空气中氧气的反应。冲力理论认为只要给物体一个冲力，物体就能够维持运动，牛顿力学却认为物质维持运动状态的原因是惯性。还有地心说体系和日心说体系的区别，这两个学说都可以用规则性的联系解释部分的天文现象，并且它们都认为解释中的定律是真实的，那到底这两种冲突的理论哪个是对某个具体天文现象的合理解释呢？这些理论都能一时成功地解释自然现象，但是在我们现在看来不一定是一个恰当的科学解释。从漫长的科学史的发展历程和我们以上的论证看，

---

① Nancy Cartwright, The Dappled World, A Study of the Boundaries of Science, Cambridge University Press, 1999, p. 5.

② Jakka Keranen and Wesley Salmon, Explanatoriness: Cause Versus Craig, Synthese, 2005, 143: pp. 144 – 145.

完全真实的科学定律并不具有解释力，而具有解释力的定律则未必是真实的。

解释是否需要定律还考虑自然的形而上学图景，在覆盖律的图景中，自然是有规则、有秩序的，因为存在基础定律覆盖所有事物，但当定律所要描述的环境变得越来越复杂时，定律本身就变得越来越没有普遍性，例外情况也就越来越多。因此，很多科学哲学家认为在科学解释中定律并非必要的，解释未必是用定律来解释现象，也可以通过建构理论实体来拯救可观察的现象。

亨普尔对科学解释的标准模型进行了一些修改，他仍然坚持解释是论证的立场，对定律或边界条件的语言结构进行技术处理，使其能排除无关项，是亨普尔本人及其主张的捍卫者们共同选择的努力方向。但亨普尔的修改方案不能排除不相关因素的影响，不能够把解释项中的不相关因素排除掉。

作为 20 世纪科学哲学核心主题之一的科学解释，把解释作为解释项和被解释项之间的演绎关系的"演绎—律则"模型几十年来一直支配着整个解释问题的发展。D—N 模型的核心观念是"解释要求科学定律"，事实只有被包含于定律之下时才能获得解释。亨普尔的 D—N 模型一方面在分析哲学和语言哲学背景下研究科学解释合理性条件，使解释从形而上学和神学领域转到了科学哲学的研究领域；另一方面，这种基于纯语形和语义学的模型，遇到了不可克服的逻辑困境，形式化的 D—N 模型引入了标准的一阶逻辑演算，所有个体均被量化，普遍性通过量词来表征，故对特定事件的解释完全是在语义分析中给出的。这样一来，尽管科学解释有了规范化的基础，但随着非经典逻辑的发展，一阶谓词逻辑也逐渐显示出局限性。鉴于此，D—N 模型不得不寻求修正和改良。引起了众多的科学哲学家对解释的结构形式和内在机制的研究。

五　定律关涉认知主体信念

科学定律是具有全称陈述形式并且是值为真的陈述。偶适概括也具有全称陈述形式，它只是不容易成为科学定律，并非绝对没有可能成为科学定律。偶适概括和科学定律的严格区分在科学哲学中也是一个重要问题，能够严格区分也会遇到一些困难。

科学定律不是简单地由逻辑分析就可以得到，还必须要看我们的背景知识。一个偶适概括一旦成为科学定律，便意味着人们原有的背景知识有问题，需要有所改变；某些重大的改变将导致科学范式的转变，即库恩所谓的科学革命的到来。

科学理论和科学定律所提供的知识不能代替我们对于具体事件的真实原因的探讨。科学理论和定律所指明的理想世界对现实物理世界并不为真。但是在科学家们的约定的条件下，它们可以大致地被视为真。

我们对科学解释的识别和评价都是依赖于科学家们的认识框架或理论框架。我们在进行解释时所引用的定律也依赖于这个框架。定律并非是一个通过反复观察和实验得到的归纳概括，而是一个在既定的认识框架内经由反省所把握的内在联系的概念。

科学定律要求解释的主词的预设为真，比如对于"所有的龙都有角"，它的主项不为真。如果我们认为科学解释的前提不必然是真的，只要符合我们的经验现象就可以了，这也会否认科学定律的作用。

第二章　语义学模型与解释者信念

　　科学解释的标准模型一提出就引起了科学哲学家们的关注，亨普尔的解释模型存在一些问题，亨普尔自己也对科学解释的标准模型进行了一些修改，他坚持"解释是论证"的立场，对定律或初始条件的语言结构进行技术处理，使其能排除无关项，这是亨普尔本人及其拥护者共同选择的努力方向。首先，解决被解释项的自解释问题。其次，深入探讨定律本身的合法性问题，区分定律和偶适概括，最后对统计的无关性前提进行某种限制。亨普尔的修改方案并不能完全排除解释不相关因素的影响，不能够把解释项中的不相关因素排除掉。

　　亨普尔的科学解释模型遇到了不可避免的困境，有的科学哲学家认为亨普尔的解释模型是根本错误的，应该予以抛弃，主张提出新的解释模型，我们这里主要介绍赫西（Mary Hesse）和卡特莱特（Nancy Cartwright）的模型论。还有的科学家肯定亨普尔的解释模型的某些主张，对其解释模型寻求修改和改良，其中代表性的有三种：第一种是主张对亨普尔模型进行修正，弗里德曼和凯切尔提出的统合模型（Unification Model）属于这种进路；第二种为萨尔蒙和费茨尔的因果相关的解释理论，他们改走本体论进路；第三种是范·弗拉森和阿欣斯坦提出的语用学的科学解释模型，他们注重解释中的语境的作用。

第一节　模型论的解释相关性分析

　　两位女哲学家玛丽·赫西和南茜·卡特莱特提出解释的模型论观点，她们认为所谓科学解释就是建立一个科学解释的模型，然后我们可以根据类比推理来完成解释，那么解释项和被解释项之间的关系就是类比相关。

一　模型论的理论基础和结构形式

模型论认为，亨普尔对于科学解释的本质理解错了，科学解释不是由定律推导出现象，要解释一个现象，必须构造出一个模型，用隐喻（metaphor）、比喻和类比（analogy）的方法才能理解和解释世界。卡特莱特认为："解释一个现象就是要找出一个模型，将该现象纳入特定理论的基本框架中，从而可以使我们对适应于该现象的凌乱而复杂的现象规律作出类比。"①

卡特莱特主要从两方面批评亨普尔的覆盖律模型：第一，反对亨普尔覆盖律模型树立世界实在论的观点；第二，将现象解释的陈述归入定律和先行条件是不对的，很多现象可以解释并不是因为覆盖定律，充其量是覆盖各项同性的概括。卡特莱特这里的"模型"并不是一般意义上的模型，它是一种"模拟物"，她用牛津词典关于"模型"的第二个定义："一个模拟物是某种仅仅具有某一事物的形式和外表而不具有其实质和固有本质的东西。"②"这样一种模拟物（模型）在科学实践中取一种媒介作用（或居间调停作用）——把理论和现象连接起来，使得理论能应用于现象（目标系统）。"③由此，我们可以看出模型论并不是将解释看作一个论证、推导的过程，而是高度近似化和理想化的复杂过程。

卡特莱特还否定了亨普尔覆盖律模型满足的恰当性条件，并认为可以在不同理论之间采取相对策略，并利用程式化的模型导出结论。科学领域的大多数知识并不是关于定律的知识，而是事物本质的知识。由于定律具有可重复性，她把那些用定律来对现象作出的成功的解释称为"律则机器"（nomological machine），但萨尔蒙对此表示："这种观点即使在理论科学中成立，也无法用于应用科学中的解释。"④

模型论的另一位代表人物赫西着重考察了"实质类比"，赫西认为

---

① Nancy Cartwright, The Dappled Would: A Study of the Boundaries of Science, Cambridge U-niversity Press, 2001, p. 95.

② Ibid. , p. 50.

③ Ibid. .

④ ［美］W. C. 萨蒙：《经验论的第三个教条》，《自然辩证法研究》1990 年第 4 期，第 53 页。

类比在解释中起着本质的作用。我们可以把被类比者（原始主题）看作被解释者，一般来讲，被解释者是用观察语言表达。而用作比喻或类比的类比物或模型（二阶主题）就是解释者，它一般用观察语言或熟悉的理论语言表述。解释的过程就是相似性原理（the princeple of assim-ilation）和比喻链（a chain of metaphor），被类比者（一阶系统）与类比者（二阶系统）的相互作用到了这样的程度，类比者将它自己的特征迁移到被类比者中，被类比者可以用类比者的语言框架来重新描述，这就是解释。所以解释者和被解释者的关系并不是演绎关系，而是一种类比的关系。就这样，人们用水波解释声音、光线，用粒子随机运动来解释气体。她认为类比具有以下两个特征：第一，一个类似物的性质与一个对应的性质之间是同一的或区别的——对应的关系；第二，同样类似物的性质之间的关系是同样对象性质，并同有这些性质之间的因果关系。而且所有类比都具有水平或垂直的关系，水平的关系是同一性或者是区别性或者是相似性，垂直的关系是因果关系。

类比推理是根据两个（或两类）思维对象的某些属性相同或相似，以及其中一个（或一类）对象的某些已知特征，推出另一个（或一类）对象也具有这些特征的推理。

例如，地球和火星绕太阳运转、绕轴自转、有大气层、有季节变换、大部分时间的温度适合某些生物的生存等。地球上有生命存在。所以，火星上可能有生命存在。

类比推理的逻辑形式是：

A 对象具有属性 a、b、c、d,

<u>B 对象具有属性 a、b、c,</u>

所以，B 对象也具有属性 d。

下面两个例子就是类比：

光量子具有波动性，光量子具有粒子性，

电子具有粒子性，

那么，电子也具有波动性。

人的头盖骨由 8 片骨片组成，形薄、体轻，坚固，

罗马体育馆用 1620 块类似头盖骨的构件组成，形薄、体轻，

所以，罗马体育馆是坚固的。

类比推理的对象，可以是两个不同的个体对象，也可以是两个不同的对象类，还可以是一个对象类的个体与另一个对象类。

类比推理按照不同的分类方式可以分为：同类类比和异类类比；同向类比、异向类比和中性类比；性质类比和关系类比等。

1. 同类类比和异类类比

根据类比中的前提和结论中的对象不同，类比可分为同类类比和异类类比等类型。同类类比指的是前提和结论中的对象是同种类的。如"老吾老以及人之老，幼吾幼以及人之幼"式的推理。

根据地球和火星有许多共同属性，地球上有生物存在，从而推导出火星上也有生物存在，这种推导形式属于同类类比。

异类类比指的是前提和结论中的类别是不同的。

鲁班发明锯子就运用了一个类比推理，

丝芽草两边有许多小细齿，能把人的手指划破，

铁片的边上刻成许多小细齿，

那么，铁片也可能很锋利，能把树锯倒。

这个类比的前提中是"丝芽草"，结论中是"锯子"，这两个种类是不同的，这就是异类类比。

2. 同向类比、异向类比和中性类比

同向类比就是根据两个（或两类）对象在一些属性上相同或相似，从而推知它们在另一属性上也相同或相似的推理。它又分为肯定类比和否定类比两种。

肯定类比是根据两个对象存在某些相似的属性推出它们在另一属性上也是相似的。

肯定类比可用公式表示如下：

对象 A 有属性 a、b 、c、d，

对象 B 有属性 a、b、c，

所以，对象 B 也有属性 d。

已知红外线是一种具有一定穿透力的不可见光，它能使微生物细胞的某些成分发生变化，并因此具有杀菌作用；同时又知紫外线也是一种具有穿透力的不可见光，它也能使微生物细胞的某些成分发生变化。由此推知，紫外线也具有杀菌作用。

否定类比就是根据两个（或两类）对象都不具有某些属性，从而推

知它们都不具有另外属性的推理。

否定类比可用公式表示如下：

对象 A 有属性 a、b、c、d，

<u>对象 B 不具有属性 a、b、c，</u>

所以，对象 B 也不具有属性 d。

鲸不具有鱼的属性，鲸的体表无鳞，不用鳃呼吸，不是卵生的，不是变温动物，血液循环不是一条直线，等等。在非洲东海岸发现的空棘鱼，也像鲸一样，不具有鱼的属性，就可得出结论：这一新发现的海洋动物也可能不属于鱼类。

中性类比是根据两个对象在某些方面存在的相似而在另一方面存在的差异，在平衡两者之间的相似点和差异点的基础上，依据关键的相似或相异要素，推出它们在其他方面也相似或相异的结论。

中性类比可以用公式表示如下：

对象 A 有属性 a、b、c、p、q、r 还有 x，

<u>对象 B 不具有属性 a、b、c，不具有 p、q、r，</u>

所以，对象 B 也具有（或不具有）属性 x。

中国江浙地区的地形、水文、土壤、湿度、温度、光照等具有某些属性而不具有另一些属性，适于种柑橘而不适于种苹果；美国加利福尼亚州的地形、水文、土壤、湿度、温度、光照等具有某些属性而不具有另一些属性（即属性有无与江浙一致）。

所以，美国加利福尼亚州也适于种柑橘而不适于种苹果。

中性类比比较复杂，究竟得出的结论是否具有属性 x，这样依赖于 x 与 a、b、c 或 p、q、r 哪一组属性的相关性更强。由于中性类比从正反两个方面考察了认识对象可能具有或不具有的属性，因此，一般说来其结论的可靠程度比正负类比都高。

异向类比，也称反向类比，是根据两个（或两类）对象在一些属性上的不同，从而推导出它们在另一属性上也不同的推理。

铁有金属光泽和延展性，是电与热的良导体，

硼没有金属光泽，缺乏延展性，

所以，硼不是电与热的良导体。

以上类比就是反向类比。根据"铁"和"硼"在一些属性上的不同，从而推导出它们在另外一个属性上也是不同的，即"铁是电与热的

良导体"，而"硼不是电与热的良导体"。

3. 性质类比和关系类比

根据所类比的是事物的性质还是事物的关系，把类比推理分为性质类比和关系类比。

性质类比是以两对象的某些性质相同、相似或不同，从而推出它们在另外性质方面也相同、相似或不同的推理。

行星是围绕恒星运转的，行星围绕恒星运动是分层的，

电子围绕原子运转，

所以，电子围绕原子运动也是分层的。

性质类比的逻辑表达式为：

A 有 a，b，c，d，

B 有 a，b，c，

所以，B 也有 d。

关系类比是根据两对象之间具有某种关系，从而推知另外的两对象之间也有相同或相似的关系的推理。

中国一汽大众研发部门从模型中研究得出汽车的刹车系统的敏锐性与刹车的材质、刹车杆的长度、刹车系统装配的部位、刹车时行驶的速度分别有关系 R_1，R_2，R_3，R_4；

按照模型的设计实际制造出来的汽车的刹车系统的敏锐性与刹车的材质、刹车杆的长度、刹车系统装配的部位分别有关系 R_1，R_2，R_3，所以，实际制造出来的汽车的刹车系统的敏锐性与刹车时行驶的速度也有关系 R_4。

关系类比的逻辑表达式为：

A 存在关系 R_1，R_2，R_3，还有 R_n，

B 存在关系 R_1，R_2，R_3，

所以，B 也存在关系 R_n。

赫西认为类比在解释中起着本质的作用。实质类比是可观察事物之间的前理论对比，它可以从一个模型的预测中得出。因此赫西认为实质类比可以有助于对科学模型的预测，而且包含着相似性和因果性这种水平和垂直的双重关系，因此对于实质类比研究是非常有必要的。

赫西认为实质类比的过程作了形式化的研究，类比形式化有如下三个层次：第一是观察对象，即未知过程 P 产生某种可观察的现象 O；第

二是想象的对象，即 P 的一个图式模型 M 产生的一个可观察现象"O"；第三，如果"O"是 O 的一个好的相似物，M 在 P 的定位过程中被认知，且从本体论 M 可能存在，那么我们就可以说 M 多少如实地解释了 P。模型论过程形式化也促进了模型论的发展和完善，拓宽了模型论的覆盖范围，不但可以解释很多自然现象，还可以解释许多定律。

类比的解释模式运用非常广泛，我们用水波解释声音、光线，用粒子随机运动来解释气体，用水泵来解释心脏的功能，用物理过程来模拟人脑的功能，傅立叶将热的传导与水的流动作类比，建立了传热学的精密理论。奥地利医生奥恩布鲁格发明的叩诊法就是类比了叩击酒桶能判明酒的存量。在历史上，人们用牛顿万有引力定律对"天王星运动的不规则性"和"水星近日点的进动"的解释，是以类比的方法进行的，即用牛顿万有引力定律解释水星近日点的进动。

张华夏先生也曾经提出功能类比解释（Function – Analogy Model，F—A 模型），这个模型本质上也是模型论的思路。首先声明的是，张先生不像赫西和南茜·卡特莱特那样，认为模型论模型可以取代 D—N 模型和 I—S 模型，他把 F—A 模型作为亨普尔科学解释模型的补充形式。

下面我们通过张先生的例子看模型论是怎样通过类比达到解释目的的。比如，为什么王先生常常午后潮热、心烦意乱、面红升火、消瘦、盗汗、咽干口燥、舌红少苔、脉搏细弱无力呢？西医一般会通过演绎定律来解释，基本上是按照亨普尔的 D—N 模型来解释的，运用普遍定律（某细菌在某情况下引起某病变）加上边界条件（王先生检查后的特征陈述），逻辑地推出王先生得了慢性肾炎。

中医根据阴阳五行的学说也给出一个解释，说王先生是肾阴虚，这个解释也是一个功能类比解释。医生在运用这种功能类比时，也许还可以给出一些典型的病例作为模型用于解释。

这个解释模式如下：

解释项：

（1）功能类（The classes of function）：按五脏、六腑、阴阳、虚实、寒热、表里等维度的人体功能病变分类系统。

（2）类特征（The characters of the class）：肾阴虚病具有五心烦热、面红升火、消瘦、盗汗、咽干口燥、舌红少苔、脉搏细弱无力等典型特征。

（3）类归属：王先生的病是肾阴虚病。

…………………………………………………………（analogy）

被解释项：

（4）所以，王先生有日益消瘦、出冷汗、午后潮热、小便赤黄等病症。

这样，就可以对王先生的病情对症下药。我们就对王先生的症状有了合理的解释。

二　模型论对科学解释模型的推动作用

模型论是构造科学假说和科学发现的重要途径，也是科学解释的重要方法。例如：惠更斯把光和声两类对象进行类比，在类比中抓住了它们之间具有一系列本质相同的属性：直线传播，有反射、折射和干扰的现象等。而声是由一种周期运动所引起的，呈波动状态；由此，惠更斯提出了光也呈波动状态的假说。哈维描述了心脏的运动过程及其与脉搏的关系；强调心脏的功能是通过心室将血液从静脉运送到动脉，再通过动脉将血液分配到全身，在这一过程中，他还将心脏的功能与水泵作类比。同时，他还讨论了已被前人发现的肺循环，强调肺动脉的存在是为了使血液能够通过肺而不是为了营养肺本身。许多科学理论，当它一开始以假说形式出现时，往往是通过类比推理提出来的。比如魏格纳提出大陆漂移说，是类比了冰山在水上漂移受到的启示；卢瑟福发现了原子核并提出他的原子结构的行星模型时，也是类比了太阳系结构受到的启示。类比推理还帮助生物学家施莱登发现了动物细胞中的细胞核等等。这些都说明类比推理是构造科学假说和科学发现的重要途径。

模型论是激发人们创造性思维的重要方法。例如，可以利用类比方法解释病人胸部积水现象。19世纪中叶，奥地利医生奥恩布鲁格给一位病人看病，没有检查出什么严重疾病，但病人很快就死了。经过解剖尸体查看，发现胸膛积满脓水。医生想，以后再碰到这样的病人怎么诊断？忽然想起他父亲在经营酒店时，常用手指关节敲木质酒桶，听到噗噗的叩击声，就能估量出木桶中还有多少酒。他思考：人们的胸膛不是很像酒桶吗？他通过反复探索胸部疾病和叩击声音之间变化的关系，发明了"叩诊"这一医疗方法。科学中存在很多不可观察的现象，用模型论将那些不可观察的现象同我们日常可观察的现象作类比有助于我们对科学理论的理解和把握，例如用水在水管中流动类比电在导体中流动，水的流动是单向的，电荷同样是在金属导体中单向流动，形成电流。不仅如此，水由于受地心引力的影响是从高处向低处流动的，而电流则是从高电压向低电压流动，电压差导是产生电流的前提条件。赫西认为导体内电荷的运动类比水在管子中的流动，而不是单纯对电子现象给予抽象的描述。托马斯·杨类比水波从而对光的波动说进行辩护。气体分子运动的物理实验室类比于小球相互碰撞建立模型来加以阐述的。卢瑟福和波尔将原子核类比于太阳，电子类比于太阳系下的行星，电子围绕原子核作类似于行星围绕太阳的轨迹运动。富兰克林曾把天空中的闪电和地面上的电火花进行比较，发现它们有很多相同的特性，都能发出同样颜色的光、爆发时都有噪声、都有不规则放射、都是快速运动、都能射杀动物、都能引燃易燃物。同时又知地面上电机的电可以用导线传导，由此推知天空中的闪电也可以用导线传导。后来这一结论通过著名的风筝实验得到了证实。模型论解释模型的进路就是用常见的可观察的现象特征类比未知的科学现象，模型论就是将隐喻的未知的原始系统用常见的可被理解的语言表述从而使复杂深邃的科学现象得到最形象的比喻而被人接受和理解。例如，动物的心理智能活动同动物大脑发达的程度有着必然的联系，凡是具有发达大脑的动物一定有着复杂的心理活动和灵巧的智能活动。猿猴的大脑发达，它的绝对重量大，它与身体重量相比的相对重量也大，猿猴具有复杂的心理和灵巧的智能。现在发现生活在海洋中的海豚也有复杂的心理和灵巧的智能。应该说这个结论的可靠性较高，因为推出的属性与共有属性之间有着本质的联系。这个结论的可靠程度也是比较高的。由此，我们看出，除了亨普尔所提出的演绎、归纳推理以及本体论所强调的因果机制外，类比推理的方法在特定的方面将产生更好的结果，这个特定方面就是对于不可观察的科学现象的解释。

模型论内容的可取之处：解释知识对我们描述和预测知识增加了模态维度，解释知识是对关于什么必要和什么可能的知识。我们诉诸必然或者可能的模态逻辑，必须把它们看成形而上学的范畴，没有超越物理必然性的东西，包括不可能，这些直接源于自然的定律、定律陈述构成我们描述知识的一部分，模态内容不能超出描述知识。

三 模型论的理论局限性

虽然模型论的优点非常明显，但存在的问题也比较明显。有效确认性是模型论一直悬而未决的突出问题，即模型的结果与事实的一致程度，也就是说模型支持被解释项的程度或是可靠程度有多少。在哲学意义上，一个好的解释的定义和判断标准是什么呢，如何定义一个好的模型即与现实符合得更好就是一个理论吗？真理与世界是什么关系的问题。也就是说怎样通过模型方法才能使模型的推论与经验的事实符合得更好，这就是模型与真理、模型与实在的关系问题。到目前为止，还没有一个令人满意的解释。类比的逻辑推理本身造成的模糊性与不精确性并不能取代科学解释的逻辑严谨性和可证伪性。如何能将解释的恰当性或者逻辑严谨性有机地结合将是模型论未来需要重点研究的方面，这一问题同样要归根于模型带来结果的有效性论证。

第一，如何保证模型的恰当性问题，如何才能使模型的推理与经验事实符合。由模型推出的东西并不就是经验的事实和经验规律，而只是与经验事实和经验规律相类似的东西。怎样通过模型方法才能使模型的推论与经验的事实符合得更好？这就是模型与真理、模型与实在的关系问题。

类比推理是一个从个别到个别或者从一般到一般的推理，类比推理从前提到结论具有或然性。类比是由两个事物的相似性进行推导，两个事物也有差异性，通过相似性推导出来的就是合理的解释，通过差异性推导出来的就不是解释。比如：有人把机械波和电磁波相类比：机械波由机械振动产生，有反射、折射、衍射、干涉等特征，有一定的传播速度，其传播需要媒质；电磁波由电流振动产生，有反射、折射、衍射、干涉等特征，传播速度等于光速，其传播也应该依靠媒质。我们已经知道电磁波能独立完成在电磁场的传播，这种传播不需要媒质。我们用机械波需要媒质来解释电磁波也需要媒质是错误的。惠更斯通过光和声的类比，提出光是一种波动，声波是纵波，所以他认为光波也是纵波，这是一种错误结论。如果按照这样的类比来构造解释模型，那么，这样的解释模型也是不合理的。例如，比较地球和月球，两者都是球体，都有自转、公转等，而地球上有动物，那么月球上是否也有动物呢？这就要看月球上是否存在着和推出属性不相容的属性，即同动物生存条件相矛盾的属性。研究结果发现，月球上昼夜温差很大，白天温度高达135℃，夜间下降到 –160℃，月球上没有水，空气也很稀薄，这些条件都不适于动物的生存。这样一比较，就可防止作出"月球上有动物"的错误结论。基督教神学为证明"上帝"的存在，就说宇宙是由许多部分构成的和谐整体，如同钟表是由许多部分构成的和谐整体一样。而钟表有一个创造者，所以宇宙也有一个创造者，这就是上帝。这样的类比就不能算对上帝存在的解释了。

第二，卡特莱特和赫西这两位女哲学家都认为一切解释都是类比，拒绝本体论和认识论进路其他科学解释模型，这似乎说得绝对一些了，通过模型对事件进行解释只是科学解释的一种形式，并且类比推理总是与演绎推理与概率推理协同使用的。这两位女哲学家主张一切解释都是类比的主张说得太绝对了。

模型论是在认知的维度这样一个新的范式下来考察科学解释的，不同于认识论下亨普尔覆盖律模型所采用的演绎、归纳推理以及本体论下萨尔蒙等人采用的因果机制的新的逻辑研究方式，即采用了隐喻、类比的逻辑推理来主要考察不可观察的科学现象，使未知的现象发生过程通过类比于我们日常可观察、易理解、实在的经验现象从而把握新事物的特征和规律，增加我们对于未知世界的理解。这种方法的应用无疑拓宽了我们对于科学解释研究的领域，具有一定的发展潜力。但模型论本身也存在着一个难以克服的问题，即有效性确认问题，如何规避类比的模糊性和不严谨性，在保证可理解下和恰当性的前提下如何保证模型的结果与事实的符合性是模型论未来需要攻克的难题。

通过以上的论述，我们可以看到，解释项与被解释项之间到底是哪种相关关系一直是讨论的焦点所在，"相关证据"的概念扮演着一个重要角色，它不仅在数量上是无限的，在类别上也可以是无限的。但科学家决不会漫无边际地为一个假设寻找证据，而仅仅是在"相关"的范围内寻找。

第二节　统合模型的解释相关性分析

凯切尔延续了亨普尔开辟的认识论的科学解释进路，同样认为解释是对 Why—问题的回答，他认为，对科学解释进行描述主要有以下两个原因：第一，自然科学的发展并不是简单知识的堆积和相关条目的增加，目的在于加强我们对于世界的理解和认识，所以科学解释旨在提高我们对于世界的理解和增加对于客观世界的知识。第二，关于解释的描述可以使我们更好地理解过去和现在科学的差异性，由此可以作出恰当的判断。在凯切尔看来，人们容易将统一性和理解联系起来，他把统合性描述为："当在我们接受的大量语句的推导中，它提供一个能被使用的论证模式时，理论统一了我们的信念。"① 亨普尔覆盖律模型过于重视逻辑形式的构造，追求解释的客观性，但是忽视了解释的相关性的规定。为了正确地阐释解释相关性，弗里德曼和凯切尔提出科学解释的统合模型，这个模型最早由弗里德曼提出："科学解释的本质是……通过还原那些我们不得不作为最终的或所予的东西而接受的大量独立现象来增加我们对世界的理解。"② 解释就是获得对世界的理解，理解是一种关涉全局的事情，随着统计性的增强，我们对世界的理解将会进一步增强。弗里德曼认为："关于解释的观点，我建议科学提供的理解是全局的而非局部的。科学解释不是通过表明单个现象是如何自然而然地、必然地、熟悉地或不可避免地，从而给予其可理解性，而是我们对世界的总体理解增加了。"③ 科学解释是整体的而不是局部的，科学不解释单个事实，只解释一般规律。我们应该减少持有的基本信念的个数以满足经验系统化的要求，弗里德曼的解释的目的在于简化我们的世界图景。

凯切尔强调解释项中普遍陈述受经验的检验，统合解释的关键点在于消除偶然性出现的同时将逻辑必然性转化为一种自然律的必然性。凯切尔主张科学解释应是全局的，他把科学解释分为"从下而上"（Bottom-Up）和"自上而下"（Top - Down）两种形式。"从下而上"的解释形式是试图从基础的科学定律导出表面现象，在凯切尔看来，萨尔蒙认为解释存在于对因果关系的识别中，因果关系与单个事件相联系，萨尔蒙对解释的探讨是"从下而上"的，而亨普尔试图从表面现象提供全局性的理解，亨普尔对解释的探讨则是"自上而下"的。

---

① Philip Kitcher, Explanatory Unification, Philosophy of Science, 48 (1981), p. 531.

② M. Friedman, Explanation and Scientific Understanding Journal of Philosophy, Vol. 71, 1974, p. 15.

③ Philip Kitcher and Wesley C. Salmon, Minnesota Studies in the Philosophy of Science, Vol. XIII, Scientific Explanation, University of Minnesota Press, Minneapolis, 1989, p. 430.

凯切尔在 1989 年与萨尔蒙合著的《科学解释》一书中明确地提出，成功的解释是需要一组解释，即解释库（explanatory store），规定解释库的条件是解释理论的基本任务。他认为"理想的解释就是推导"，而解释库为我们关于解释进行推导提供了系统的充分条件。科学解释的价值不是通过一个单一解释来评估，而是要通过它怎样形成自然秩序的整个系统图景来把握。凯切尔认为，科学解释的解释库中的具有解释力的条件是由科学共同体约定的，这种约定条件构成了语境中的一组陈述，而通过这种解释库有力地推导就构成了解释。

对于每个解释项 K，如果 E（K）是最能统一 K 的论证集合，那么 E（K）就构成了 K 的解释库。例如，牛顿力学的三大定律与万有引力定律构成了"图式句"，数学方法构成了"论证模式"，这些不同的部分有机地结合就将牛顿力学体系统一起来，这个体系就是对运动现象的解释库。同时，E（K）包含的所有推导都是关于 K 是可接受的，所谓可接受，就是每个推导的每个步骤都是演绎有效的，且每个推导的前提都属于 K。凯切尔科学解释统合模型的核心有以下几点要求：第一，推导与一般论证模式的示意性论证有数目相等的词语；第二，推导中的每个陈述或公式都能从相应的示意性语句中获得；第三，推导的词语具有由示意性论证的对应数目的分类赋予的性质。凯切尔认为，他的科学解释统合模型很好地解决了覆盖律模型面临的不对称、不相关和偶适概括等困境。首先，通过全局性的要求从上至下地为现象提供全局性的理解，是具有方向性的，所以可以避免不对称性问题的发生。其次，我们可以用某次不相关的信息来解释现象，解释虽然在某次看来是不相关的，但是从总体上看，解释信息还是相关的。最后，凯切尔提出解释中的定律或因果关联都要取决于它在最广泛理论中的位置，能够在全局模式中的就是定律，否则就是偶适概括。凯切尔认为自己的科学统合解释模型"只是一种联结"。

虽然在关于覆盖律模型解释相关性问题上，强调统合性的解释统合模型的确由于提出解释库概念提高了解释的范围和力度，而不是单纯依靠一个定律或概念作为解释的桥梁，由于强调解释在于增加人们对于客观世界的理解。所以，解释库的每一个解释项必定也都是由具有解释力的相关定律组成，这样有利于人们对于世界的认识增加，相比亨普尔模型可以更好地排除解释无关项的进入。但是解释统合模型强调的统合性有处理方式过于简单之嫌，试图一下子把能解决的问题通过统合性笼统地加以概括和解决，因此仅仅提出统合性的概念并将解释看作一种事物之间的联结是不够的。不仅如此，凯切尔依然是在认识论的框架下来研究科学解释，认为科学解释就是推导，这与亨普尔认为解释是论证、证明基本上是一致的，但解释不是论证或解释不仅仅是论证；而且他也认为解释是对 Why—问题的回答。统合模型坚持科学解释应该反映从一般到特殊的推导方向，试图在演绎—律则模型受到冲击的时候，保持演绎—律则模型的合理性，因此统合模型很难真正避免亨普尔演绎模型遇到的困难。

第三节 统计相关解释模型和解释者信念

按照萨尔蒙的观点，科学解释一般包括三种哲学进路：本体论内容（the ontic conception）认为解释就是要揭示现象发生的因果机制，阐明它在整个自然图景和层次结构中的地位；认识论内容（the epistemic conception）认为解释是论证，解释是解释项和被解释项之间的逻辑关系；模态论进路（the modal conception）解释知识对我们描述和预测知识增加了模态维度，解释知识是对关于什么必要和什么可能的知识。①本体论进路与认识论进路和模态论进路的不同在于到底是把解释看作一种经验知识之间的逻辑关系，或知识社会学意义上的社会关系，还是看作知识与一个独立的自然世界的关系。这些基本信念的不同，决定了相冲突又相交叉的解释哲学理论对科学解释构造了不同的模式。显然，如果三者分别调整自己的哲学信念，三者可成为独立且相互补充、而不是相互替代的方案。

萨尔蒙认为亨普尔理论是建立在一个错误的解释相关性概念基础上的，亨普尔错误的根源在于他采取的是认识论进路，萨尔蒙认为欲正确理解解释相关必须立足于本体论进路。

针对亨普尔的归纳—统计模型遇到的认知歧义性难题和高概率要求遇到的困难，为了避免在解释中无关项参与解释的现象，萨尔蒙提出了

---

① W. C. Salmon, Scientific Explanation：Three Basic Conception, the Philosophy of Science Association，p. 293.

统计相关模型以解决低概率事件参与解释的现象。萨尔蒙认为亨普尔的解释理论中的逻辑相关不是真正的解释相关，真正的解释相关是统计相关。

一　统计相关模型的结构形式

萨尔蒙认为"统计"这个词是本体的概念，因此统计规律是实在世界本身的自然律。萨尔蒙想守住本体论立场消解亨普尔固守认识论进路不能解决的难题。萨尔蒙在 1970 年、1971 年对统计相关解释模型作了详尽的阐述。这种统计相关解释模型意味着：一个解释就是消除单一事例赋予被解释项结果的概率无关的类，而反对把高概率赋予被解释项的归纳论证。

萨尔蒙之所以称自己的模型为"统计相关模型"基于以下原因：（1）萨尔蒙把解释项和被解释项之间的解释相关看成统计相关，他认为演绎推理不过是概率值为 1 的统计推理的特例而已；（2）就解释项含有的定律而言，萨尔蒙实际上认为全称定律不过是概率值为 1 的统计定律的特例罢了。统计定律的基本形式"A 是 B 的概率为 r"，这并不表明我们关于世界的知识还不完备，相反，它表明世界只能用概率性陈述加以刻画。

萨尔蒙提出的统计相关是形如"为什么 A 类元素是 B 类元素？"这样的形式。在萨尔蒙看来，"统计相关"在科学解释中比"高概率"更为关键，统计相关模型不管解释项对被解释项支持的概率程度如何，仅当对某一特定事实的解释是一个相关事实的集合，它在统计意义上与被解释事实相关，而并非像归纳—统计模型那样解释项需要对被解释项提供高概率的支持。萨尔蒙不但认为低概率可以满足解释相关性的要求，还认为在统计相关模型中"负相关（negative Relevance）也可以有解释意义"。[①] 解释中的负相关具有解释作用彻底地抛弃了亨普尔的归纳—统计模型对高概率的要求。

萨尔蒙在与杰夫雷（R. C. Jeffrey）和格雷诺（J. G. Greeno）合著的《统计解释和统计的相关性》一书中指出："统计的相关性在这里是必要的概念，它可望用统计上相关的而非统计上不相关的方式缩小参考

---

① P. Kicher & W. Salmon, Scientific Explanation, Minnesota: University of Minnesota Press, 1989, p. 67.

类。当我们选择了一个参照类用于指称一个特定的单一事例时，我们必须问是否存在统计上相关的方法去细分那个类。"①

萨尔蒙指出亨普尔的模型的弊端是对知识状态的最全特征要求预设了"指称类的齐一性"（reference class homogeneity），即参考类齐一性。"分析一下所谓相对于知识状况 K 的最全特征要求，就会发现它预设了一个'参考类齐一性'概念，以确保该参考类（或指称类）的每个成员对于每个可能的结果都和其余任一成员一样具有同样的概率。萨尔蒙认为，只有把参考类（指称类）看作一个本体论概念，每个成员对可能结果的同概率才能真正得到保障。因此，亨普尔怕入本体论之域，当然就无法摆脱歧义性的困扰。"② 归纳—统计模型认为解释项中的每一个成员对被解释项有同等的概率支持，正因如此，I—S 模型才不能很好地排除解释中的不相关因素的参与。

萨尔蒙理论的中心任务是要确立一个完全客观的参考类齐一性概念，并以此消解统计歧义性难题。对于科学解释的恰当性，萨尔蒙认为只有把参考类齐一性概念看成一个本体论概念，统计歧义性的困扰才可以消除。他提出新的"客观指称类齐一性"（objectively reference class homogeneity）原则代替亨普尔的 I—S 模型，消除其认知歧义性。此原则包括两个方面："1. 当一个指称类的一个客观齐一的相关划分被给定时，所有的统计相关因素都要考虑进去；2. 一个相关划分只容纳相关因素。"③ 萨尔蒙的统计相关模型建立在两个关键原则之上：一个是客观指称类齐一性原则；另一个是统计性相关的解释相关原则。

对于客观指称类齐一性原则，萨尔蒙认为，"指称类齐一性"原则断言的是事物本身性质间具有的规律性联系，"这种联系既不是相对于特定的知识状态也不是相对于特定的语言"。④ 亨普尔等逻辑经验主义者把指称类齐一性看成一个认识论概念，萨尔蒙认为只有把指称类齐一性看作一个本体论概念，指称类中的每个成员对可能结果的同概率才得

① W. C. Salmon, R. C. Jeffrey, J. G. Greeno, Statistical Explanation and Statistical Relevance, Pittsburg, 1971, p. 42.

② 张志林：《因果观念与休谟问题》，湖南教育出版社 1998 年版，第 286 页。

③ P. Kicher & W. Salmon, Scientific Explanation, Minnesota：University of Minnesota Press, 1989, p. 64.

④ Ibid., p. 83.

到保证。"指称类齐一性实为客观事物性质之间规律性联系的表征，而不仅仅是事物性质在经验或语言中的合律性联系。"① 萨尔蒙试图在确立一个指称类齐一性的概念的基础上解决解释的歧义性难题。

在解释相关的界定上，萨尔蒙试图用"统计相关"来界定"解释相关"。萨尔蒙提出了两条解释相关标准。一条是统计相关原则（statistical revelance principle）：

即仅当P（A，R&F）＝M

P（A，R&¬ F）＝N

当 M≠N 时，在指称类 R 中，解释项中的性质 F 对于被解释项的性质 A 的出现才是解释相关的。在这里，A 对应被解释项的出现，R 是参考类也就是指称类。这个公式表达的是参考类和性质 A，也就是被解释项之间的关系。

在萨尔蒙看来，解释的含义就是在解释项中寻找统计相关即解释相关的因素。性质 F 就是解释相关的因素，因为性质 F 出现与对应的被解释项出现的概率不同，F 的出现改变了性质 A 出现的概率值。即在参考类中，在有性质 F 和无性质 F 时，性质 A 出现的概率不相同。

在前述吃维生素治疗感冒的例子中，如果我们把相关各项代入上面的公式。其中 A 为治愈感冒，R 为得了感冒，F 为吃维生素 C，¬ F 为不吃维生素 C，结果发现 M＝N。也就是说，吃不吃维生素不改变治愈感冒的概率，所以，吃维生素与治疗感冒不是解释相关的。如果我们患了感冒，不是吃维生素，而是吃了治疗感冒的药，比如说康泰克，这个时候萨尔蒙的统计相关原则中 M 不等于 N，也就是说吃康泰克与治愈感冒是解释相关的。

萨尔蒙认为通过统计相关原则可以避免亨普尔的解释项和被解释项之间逻辑关系来判定解释相关带来的困难。

在解决指称类的客观齐一性的原则上，萨尔蒙提出了统计相关模型的第二个原则，即统计相关的筛选原则（screen off principle）：

如果 P（A，R&F&G）＝P（A，R&F&¬ G）≠

P（A，R&¬ F&G）

----

① 张志林：《论科学解释——从〈解释的逻辑研究〉谈起》，《哲学研究》1999 年第 1 期。

那么在指称类 R 中，性质 F 就把与性质 A 出现没有解释相关的性质 G 筛选出去了。

在筛选原则中我们能够看出，性质 G 的出现和不出现得到的结果的概率值是相同的，这就是说性质 G 是解释中不相关的因素，要解释事实我们不用考虑 G 的出现，性质 F 对于性质 A 的出现才是解释相关的。按照统计相关的筛选原则，亨普尔的逻辑相关的解释模型没有从治愈感冒的解释因素中排除吃维生素 C 这个因素。

萨尔蒙认为统计相关的解释相关标准可以避免亨普尔模型的相关性困难。他认为我们从解释项和被解释项之间的逻辑论证关系切入研究解释相关是不恰当的，应该从本体论层面，通过指称类齐一性来界定解释相关概念。

萨尔蒙的统计相关模型认为恰当的科学解释由三部分构成：①有被解释项所陈述的事物客观性质 A 的出现。②有被解释项所陈述的特定指称类 R。R 的出现保证参考类的齐一性，借此取代亨普尔对定律陈述的思考。③被解释项包含的有指称类 R 与 A 的出现统计相关的性质 F_i 构成的合取类 $R\&F_1\&F_2\cdots\&Fn$。解释 A 就是把它置于适当的由 $R\&F_i$ 组成的参考子类中，参照子类中包括 A 出现的性质具有统计相关的性质 F_i。萨尔蒙强调，用 R 和 F_i 的合取来解释 A 的出现，表征的是 R、F_i 和 A 之间的客观齐一性。

二　统计相关模型的解释困境

在某种程度上，统计相关科学解释模型克服了归纳—统计模型的一些困难，特别是在解决"指称类难题"中促进了对相关性分析。但 S—R 模型在对指称类选择上具有一定任意性，并不能保证完全排除掉与统计不相关因素。我们试举例说明，有两个妇女，一个姓王，一个姓李，她们的丈夫都姓张，两个人都很想作母亲。其中张王氏流产 10 次生了孩子，而张李氏流产 6 次生了孩子。两个妇女除了姓不同其他情况都相同。姓氏不同对应的流产的概率不同，一个流产 10 次，一个流产 6 次。按照萨尔蒙的理解，姓王、姓李属于解释中的相关因素，因为只有姓是与流产次数相关的。要想排除掉解释中的不相关因素。我们应该找到最窄相关参考类（the narrowest relevant reference class），才能对被解释项作出合适的解释。

　　统计相关标准不能真正地排除解释中的不相关因素的参与，最根本的原因就在于萨尔蒙的极限频率观。萨尔蒙认为解释相关仅仅是统计相关，他的统计的概率是一个频率概念。频率的概念是一组实验的一个长试（long-run）序列。萨尔蒙对概率守住极限频率界定统计相关，出现了荒谬的结果。

　　费茨尔认为概率观以及支撑参考类齐一性的统计相关的解释如果不揭示其中的因果关联的话，解释同样陷入亨普尔的困境。上面的妇女流产的例子不管用亨普尔的逻辑相关来解释还是用萨尔蒙的统计相关来解释，孕妇的姓氏都是解释中相关的因素。在这个意义上，萨尔蒙的统计相关和亨普尔的逻辑相关没有实质的区别。

　　萨尔蒙考虑参考类齐一性一直从 F_1 涵盖到 F_n，采取的是极限频率的观点，那么就根本不可能以任何一个 F_n 为终点来确保这一个描述。不仅如此，实际上具有客观齐一性的参考类只能是这样："相对于任何一种性质 A 的出现的概率要么为 1 要么为 0。"[①] 如果采取极限频率观点，就是用有限数除以无限数，如果 F 是个无限数，从频率角度看概率，概率要么是 0，要么是 1，在解释中不能体现出概率的变化。

　　萨尔蒙也意识到，概率解释背后隐含着的因果性对于指称类选择是关键性的因素，由此，统计相关模型逐渐放弃了自己的科学解释自主形式，成为科学解释因果理论的辅助内容。

　　萨尔蒙认为解释就是把一个事件放到世界中去，在一个解释中与解释相关的因素是无限的，一个事件与其他事件有着或远或近的联系，"蝴蝶扇动翅膀"与"北美洲的大风暴"也是有相关关系。在解释中我们到底需要的是哪些相关因素呢？萨尔蒙对此不能作出回答，统计相关也不揭示真正的解释相关关系。

　　萨尔蒙从本体论角度看参考类齐一性，重新修订解释相关性。萨尔蒙虽然采取本体论的表达，但萨尔蒙的频率观说到底是认识论意义上的频率观，归根到底是认识论进路，是不彻底的本体论进路。萨尔蒙也认识到了参考类的选择有一定的任意性，它随着不同的人的选择有不同的参考类。萨尔蒙预设了参考类与被解释现象是解释相关。他不得不承认："当我们把'为什么 P？'问题转换成'为什么 R 的成员 x 具有性质

――――――――――
　　① J. H. Fetzer, Philosophy of Science, New York: Paragon House, 1993, p. 69.

A？'时，选择指称类 R 具有语用上的考虑。"①

从以上的论述，我们可以看出，把统计相关作为解释相关也是不合适的，我们必须寻找解释中的真正相关的因素。

三 统计相关模型的理论基础

为了克服科学解释模型的困难，萨尔蒙提出"统计—相关模型"，他认为解释的不是形如"为什么 P？"的形式，而是形如"为什么 A 类的元素是 B 类的元素？"这样的形式，解释不是用理论或定律进行的论证，而是找出解释的事件的统计相关因素。

萨尔蒙的统计—相关模型可以看作对亨普尔的"解释是论证"的反驳，萨尔蒙认为在 S—R 模型中不要求解释项对被解释事实给予高概率的支持，它只是要求对一个特定事实的解释是一个相关事实的集合，它在统计意义上与被解释事实相关，而无论概率程度如何。统计相关排除了亨普尔的解释模型对解释中高概率的要求。"统计的相关性在这里是必要的概念，它可望用统计上相关的而非统计上不相关的方式缩小指称类。当我们选择一个指称类用于指称某一特定的单一事例时，我们必须问是否存在统计上相关的方法去细分那个类。"② 在 S—R 模型看来，低概率像高概率一样都具有解释的功能。

S—R 模型认为事件和属性对于被解释事件的出现是统计相关的，统计相关预设了指称类齐一性。预设"指称类齐一性"就很难避免亨普尔模型的对称性问题，也不能保证完全排除掉与统计不相关因素。因此，萨尔蒙意识到，概率解释背后隐含的因果性对于指称类的选择才是关键性的，统计相关需要因果关系来解释，应该用因果关系阐释统计相关。"存在于世界之中并为科学解释提供基础的关系是因果关系。"③ 这也正是萨尔蒙后来转向因果相关模型的原因。

---

① P. Kicher & W. Salmon, Scientific Explanation, Minnesota：University of Minnesota Press, 1989, p. 65.

② W. C. Salmon, Statistical Explanation and Statistical Relevance, Pittsburgh：Pittsburgh Press, 1971, p. 42.

③ W. C. Salmon, Scientific Explanation and the Causal Structure of the World, Princeton University Press, 1984, p. 121.

第四节　因果相关解释模型和解释者信念

费茨尔认识到萨尔蒙的错误，真正从本体论意义看概率，立足于用因果相关界定解释相关，概率不再是极限频率，而是客观的因果的概率，彻底改变了认识论意义上的频率观。

萨尔蒙也认识到统计相关解释模型遇到的困难，后来也转向因果相关解释模型，萨尔蒙和费茨尔都不把解释作为论证，解释实质上是指出和辨别现象背后的原因和因果关系。"解释知识就是关于因果机制的知识"，"解释知识就是把模型向度注入描述和预测的知识。它是关于什么是必然和什么是可能的知识。"① 因果相关模型认为科学解释就是对世界因果结构的探求，解释是使被解释事件合于自然界的因果模式。

一　解释的因果相关性分析

费茨尔抛弃极限频率的概率观，借助于对概率的重新表征构建解释理论，把因果关系引入解释中，提出了以因果相关为判据的科学解释模型，即"因果相关模型"（casual relevance model，C—R 模型）。

对因果关系通常有两种不同的理解。第一种对因果关系的理解是认识论意义上的。所谓"A 是 B 的原因"只表示在正常情况下 A 类事件后面总是伴随着 B 类事件，它反映的是两类事件之间的恒常联系，这种恒常联系是我们对经验现象的概括，可能被新的经验所修正。任何因果解释都是演绎解释或概率解释的简略形式，人们只是把预先假定的定律省略了。第二种对因果关系的理解是本体论意义上的。因果关系所反映的是自然的必然性，那些具有科学解释本性就在于揭示各种事物之间的因果关系以及世界的因果结构。费茨尔坚持对因果关系的第二种理解。

因果相关解释模型认为解释并非是论证，解释是找出和辨别现象出现的原因。解释通过展示被解释事件如何适合于世界的因果构造来获得解释值。尽管 C—R 解释仍涉及归结，但这里的"归结"是一种物理关系而不是逻辑关系，即因果是世界中事件的关系。费茨尔的因果关系具

① P. Kicher & W. Salmon, Scientific Explanation, Minnesota: University of Minnesota Press, 1989, p. 128.

有实体的性质，它表达的是世界本身所固有的，不依赖于人们的认识能力的客观关系。科学解释就是要阐明某一事件的发生及其与另一事件的关系是符合世界本身的因果结构。

C—R 模型主张"解释知识就是关于因果机制的知识"，所谓解释就是解释项和被解释项之间的因果关系，解释项是原因，被解释项是结果。

费茨尔认为萨尔蒙对概率带有主观性的阐释，这直接影响统计相关解释模型中的基础概念"客观参考类齐一性"。我们不能得到"客观齐一参考类"，我们所能得到的只是"认知齐一参考类"。

费茨尔反对极限频率的概率观，他把概率看成机会结构（chance setups）的概率倾向。"解释理论所面临的困难之一是建立概率定律和其显现（manifestation）之间的正确关系。概率可被看作是机会结构的概率倾向而不可看作是极限频率。"①

在对倾向概念的理解，费茨尔选用了三个概念，tendency 表征实验条件的固有性质；disposition 表征因果作用的 tendency；propensity 表征特定指称类中一个成员具有的 disposition。其中 tendency 既可以指客观的概率又可以指主观的概率。disposition 指的是客观的、因果意义上的 tendency。propensity 指的是参考类中独特的成员的单例（single case），即客观的单个成员的因果的倾向。propensity 对应着特殊的 disposition。

费茨尔用 disposition 重新界定概率。倾向（dispositions）不是表征个人的主观倾向，而是表征机会结构或"实验安排"（experimental arrangements）的客观性质，disposition 表达客观的因果力、客观的机制和实验上客观的安排。比如，"糖放水里会融化"就是一种客观的倾向，这句话是在本体论意义上的陈述，也就是说事实本身就这样。客观机制预设了因果机制。

一个类在客观安排下具有因果倾向，这种倾向就是"实验安排"。在费茨尔看来，一些倾向显现为恒常的联结，一些倾向显现为相对频率。一旦将概率诠释为倾向，就可由支持虚拟语句的长试序列倾向谓词引出同样支持单例的倾向谓词。

费茨尔借"倾向力"概念引进了因果蕴涵和因果条件句，他把概率

---

① J. H. Fetzer, Philosophy of Science, New York: Paragon House, 1993, p. 71.

值表述为倾向力在单个实验中所产生的特定结果，这个结果不是极限频率。在费茨尔看来因果力表达为两种方式：一种是普遍的因果力；一种是统计的或概率的因果力。在费茨尔看来因果力是支撑自然律的最根本的要害，所有定律都是因果力的表达，而逻辑经验主义意义的因果力是决定论意义上的。因果蕴涵既可以表达全称陈述，也可以表达为概率陈述。

费茨尔的模型通过表述解释项和被解释项之间的因果相关取代逻辑相关和统计相关。与亨普尔、萨尔蒙的角度不同，费茨尔从自然必然性或物理必然性界定定律。因果蕴涵是物理必然性而不是逻辑必然性，因果是世界间事件的一种关系，解释是这些事件特征间的一种关系。费茨尔的因果相关模型不是从外延逻辑而是从内涵逻辑视角基于因果蕴涵关系导出内涵逻辑系统。

费茨尔对科学解释的本体论和认识论区分有一个非常直观的"理论方阵"。

(O)　　　　　性质R－－－（规律）－－－－性质A

　　归纳或演绎 |　　　　　　　　|归纳或演绎

(E)　　　R 的经验检验 －－（语言）－－A 的经验检验

费茨尔认为一个完备的解释应该满足两个条件："一方面，一个关于合律假说的完备的理论必须给性质 R 和 A 的本性的本体论问题提供恰当的回答；另一方面，也必须给这些性质与其结果的经验关系的认识论问题提供恰当的回答。"① 费茨尔试图表达两个重点：第一，我们必须立足因果作用才能揭示概率之谜，从而为消除解释的歧义性奠定基础；第二，我们必须立足因果作用，才能在理论方阵（O）层次上为解释相关性提供本体论根据。解释不仅仅是解决（E）层次上的问题，更关键的是解决（O）层次上的问题。

费茨尔的理论为解释提供本体论和认识论两个层次的回答。在句法上，它与亨普尔的理论一样，解释表现为语句与语句之间的推导关系。在语义上，它又和萨尔蒙的理论类似，强调讨论解释时必须考虑解释与

---

① J. H. Fetzer, Philosophy of Science, New York：Paragon House, 1993, p. 24.

世界的关系，这一点主要体现在关于概率的倾向诠释上和严格最全特征要求（the requirement of strict maximal specificity）上。

费茨尔的因果相关模型有两个关键性的规则：一个规则是"解释相关的因果相关判据"（the causal relevance criterion of explanatory relevance）；另一个规则是"严格最全特征要求"。费茨尔试图用第一个规则取代亨普尔和萨尔蒙的解释相关标准；用第二个规则补充或取代亨普尔的最全特征要求和萨尔蒙的筛选原则。

费茨尔的因果解释相关模型借助"因果蕴涵"表征"因果倾向"概念，他主张在对照类 R 中，被解释项的性质 A 的出现与解释项中性质 F 是解释相关的，仅当

$$（R\&F）＝m\geqslant A\neq$$
$$（R\&\neg F）＝n\geqslant A$$

即在对照类 R 中，有 F 时产生 A 的因果倾向的概率值 m 不同于无 F 时产生 A 的因果倾向的概率值 n，这时性质 F 在参考性质 R 中与性质 A 的出现才是因果相关的。只有当条件 R&F 产生的单个实验性质 A 的倾向力不同于 R&¬ F 产生的 A 的倾向力时，性质 F（解释项）与性质 A（被解释项）才有因果相关性。性质 F 的出现对于被解释的 A 的出现有实质性影响。

费茨尔从因果相关重新界定概率，从客观概率来界定解释相关。如果因果力的概率改变了就是与被解释项解释相关，因果力的概率不改变表示与被解释项解释不相关。吃康泰克与感冒痊愈是解释相关的，因为它改变了因果力的概率。吃维生素与治愈感冒不是解释相关的，因为吃维生素不能改变因果力的概率值。费茨尔认为因果相关模型能有效地排除解释中的不相关因素，因果相关能真正地揭示解释项与被解释项之间真正的解释性的关系。

另一个规则"严格最全特征要求"即 RSMS 规则是费茨尔理论的核心概念。具体表述为：仅当一个谓词 F_i 与被解释语句描述的性质 A 的出现是因果相关时，它才能出现在被解释项的一个似律语句 S 的前件中。我们说性质 F 解释了性质 A，我们只要把中间的因果关系说清楚，就等于承认了性质 F 出现在解释项的似律语句的前件中。严格最全特征要求也要求在解释项中有定律。费茨尔认为逻辑推导、统计相关不是解释相关，只有因果相关才是解释相关。似律语句或者定律都是客观的因

果表达，定律之所以支持虚拟条件句是因为定律是客观因果倾向的表达。因果的客观倾向的表达就是客观的齐一性、普遍有效性。定律本身表达的因果关系才是真正的解释。

费茨尔的概率是客观的普遍的因果倾向意义上的概率。在他看来，正是有客观意义的概率，极限频率才能出现。概率能使频率发生改变，但频率本身不是概率。概率如果是客观的就具有必然性，这个必然性是自然、物理意义上的必然性，不是逻辑意义上的必然性。费茨尔区分了自然必然性和逻辑必然性，必然性的客观性倾向表达为因果律。

相对于已经给定的语言框架，语句集 S（解释项）为一单称事件出现的描述语句 E（被解释项）提供恰当的普遍有效的特别是因果的解释，当且仅当：

1. 被解释项必须是其解释项的一个演绎的或概率的推论。

2. 被解释项必须至少包含一个普遍的或统计的似律语句（因果的似律语句，它满足演绎地或概率地衍推出被解释项的要求）。

3. 解释项必须满足严格最全特征要求。

4. 相对于一个给定的语言框架，构成解释的语句（无论是解释项还是被解释项）都必须是真的。[①]

因果相关解释是立足本体论给出因果蕴涵和定律。费茨尔给出了两个因果模型：分别为 U—D 模型（the universal – deductive model，全称—演绎模型）和 U—P 模型（the universal – probabilistic model，全称—概率模型）。

U—D 模型可以表述为：$(x)(t)\left[Axt \geqslant (Bxt \geqslant Cxt^*)\right]$

$$\frac{Aat'\&Bat'}{Cat'^*}$$

U—P 模型可以表述为：$(x)(t)\left[Axt \geqslant (Bxt \geqslant Cxt)\right]$

$$\frac{Aat'\&Bat'}{Cat'}[r]$$

费茨尔认为因果模型可以避免认知歧义性难题，"或许应该强调之处，最全特征的认识论要求与严格最全特征要求相结合，对于演绎论证

① P. Kicher & W. Salmon, Scientific Explanation, Minnesota: University of Minnesota Press, 1989, p. 172.

和概率论证，都能排除任何解释歧义的可能性，这样做就必须把全部解释相关的性质看作恰当的。如果沙莉已经传染上了对青霉素具有抗药性的链球菌（或者得了艾滋病等），就应该包含在一个恰当的解释项中。因此，相应的定律就决定了普遍有效可期望性的程度，因此结论之真就该被期望得自前提之真。这样，解释和期望的联系就建立了"。① 费茨尔把解释项和被解释项之间的关系看成因果关系，这也不能彻底地消除认知的歧义性难题，对认知的歧义性，我们只能尽量地减少，而不能彻底地消除。认知的歧义性涉及我们对背景知识的认识，要想彻底消除认知歧义性必须考虑解释所处的特定的语境。

无论对"概率"作极限频率诠释或者因果倾向诠释，都作出了一个本体论承诺，即存在着"随机事件"（random events），其特点是在一定条件下，既可能发生，又可能不发生。有了这个承诺，萨尔蒙和费茨尔都认为概率是随机事件的性质。但是，费茨尔并没有像他说的那样"对于演绎论证和概率论证，都能排除任何解释歧义的可能性"。原因：（1）本体论和认识论相结合确能建立起"解释与期望的联系句"，但这种联系绝不是必然的；（2）并非任何解释或统计的歧义性都是可以通过查明因果关系而得到消除的。因此，我们可以希望尽量减少解释的歧义性，但不可奢望彻底消除这种歧义性。

费茨尔用倾向谓词重新定义科学定律，凭借解释前提中的定律所具有的倾向力把二者联结起来，既给解释提供了本体论的回答又提供了认识论的回答。他按照自己给出的理论完备性的两个标准，认为因果相关模型作为一个解释理论是完备的。

因果相关模型的高明之处在于：（1）因果相关模型立足于解释项和被解释项之间的因果相关性，启发人们可按照因果律的范导，注意考察科学解释中的因果关系。（2）该模型还启发人们在考察科学解释时，要注意把那些容易忽略的因素分析出来，纳入科学解释之中。

费茨尔影响了萨尔蒙，萨尔蒙考虑用因果相关来界定解释相关。尽管他们都从概率和因果入手，两者有实质的区别：萨尔蒙与费茨尔对概率的理解不同，萨尔蒙把概率定义为一个长试序列的极限频率。费茨尔用"倾向力"来表征客观概率。

① J. H. Fetzer, Philosophy of Science, New York: Paragon House, 1993, p. 80.

　　萨尔蒙过分强调没有规律的因果解释的存在，对某些问题作解释不必援引因果律，被解释项并非都是由因果律推出的，但人们对于事物的因果关系的认识，必须依靠因果律。通过观察两个事实有一次相伴随出现不能断定它们有因果关系，我们必须大量地观察同类事件的出现才能断定它们有因果联系。人们在进行因果解释而寻找事物的因果机制时总是依据一定的因果律，因此因果解释在大多数情况下还是需要引用因果律，这样即使是因果解释也包含某种演绎论证。

　　因果结构将科学解释分为两个层次：一是考察作为因果性证据基础的统计相关关系；二是进一步用因果关系对统计相关进行解释。因果关系分三个方面，因果过程、因果相互作用（Causal interaction）、联合的共同原因（Conjunctive Common Causes）。

　　萨尔蒙进一步指出，因果性也不必归为充分或必要条件之类的关系，允许既不是充分条件也不是必要条件的或然性原因的出现，因果性解释既可适用于或然的因果关系，也可适用于充分和必要原因的因果关系，排除了解释成立的必然性准则。

　　因果解释理论导致两个结果：一个是使得低概率事件成为可解释的。A 是 B 的原因当且仅当 A 的出现增加或者改变了 B 出现的概率，这避免了亨普尔模型的高概率的困扰。亨普尔的覆盖律模型坚持"解释是论证"原则，使得许多低概率事件不能解释，萨尔蒙的解释因果性理论使低概率的解释成为可能，成为继亨普尔模式之后，被热烈讨论的一种很有影响的替代方案。另一个是因果解释使得无因果关系的解释项在解释中被排除。

二　因果相关模型中的解释者信念

　　费茨尔的因果相关模型既有语义上升又有语义下降。但是他也无法解决解释的歧义性难题。原因何在呢？费茨尔是在特定的语言框架内谈解释，当然无法解决解释的歧义性难题。他从事的是解释的句法—语义方面的重建工作，注重构造产物的形式体系，但却忽略了其构造的过程。仅仅停留在解释的句法—语义层面上是不够的，因为一个解释恰当与否涉及理想语境或语言框架的转换，这个动态特征需要我们从语用学的角度去把握解释。

　　最重要的是因果解释也离不开语境因素。比如当我们点燃火柴，那么火柴就会燃烧，萨尔蒙和费茨尔都认为在火柴点燃和燃烧之间具有因果关系，根据化学知识我们可以知道，火柴头上的物质和火柴盒上面的磷发生了发光、发热的化学反应，我们点燃火柴是火柴燃烧的一个解释。但是，我们在真空中点燃火柴就不能燃烧，为什么呢？因为氧气是火柴燃烧的原因。因此，因果解释也不能避免语境因素，具有语境相关性。

费茨尔和亨普尔一样认为解释可以表现为对被解释项的普遍有效期望，费茨尔把"普遍有效"和"期望"紧密地结合起来。期望就涉及解释中的主体，而费茨尔把解释作为理论和事实之间的二元关系，没有关涉到解释中的人，也就是解释者和被解释者或者解释对象。

解释的统计相关模型和因果相关模型之所以遇到困难，主要在于萨尔蒙和费茨尔等人只重视解释中的因果联系，不关注解释的语境因素，没有关注解释者的信念。汉森（N. R. Hanson）认为语言的意义是依赖语境（context dependent）的。语境原则最早由弗雷格（G. Frege）提出，弗雷格认为同一个语句可以表达不同的命题，或者同一个命题可以通过不同的语句来表达，这突出了语境的作用，同时也表明了任何语句的意义不能离开特定的语境条件。语境究竟是什么呢？在考察语句与命题的区分时，弗雷格提出了语境原则：我们不能单独地询问一个词的意义，只能把这个词放在一个命题中询问它的意义。

汉森把弗雷格的语境原则用来研究因果语词，他提出几个原则："1. 拉普拉斯式的决定论因果观根本不考虑因果语词意义的依赖性。2. 关注 x 的原因的主要理由是为了解释 x，只有把 x 嵌入关涉别的事件 y 和 z 的概念框架中，我们才能对 x 作出解释，嵌入方式不同，对 x 的解释就不同。3. 并非所有的假说、解释和推理都是因果性的，但无论什么样的假说、解释都依赖于特定的语境。"[1] 亨普尔、萨尔蒙等人不关注语境才遭遇困境。

以上弗里德曼以及萨尔蒙等人都是从语义学内部对亨普尔的科学解释模型进行修改和补充，而科学解释"不仅仅是一种逻辑的和意义的事情——语形学和语义学，它同样是语用学——即反映了我们使用的实际

---

① N. R. Hanson, Patterns of Discovery, Cambridge University Press, 1958, p. 54.

情境的语言维度"①。语义学科学解释模型把解释看成理论与事实之间的二元关系，忽视了解释者在解释中的作用，而解释不能没有解释者的参与，所以我们对解释中的解释者的作用要高度重视，语用学的科学解释模型认识到了解释者在解释中的作用。

我们对自然现象的认识不能脱离语用学，对社会科学的解释涉及人的自由的行为，人的自由既不能简单地归结为语义学，更不能归结为因果关系，由于涉及解释者的参与，就不能排斥语用学了。因此，"不要把科学看成真理之间的抽象关系，而要把它看成一种人类建制，一种信念，一些我们在世界中行之有效的运用的方法"。② 也就是说我们对科学解释不能仅仅局限于语义学的维度，要转变视角。

哲学不再被认为是对命题形式进行逻辑的、语形的和语义的分析，这些分析未必能揭示世界的逻辑结构。哲学必须考察词和语句在不同语境中的用法，根据使用来确定它们的意义，语言的意义在于它的使用。

---

① A. Rosenbery, Philosophy of Science: A Contemporary Introduction, London: Routledge, 2000, p. 37.

② Ibid., p. 35.

第三章　语境相关模型与
解释者信念

第一节　范·弗拉森的语境相关解释模型

科学作为条理性、系统性的理论体系，绝对不仅仅局限于对自然现象的描述，还要尝试找到对自然现象规律性的解释。与亨普尔认为解释相关是逻辑相关不同，范·弗拉森反对解释的语义模型，他认为只有语境相关才是真正的解释相关，"除了科学上相关依赖，没有任何因素是解释相关的；而在科学上相关的因素中，解释相关因素是由语境决定的。"① 范·弗拉森从语用学视角提出了新的科学解释模型，对范·弗拉森来说，所有解释都是"语境相关"的活动。范·弗拉森的解释模型的核心是语境，他认为一个解释就是对 Why—问题的回答，正确的答案依赖于语境，回答者的兴趣也包含在语境中。他主要通过对 Why—问题的结构的分析突出了语境因素在解释中的作用。范·弗拉森的语境包含了三个语境相关的成分，即：（1）被一个所予疑问句表达的特定的 Why—问题；（2）在对答案的评价中所使用的背景知识 K；（3）包含在问题中用以确定解释相关性的相关关系。下面我们就从这三个方面来论述语境在范·弗拉森解释模型中的作用。

一　Why—问题及回答由语境决定

亨普尔自从提出科学解释，就把科学解释看成对 Why—问题的回答，范·弗拉森考察了对 Why—问题的回答，认为一个解释可以看作是对所予问题的回答仅当能通过语境相关的关联关系确定。问题的本质以

---

① Bas. C. Van Fraassen, The Scientific Image, Oxford: Clarendon Press, 1980, p. 126.

及什么构成一个对它的合理回答很大程度上由语用的因素决定，即相关语境决定了所要提出的问题及对它的回答。可见，Why—问题的本身是一种由语境所表达的特定抽象体。

范·弗拉森在建构经验论的立场上，吸收了形式语用学，特别是疑问逻辑的研究成果，通过语用分析给出了自己对传统科学解释难题的求解途径。

解释归根到底是对 Why—问题的回答，每一个回答都构成一个命题，并且每一给定命题均可由许多不同的疑问语句来表达。同样，一个特定的语句在不同的场合言说，又可表达不同的命题。Why—问题的一般形式为："为什么（情况是）P?"这里的"为什么"的作用就是把命题 P 转变成问题。问题是在语境中产生的，对同一个问题可以有多种不同的解释要求，因此，"Why—问题"具有一种"对照类"（contrast class），它由用于对问题主题 P 作出选择的命题集所组成。"Why—问题"的对照类和主题之间必须具有特定的相关关系，并且它所确定的这种相关性关系进而就成为被表达命题的适当部分。如果我们无法描述对照类，我们就不能回答这个问题。

范·弗拉森的 Why—问题的提出源于布朗姆博格的对 Why—问题的理解以及贝尔纳普（N. D. Blenap）的问题逻辑，贝尔纳普对相关概念的界定为：

1. 问题 Q 的预设前提是 Q 的全部直接回答所包含的任一命题；

2. Q 的正确答案是对 Q 的任一预设前提的否定；

3. Q 的（基本）预设前提是真命题，当且仅当 Q 的某一直接回答为真。[1]

范·弗拉森对贝尔纳普的问题逻辑作了补充："对 Q 的相对完全回答是任何一个这样的命题，它和 Q 的预设前提共同包含着对 Q 的直接回答。"[2] 即相对于理论 T 来说，Q 的完全答案是和 T 共同包含着 Q 的直接回答。

问题的提出以及对问题的合理回答一般都由语境确定，即语境相关关系决定了所要提出的问题以及对它的回答。在特定语境中的"Why—问题"

---

① Bas. C. Van Fraassen, The Scientific Image, Oxford: Clarendon Press, 1980, p. 140.

② Ibid. .

是由三方面的因素构成的，用符号表示为：$Q = <P_K, X, R>$，即"一种'Why—问题'的回答是 Q，Q 是一个有序的三元组 $<P_K, X, R>$，这里的 P_K 是问题的主题，X 是由包括了主题的集合 $\{P_1, \cdots, P_K, \cdots\}$ 所组成的对照类，R 是相关关系"。[①]

例如：对"亚当为什么吃苹果？"这个问题可以用不同的方式提出问题。

1. "为什么亚当吃的是苹果，而不是梨子、香蕉、菠萝？"
2. "为什么亚当吃了苹果，而不是拿给夏娃？"
3. "为什么是亚当而不是夏娃吃了苹果？"

对于同一个 Why—问题的陈述可以有几种不同的形式，也就是说 Why—问题到底是问什么需要在不同的语境中确定。一个 Why—问题在其语句的意义或指称保持不变的情况下，在不同的语境中由于选择了不同的对照类，可以问不同的 Why—问题。

Why—问题的提出，一般并不明确地指出对照类，但在一个具体的语境中，无论是提问者也就是被解释者还是回答者也就是解释者，都能够清楚地知道这个疑问句在这个语境中表达的究竟是哪一个 Why—问题。

确定 Why—问题的对照类涉及的因素比较多，在科学研究和日常生活中并不会遇到重大的困难，即使暂时会出现"答非所问"的情况，但是经过提问者和回答者的不断交流，Why—问题的对照类能准确地确定。对科学解释的语用方面的研究无法脱离开科学解释发生的具体的语境。

二　对 Why—问题的回答依赖语境

对 Why—问题的回答，也就是科学解释要受制于问题的问法和表达，我们要根据问题的不同的问法作出回答。以上对问题"亚当为什么吃苹果？"不同的问法指的是对照类中可供选择的情况。范·弗拉森认为："为什么 P？"的一个回答应该表明"为什么 P 而非 P_1？"这里 P_1 属于预定的对照类。我们只有根据不同的语境来分析对照类。"这个对照

① Bas. C. Van Fraassen, The Scientific Image, Oxford: Clarendon Press, 1980, pp. 142 – 143.

类也是由语境决定的。"① 对照类选择不恰当，解释的问题将导致奇怪的倾向。Why—问题的对照类在不同的语境下有不同的作用，认识到这一点至关重要。对照类不同对 Why—问题的回答也就相应地不同。

对问题 1 "为什么亚当吃的是苹果，而不是梨子、香蕉、菠萝？"的回答可能是"因为伊甸园里面只有苹果"。

对问题 2 "为什么亚当吃了苹果，而不是拿给夏娃？"的回答可能是"因为夏娃吃饱了"。

对问题 3 "为什么是亚当而不是夏娃吃了苹果？"的回答可能是"因为亚当饿了"。

选择不同的对照类甚至可以导致一些无法回答的问题。斯科里文在1959 年的《进化论中的解释和预测》（Explanation and Prediction in Evolutionary Theory）中举了偏瘫的例子。② 如果我们问"为什么琼斯（而不是琼斯的弟弟）得了偏瘫？"我们可以回答"因为琼斯染上了梅毒"，这是对琼斯患偏瘫的一个很好的解释，因为梅毒患者到了晚期，梅毒病毒可能导致偏瘫。如果我们改变了问题的对照类，问："为什么琼斯得了偏瘫（而其他的梅毒患者没有得偏瘫）？"那么医生可能回答你的是：虽然医生已经清楚，患梅毒导致偏瘫的确定的概率是 25%，但是梅毒到底如何引发偏瘫的病理原因还不清楚。医生对第二个问题没有办法回答，不能针对第二个问题科学地加以解释。

不同的回答是因为在语境中 Why—问题的不同的对照类所致，选择了不同的对照类甚至可以导致 Why—问题在类型上的改变。例如，选择不同的对照类可以使关于单个事件的问题转换为关于某一类事件的问题，我们对这样的 Why—问题的回答就要由针对单个事件的转换为针对科学定律来回答，也就是说解释的对象由单个事件转换成科学定律。一个人看到保险丝接通后电灯亮了，他觉得很奇怪，就问形如这样的问题："为什么这根保险丝可以通过电流呢？"我们可以回答，因为所有的保险丝都可以经过电流，这根保险丝是保险丝，所以当我们接通保险丝后电灯就亮了，这也许是一个标准的解释。但很可能提问者已经具备

---

① Bas. C. Van Fraassen, The Scientific Image, Oxford: Clarendon Press, 1980, p. 129.

② M. Scriven, Explanation and Prediction in Evolutionary Theory, Science, New Series, Vol. 130, No. 3374, 1959, pp. 477–482.

了关于保险丝的一般知识，知道所有保险丝都是可以通过电流，提问者针对的是这根（而不是那根）保险丝，他想问的是"为什么这根保险丝（而不是书架上的书）是可以通过电流的？"也就是说，他想问的是"为什么所有的保险丝都可以通过电流呢？"这样的一个问题。这就需要针对科学定律来回答，我们一般的回答是"保险丝的材料一般是铅锑合金，铅锑合金是电的良导体，电流可以从中通过"，这才是对"为什么所有的保险丝都是可以通过电流？"的回答。因此，对照类的选择可能改变 Why—问题的类型，此时，对 Why—问题的回答也就相应地要改变。

三 对 Why—问题回答的评价离不开语境

为了保证 Why—问题回答的合理性，范·弗拉森提出了对一个问题的答案 A 的评价的三个标准：

1. 命题 A 是不是可接受的或者可能是真的，即 A 为真的可能性。

2. A 作为原因而不是作为对照类的其他因素支持主题 B 的程度。也就是 A 改变 P 的概率大于对照类中的其他因素改变了 P 的概率，即 A 支持主题 Pk 的程度超过对照类的其他成员对主题支持的程度。与其他相对照的陈述比较之下，这一回答在更大程度上适合这一论断。

3. 我们必须比较因为 A 与 Why—问题的其他可能答案在解释方面的问题。必须问这一回答是否更可能、更适当，并在多大程度上与论题相关。对于判据支持度高的，我们称之为有效的答案。如果对三个提问均可作出肯定回答，那么我们可以称其为完备答案（perfect answer），完备答案是最大有效答案。[①]

完备答案一般有三个特征：

1. 在给定的背景知识 K 中 A 比其他的答案更可能。

2. A 相对于其他的答案改变 P 的概率多些。

3. 它是否因为其他可能给出的答案而变得完全或部分不相关。其他的答案概率能从 P 中区分出 A 吗？我们看 A 如何重新分配对照类的概率来判定分值。

---

① Bas. C. Van Fraassen, The Scientific Image, Oxford: Clarendon Press, 1980, pp. 146 – 147.

范·弗拉森给出的对于 Why—问题的评价标准表明，在语用分析中存在着背景知识与问题及其回答的相关关系，而对这一相关关系的处理，恰是语用分析的本质要求。

我们一般倾向于最大有效答案：完备答案。范·弗拉森认为形如以下的语句是不完备的，"P in contrast to X" A 是问题 Q 的好的解释。完备的解释语句的形式是："'P in contrast to X' 相对于可供选择的 A_1，…，An，…，相对于背景信息 K，或者相对于 K 的子集是好的解释。"① 范·弗拉森已经考虑到了背景知识 K 的重要性，但是范·弗拉森却只承认背景知识 K 的一部分 K（Q）用于评价。他没有界定参与解释的背景知识。

回答在多大程度上解释了论题，应成为评价它们好坏的一个组成部分。Why—问题可能由于错误的表述（P 为假，或者大部分 X 为真）而无法提出，或因为只有用来回答的问题才相对于 X 不确定地论及了 P，或者因为没有任何确定论及 P 的因素在问题的语境中是解释相关的，科学理论主要贯穿于有关可能性和概率的评价之中。

四　解释相关是语境相关

范·弗拉森把语境定义为特定的人特定时刻说出的话。语境变量可能被认为是理所当然的假设、所接受的理论或者也可能是与语境紧密相关的世界图景或范式。范·弗拉森注重语境相关，"语境以某种方式决定着相关性，并超越了我们的科学理论提供的信息的相关性"。②

在特定的表达中回答特定类型的问题，解释知识依赖于语境。范·弗拉森指出："科学解释不是（纯粹）科学，而是科学的应用。它是满足我们特定愿望的一种科学使用；这种愿望在特定的相互关联中不尽相同。但它们总是描述信息的愿望。"③ 范·弗拉森通过此话旨在表明：解释是一种活动，不仅仅是理论和事实的符合，而且与认识共同体的需要有关，这种需要依赖于一定的语境。解释是依赖于解释主体的，只要考虑到解释主体势必涉及解释主体对解释模型的选择，因此，解释主体

---

① P. Achinstein, The Pragmatic Character of Explanation, Philosophy of Science Association, Vol. 2, 1985, pp. 275 - 292.

② Bas. C. Van Fraassen, The Scientific Image, Oxford: Clarendon Press, 1980, p. 129.

③ Ibid., p. 156.

的需要限定了解释模型，形成了解释的语境。因而解释是理论、事实和语境的三元关系。

范·弗拉森的理论是比较系统的语用学的科学解释模型，他的理论一出现立刻引起很大的反响，得到很多人的支持。比如，《解释的理论》（*Theories of Explanation*）一书的编者皮特（Joseph C. Pitt）认为，"科学只是意味着给一些现象提供解释，解释告诉我们事物如何运作以及给我们提供处理环境和达到我们目标的能力，解释被看成满足解释的判据、达到目标的最好手段。"[①] 科学解释关涉到人、关涉到人的信念，因此，科学解释离不开语境，带有明显的语用学特征。

范·弗拉森的建构经验论解释的是某时、某地、某个事件的特定状况，它所表明的解释项和被解释项之间的关系是某种相关关系。在一个语境下被解释项与某一个事件相关，它是被解释项的原因；而在另一语境下，被解释项可能与另一事件相关，这时被解释事件出现的原因变成了另一个事件。当然，有可能是它们共同作用的结果。

范·弗拉森希望通过建立一种形式语用学，把解释归结为语言使用者之间的 Why—问题的构造及其回答，把解释理论归结为对问题提出与回答的合法语境。在形式处理上，范·弗拉森把"Why—问题"构造成为一个有序三元组 $Q = <P_K, X, R>$，其中 P_K 表示被解释事实；$X = \{P_1, \cdots, P_K, \cdots\}$ 是含有 P_K 的按照提问语境定义的对照类；R 是一个相关关系。这样一个问题是包含在背景知识 K 中提出来的。如果一个命题 A 与问题 Q 是相关的，仅当 A 与二元组 $<P_K, X>$ 有相关关系 R。这个三元关系组断言了：（1）P_K 为真；（2）对照类的其他元素不真；（3）A 为真；（4）A 是一个好的理由。

范·弗拉森认为对一个问题的反应可以有三种类型：直接回答（direct answer）、纠正和评论。范·弗拉森认为确定相关关系要在确定直接回答的基础上，"必须决定什么是直接回答以及它们是怎样被评价的。它们必须由事实（并且仅仅是相关的事实）确定为真，这些事实与使论题为真的事实在解释上相关"。[②]

---

① Joseph C. Pitt, Theories of Explanation, New York Oxford: Oxford University Press, 1988, p. 7.

② Bas. C. Van Fraassen, The Pragmatics of Explanation, Philosophy of Science, Cambridge: MIT Press, 1991, p. 325.

范·弗拉森进而给出了直接回答的定义：B 是 Q = < P_K, X, R > 的直接回答，如果存在某命题 A，使得命题 A 与 < P_K, X > 具有相关关系 R；如果（P_K 并且 i ≠ K，非 P_i 和 A）是真命题 B 就为真，B 就是对问题 Q = < P_K, X, R > 的直接回答。这里 X = {P_1, …, P_K, …}。据此定义，一个"Why—问题"预设的前提为：（a）它的主题是真的；（b）在对照类中，只有主题为真，如果 j ≠ k，那么 X 中每个 P_j 都是假的；（c）至少有一个和其主题以及对照类有相关关系的命题，并且这个命题为真，对于 < P_k, X >，至少有一个真命题 A 与 R 相关。这里的（a）和（b）构成问题 Q 的核心预设。在特定语境中，如果背景知识 K 能推出该核心预设，并且不会导致（c）为假，即形成了 Why—问题。换言之，只要（a）和（b）得到满足，即使我们不知道是否存在对问题 Q 的直接解答，Q 也能够形成。

范·弗拉森在对亨普尔模型的批评中深入阐释语境在解释相关中的作用。亨普尔认为解释相关是逻辑相关，范·弗拉森认为只有语境相关才是真正的解释相关，"除了科学上相关依赖，没有任何因素是解释相关的；而在科学上相关的因素中，解释相关因素是由语境决定的"。[1]范·弗拉森的语境具体是指问题发生的时间、地点以及提问者和回答者的背景知识等等。

从逻辑上看，正确的逻辑形式能保证推理的正确，但在科学解释中要分析具体的语境。比如："如果 A，那么 B，因此，如果 A 和 C，那么 B。"[2] 这是逻辑中充分假言条件句的合式公式，但在自然语言中的条件从句未必符合此公式，我们要分析自然语言中的具体的语境。比如：如果点燃火柴，那么它就会燃烧，因此，如果火柴在咖啡中浸泡并且点燃它，那么它就会燃烧。很明显，这个结论是错误的。但在亨普尔看来，这种情况是逻辑相关的。范·弗拉森认为仅仅满足解释相关是逻辑相关是不够的，我们必须具体地分析语境。如果我们看到导火索连着一桶炸药的时候，我们可能会说"如果汤姆点燃导火索，就会发生爆炸"，但是我们可以设想，也许汤姆是个细心的人，在切断导火索和火药桶的连线之前是不会点燃它的，我们说这句话"如果汤姆点燃导火

①　Bas. C. Van Fraassen, The Scientific Image, Oxford: Clarendon Press, 1980, p. 126.

②　Ibid., p. 114.

索，就会发生爆炸"是正确的还是错误的呢？我们要看汤姆特定时刻的特定的行为，也就是说，我们说这句话时的正确与否取决于我们所处的具体的语境。

范·弗拉森是认识论上的建构经验论者，反对逻辑经验论和实在论。范·弗拉森认为亨普尔科学解释模型只是像数学一样阐释了解释项和被解释项之间的逻辑关系，没有注意到语境因素。亨普尔科学解释模型违反科学解释的充分条件，即构造一个完全符合其列出的关于科学解释模型的所有条件的模型，但是人们或者科学共同体在当时的背景知识下公认此模型是不好的或者是不恰当的，或者这个所谓的解释与我们的经验相矛盾，那么此"解释"就不能为被解释者接受。只有在不考虑语境的情况下，亨普尔科学解释模型的解释才是合理的。亨普尔科学解释模型只是从句法和语义的维度来分析科学解释。亨普尔科学解释模型过分地参照数学的模型，没有结合科学解释的真正的语境。语境相关是从语用维度着手的，解释内容跟解释主体的语言环境相关。

范·弗拉森认为任何符合句法表达的语义的语句都有语用的预设，任何语句都涉及语境。即使在数学证明中我们可以不考虑语境，在科学解释中我们必须考虑语境。如果说亨普尔科学解释模型把科学解释的重点放在了"科学"上，认为科学解释是论证，在解释项中必须有定律等等，那么语用学科学解释模型"它注重解释如何回答了人们的提问，而不是它们有多少成分必须是科学的。"① 语用学科学解释模型把科学解释的重点放在了"解释"上了。

第二节 语境相关模型对语义学模型的批判

范·弗拉森的解释模型对解释者的关注建立在对亨普尔等人的批判的基础上，他指出亨普尔的模型的错误在于其不关注语境，特别是不关注解释中的解释者，只关注解释项和被解释项之间的逻辑关系。范·弗拉森认为不关涉语境的亨普尔模型对科学解释的恰当性的要求至少导致三个错误：

① A. Rosenberg, Philosophy of Science, A Contemporary Introduction, London and New York: Routledge, 2000, p. 20.

1. 亨普尔等人把描述当成解释。范·弗拉森区分了"我们有一个解释"和"这个理论解释"这两种表达，前者指的是理论的适用性，后者指的是理论为真、理论与事实相符合。范·弗拉森认为理论与现象之间存在两种关系。一个是理论的解释；另一个是理论的描述，理论的解释高于理论的描述，波义耳定律描述了压力、温度和所容纳体积的体积间的关系，但是没有解释它，动力学理论解释了它，亨普尔等人所研究的科学解释是对事件的描述，而非对事件的解释。语义学科学解释模型把解释看成理论与事实之间的二元关系，忽视了解释者在解释中的作用，而解释不能没有解释者的参与。而亨普尔等人用理论或假说、现象或事实间的单一联系无法适合更多的案例，亨普尔等人把解释当成对事件的描述。

2. 亨普尔等人用理论的真理性来评判其解释力。范·弗拉森站在经验建构论的立场上，认为以往的科学解释的错误还表现在认为具有解释力就等同于真理。范·弗拉森认为科学解释的成功就是经验的恰当性，也就是拯救现象（saving the phenomena）。拯救现象是一种始于亚里士多德的经验主义方法论。它要求一门科学学科应该从"现象"出发，然后提出假说以解释现象的缘由，而不是像之前的解释模型那样仅仅满足于发现事物的本性。而亨普尔仅仅从逻辑上分析不能把解释力与相关真理性或可接收性相分离。

3. 亨普尔等人把解释视为科学探索的最终目的，而忽视了解释的成功是针对特定的解释主体的。范·弗拉森认为科学研究的价值在于其自身在经验意义上适当的科学解释是满足人们特定愿望的一种科学应用。解释是一种活动，不仅仅是理论和事实的符合，而且与认识共同体的需要有关，这种需要又依赖于一定的语境。解释是依赖于解释主体的，而只要涉及解释主体势必造成解释主体对解释模型的选择，因此，解释主体的需要限定了解释模型，解释主体的需要形成了解释的语境。

范·弗拉森认为亨普尔解释的困境基于两个偏见：（1）旨在为理论 T 解释现象 E 而建造必要和充分的条件；（2）认为解释力是理论本身的一个优点，或是在它们与世界的关系中表现出的优点，如简单性、预测力、真实性、经验恰当性等。实际上，提出问题和解释在很大程度上是由语境和解释者的兴趣决定的。

与亨普尔的模型不同，范·弗拉森关注解释者，科学解释模型不能忽视语用因素的重要性。需要什么样的解释，不同的主体的问法不同，解释也就不同了。亨普尔的科学解释模型对此没有合理的认识。范·弗拉森认为，只有关心解释者，科学家给出的解释才是科学的解释。科学家在特定的历史时期对所关心的问题给出的解释、科学与非科学的划分不是以保证逻辑上的真为基础的，而是看是否具有经验的恰当性。

范·弗拉森认为亨普尔科学解释模型过分关注逻辑的分析，范·弗拉森认为我们应该更注重科学的实践，我们不要一味地针对一个解释的真假，而应该关注一个解释是否好或者恰当、解释项对于被解释项来说是充分的还是不充分的，等等。一个科学解释在理论上可能是逻辑上真的，但是对于经验证据来说未必恰当，或者对于解释主体来说不一定是好的。同时，一个对解释主体来说好的科学解释也不一定是逻辑上真的。牛顿理论在所有领域未必真但是被很多人认为是好的科学解释，它在宏观世界符合我们的经验，我们就可以在宏观领域广泛地应用它。再者，评价一个理论的标准也是与语境相关的。

针对亨普尔科学解释模型还有很多值得商榷的地方，比如，有一群人移居，这是因为他们希望改善自身的命运，但是我们无法解释，这群人为什么选在某个特定的日子移居到一个特定的国家。社会学家为了解释犯罪案件或者离婚案件，他们需要一个有关犯罪或者离婚问题的普遍理论，但是，这并非是确定无疑的。亨普尔科学解释模型也未必能够满足科学解释的必要条件。

这促使人们认识到，一个事件不止存在一种正确解释，科学解释中存在着语用域，它的功能就是从一系列客观的正确的解释中挑出一个特定的解释。范·弗拉森的语用学科学解释模型转换了人们的思维视角，超越了逻辑经验主义的所有解释都是运用语义或者句法的分析，科学解释范式从静态解释逻辑转变到了动态科学语用学的转变。范·弗拉森注重对科学解释中的 Why—问题的分析。

第三节　语境相关模型对语义学解释模型的推进

一　把解释者引入科学解释

亨普尔认识到解释是针对不同的人的，对某人解释某事就是使这个人可以明白或了解这件事。对一个人是满意的解释，对另一个人却未必如此，解释是与人相关联的。亨普尔在 1965 年的《科学解释面面观》中明确提出："广泛地说，对某人解释某事就是使得这件事对于这个人而言变得明白晓畅，使他能够理解。因而要把'解释'这一词语和它的同类理解成语用的术语，对它的使用要求参考解释过程中的人。"①"在一个语用语境中，我们可以说一个特定的论述 A 对于 P_1 来说解释事实 X，我们必须牢记这并非对另一个人 P_2 解释了 X。"② 对于一个特定的人，一种满意的解释将依赖于他固有的信仰、理解能力以及其他的个人特质。解释与特定的人在特定时刻的特定的信念以及智力水平有关，解释是针对不同的个体的。语境下的信念对于一个解释非常重要，亨普尔认识到了这一点，但是对语境没有详加分析。

范·弗拉森明确提出，解释依赖于主体，由于解释语境的差异，不同解释主体形成不同的提问方式，因此形成特定的回答方式，特定的解释形式。解释不仅仅是句法和语义分析。科学解释应该从解释共同体的意向、心理和行为等各个方面认识，语境以某种方式决定着相关性，并超越了我们的科学理论提供的信息的相对性。

范·弗拉森依赖于主体的模型还表现在他把解释者的背景知识引入解释，对于同样的结果，不同的解释者由于背景知识的不同，有不同的解释。对于瘟疫流行的原因，在细菌学家看来，是病人血液中的细菌感染，在昆虫学家看来，是带传染病原的跳蚤引起的，在流行病学家看来，是从轮船上下来的携带传染病菌的老鼠引起的。这些解释都是正确的，但是，不同的解释者有不同的自认为合适的解释。范·弗拉森在对Why—问题的分析过程中给出解释的语境相关模型，他认为 Why—问题的提出、Why—问题的回答以及对 Why—问题的评价都涉及解释者的背景知识和信念。

二 推进了对解释恰当性条件的研究

在亨普尔看来，对某一特定事件作出科学解释的一个恰当条件就是

---

① C. G. Hempel, Aspects of Scientific Explanation and other Essays in the Philosophy of Science, The Free Press, 1965, p. 425.

② Ibid. .

提供信息，以便客观地证明所讨论事件的预期性。既然解释的恰当条件是提供信息，这就涉及针对不同的人提供不同的信息。涉及预期性，就涉及不同的人有不同的背景知识。亨普尔已经意识到了解释的语用因素，但是，他认为要想做到解释的客观性，必须要把事件纳入一般法则并加以解释时，才能提供出这种信息，我们才能彻底解决解释中的问题。解释针对具体的人，恰当的解释或者好的解释涉及对一个理论的评价，对一些人来说是好的解释对另一些人来说未必是好的，同样的两个解释哪个更合适，也需要考虑解释的语境。对理论的评价涉及人，涉及解释者的行为和解释者所处的独特的语境，与人的社会经验、智力水平和理解能力有关。这说明语境对某些阐释的描述作为对既定事实和事件的解释是不完善的。它只能是关于某种相关关系和某种对照类的解释。"在语境中，它们既不是由所接受的科学理论的总体性特征决定的。也不是由需要给出解释的事实或事件决定的。"①

三　把解释关系由二元关系变成了三元关系

范·弗拉森提出对科学解释进行语用学分析的解题思路，他强调解释中语境的重要性。范·弗拉森把语境定义为特定的人特定时刻说出的话。存在一组可能世界和一组语境。语境变量可能是被认为是理所当然的假设、所接受的理论或者也可能是与语境紧密相关的世界图景或范式。范·弗拉森注重语境相关，"语境以某种方式决定着相关性，并超越了我们的科学理论提供的信息的相关性"。② 范·弗拉森是一种反逻辑思维，反对解释是独立于语境。解释是依赖于主体，由于解释语境的差异，不同解释主体形成不同的提问的方式，因而形成特定的回答方式，形成特定的解释。范·弗拉森把解释看成是理论、事实和语境的三元关系。科学解释不仅是科学理论与解释事实之间的逻辑语形关联和静态语义关联，而是涉及了科学理论、解释事实和在场的语言使用者的三元关系。范·弗拉森的语境相关解释模型转换了人们的思维视角，超越了逻辑经验主义认为所有解释都是运用语义或者句法的分析的观点，科学解释的范式从静态解释逻辑转变到了动态科学语用学的转变。

---

① Bas. C. Van Fraassen, the Scientific Image, Oxford：Clarendon Press, 1980, p. 164.
② Ibid. , p. 163.

第四节　语境相关模型的困境及其理论根源

一　范·弗拉森的语境相关模型的困境

1. 对解释中语境的认识简单化

范·弗拉森认为，解释主体一旦接受了某一特定理论 T，解释主体也就置身于理论 T 所代表的语境中，用理论 T 的语言来询问和回答相关问题。解释主体必须在此语境下采用特定的提问方式提出相关问题、给出特定解释。因此范·弗拉森认为解释是语境相关的。语境是由解释主体的背景知识以及解释主体先在的思维方式决定的。但范·弗拉森对解释主体的行为和意图缺乏深入的分析。

范·弗拉森认为解释是语境相关的，但对科学解释中的语境研究不彻底。解释是针对特定的人的解释，针对不同的被解释者的背景知识、信念、期望程度、理解能力以及宗教信仰等有不同的适合的、好的解释。范·弗拉森认为不同的人由于知识背景的不同有不同的解释，但是没有认识到针对不同的人要有不同的解释。范·弗拉森的模型注重对Why—问题的分析，缺乏对解释主体作用的分析，也没有涉及对解释主体的行为、主体的意图的分析，范·弗拉森的背景知识也只是不同解释者根据自己的背景知识来解释，不是针对被解释者的背景知识。

范·弗拉森的科学解释中的背景知识并非指人类所掌握的所有的科学理论。"K 当然不可能充分地包含我们的全部信息，因为在我们需要解释 P 时，我们对 P 通常是有所认识的。"[1] 范·弗拉森认为参与解释的背景知识只是所有背景知识的一部分，那么他指的背景知识到底是哪一部分背景知识呢？哪些是解释者和被解释者共有的背景知识呢？范·弗拉森对此没有深入探讨。

2. 把解释局限于满足经验恰当性和拯救现象

范·弗拉森认为科学理论因其具有经验恰当性被人们接受，人们不用相信科学理论为真。他认为人们接受一个关于不可观察实体的理论，源于对可观察实体的陈述的真。人们不能说不可观察实体真，但也不能说关于不可观察的实体是假的。建构模型必须满足经验恰当性，它不是

---

① Bas. C. Van Fraassen, The Scientific Image, Oxford: Clarendon Press, 1980, p. 110.

关于不可观察实体的发现的真理。范·弗拉森认为我们对解释的理解一开始就是错的，解释并非理论、事实间的相关关系，其实解释是理论、事实和语境之间的三元关系。

范·弗拉森的科学解释模型仅仅限于拯救现象，认为只要解释能够满足经验适当性就可以了。我们反对这样的观点，我们知道布朗颗粒的平均运动能量等于分子的平均运动的能量，已知布朗运动的最大值和分子的平均速率，我们就可以计算出分子的运动的最大值，但这些都是以预设分子的存在为前提的。物理学中的工具主义者认为温度、压力、容量等是可观察的现象，描述知识多少诉诸直接可观察现象。分子等理论实体存在不存在我们不要追究，只要我们通过它们的行为可以解释大量的物理、化学、生物等现象就可以了。范·弗拉森把解释仅仅局限在满足经验的恰当性就很难把解释提高到科学的标准上。星象学家认为的一个人出生时候的天体的位置决定一个人的命运的观点在一定时期满足经验适当性的要求，但是它不是科学解释。

科学解释仅仅满足于拯救现象是不行的。因为从逻辑上讲，前提不真实，结论也可能是正确的。比如我们可以进行如下推理："所有的蛇都是有毒的，蝮蛇是蛇，所以，蝮蛇是有毒的。"根据我们的经验我们知道蝮蛇的确是有毒的。按照范·弗拉森的理解，对问题"蝮蛇为什么有毒？"的如上回答就是对"蝮蛇有毒"的科学解释。我们反对范·弗拉森这样的观点，因为"解释"的前提"所有的蛇都是有毒的"是错误的。即使能由错误的前提得出正确的结论，也不能说这是个合理的解释，所以，科学解释只要满足经验的适当性，满足于拯救现象是不行的。

范·弗拉森认为科学解释就是从对照类中选出对问题回答的最佳答案，他认为一个 Why—问题只有一个最佳的答案。对问题"为什么血液循环？"可以有两个答案：（1）因为心脏通过动脉把血液挤压出来了；（2）为了把氧气带到身体的各个部位。两个答案分别是目的论解释和功能解释，这两个回答是从不同的角度对 Why—问题的回答，没有办法比较优劣。

3. 对解释相关关系缺乏明确界定

范·弗拉森谈论的相关关系不是物理的必然性、不是原因相关、不是统计相关，也不是逻辑相关。范·弗拉森的语境相关是针对 Why—问题，但是如果从解释的内部机制来讲，到底语境相关是怎样的相关关系呢，范·弗拉森没有明确界定语境相关关系究竟是哪种意义上的相关关系。如果只要是对 Why—问题的回答就可以看作相关关系，那么，在亚里士多德的语境中，目的论相关是真正的解释相关，在牛顿理论里面认为目的论的关系不是真正的解释相关关系。特定学科范围内的相关关系是什么呢？特定时期的相关关系是什么呢？如果特定学科在特定时期对特定的人有不同的解释，那么解释的相关关系究竟是什么呢？范·弗拉森对语境相关的界定比较模糊。

范·弗拉森坚信语用学模型可以避免语义学模型中的一切困难。但是范·弗拉森的科学解释模型依然存在问题，甚至用其他模型可以排除的解释，但是范·弗拉森的模型却不能排除。萨尔蒙在《科学解释四十年》中举的例子能够很好地说明这一点：

> Horace 是 Greenbury 学校董事会的成员
> 所有 Greenbury 学校董事会的成员都是秃顶的
> 所以，Horace 是秃顶的[1]

按照范·弗拉森的观点，解释就是对 Why—问题的回答，以上就是对问题"为什么 Horace 是秃子？"的回答，而我可不认为上述是科学解释。范·弗拉森认为如果 A 回答与 <P_k, X> 有相关关系 R，则 A 是与问题 Q 相关的。这里 P_k 是命题"Horace 是秃子"，A 与 P_k 的相关关系是"Horace 是 Greenbury 学校董事会的成员"，并且"所有 Greenbury 学校董事会的成员都是秃子"。A 为范·弗拉森的关于问题 Q 的直接回答。这个例子符合范·弗拉森的科学解释模型。以上的例子是对"为什么 Horace 是秃子？"的回答，但是这个回答在亨普尔看来不能算作科学解释。亨普尔认为"Horace 是 Greenbury 学校董事会的成员"不是"Horace 是秃子"的真正的解释，因为在他看来一个科学解释在解释项中至少包含一个定律，最弱也要有一个似律陈述，而这个例子所谓的解释项中只有偶适概括，没有似律陈述。也就是说，在亨普尔看来不能算

---

[1] P. Kitcher & W. C. Salmon, Scientific Explanation, Minnesota: University of Minnesota Press, 1989, p. 143.

是科学解释的，范·弗拉森的模型却认为是一个解释。范·弗拉森语用学模型虽然可以弥补语义学科学解释模型的不足，但是范·弗拉森的模型否定解释项中的定律的作用，认为在解释项中完全可以没有定律，这样，在解释项中就可能存在偶适概括。偶适概括对结论的支持率很低，不能保证解释的必然性，语境相关模型也不能很好地把不是解释的反例从解释中排除出去，这是范·弗拉森模型的困难所在。

如果范·弗拉森想维护自己的立场，他也许会说，"为什么 Horace 是秃子？"不是一个真正的 Why—问题，这无异于直接向语义学科学解释模型举白旗，能用语用学科学解释模型解释的就是一个真正的 Why—问题，不能解释的就不是真正的问题，这不是从语用学科学解释模型本身找出的修改方案，而是从他们共同的理论预设——科学解释是对 Why—问题的回答来排除此问题。范·弗拉森把不是解释的作为解释了，比如，我们可以通过旗杆的高度推导出旗杆的阴影的长度，也可以由旗杆的阴影的长度推导出旗杆的高度，我们不把这种推导作为解释，但按照范·弗拉森的观点，这是一个解释。

就 Why—问题而论，我们是根据我们接受的背景理论来评价答案的。在提出问题的语境中，存在着某种所接受的背景理论和实际信息的集合 K。它是一个语境因素，因为依赖于提问者和受问者。

在对 Why—问题的讨论中，范·弗拉森认为自己发现了一个由语境决定的深层因素，解释由讨论者的嗜好决定的，对照类也由语境决定，对照类与主题的相关关系也由语境决定。Why—问题依赖于语境，非对称性产生于语境决定的相关关系，范·弗拉森根据语境的变化，可以推翻解释的非对称性。

对于问题"为什么塔这么高？"主人回答塔是因为纪念其祖先欢迎首次来访的皇后而建，仆人有不同于主人的解释，他认为塔标志善妒的主人杀死他疯狂爱着的女仆的地方。范·弗拉森认为仆人的解释是最恰当的解释。"为什么塔如此高，并且坐落在特定的位置呢？影子的长度刚好覆盖到阳台的特定位置呢？"因为此位置是主人因妒忌杀害女仆的地方。这样，我们就有了对 Why—问题的一个可接受和合适的直接回答。为什么主人给出的不是恰当的解释呢？按照范·弗拉森的理解，这里的 P_k 为塔在某个特定地点有 175 英尺高，对照类 X 为塔的不同高度、不同地点，相关关系 R 是有意图的相关。主人有解释的意图，有解释的自觉的目的，为了掩盖自己杀死女仆的行为，那么主人的回答既符合物理学的规律也有解释的意图存在，同样是对问题"为什么塔的影子这样长？"的回答，而范·弗拉森不认为这是解释。这就说明了范·弗拉森还是不能排除解释中的不相关因素。范·弗拉森说仆人的解释是恰当的解释只能说他站在自己的立场上，愿意相信仆人给出的解释比主人给出的解释恰当，这与仆人给出的解释本质上是恰当的解释不同。范·弗拉森没有充分考虑解释主体的行为。

二　范·弗拉森的语境相关模型的理论根源

范·弗拉森之所以在给出解释的恰当性条件中犯了错误，这有深刻的理论根源，这源于他的理论体系。他认为，科学活动不是一个发现的过程，而是一个建构的过程；科学活动不是发现不可观察物的真理，而是建构适合现象的模型。因此，解释不仅仅是逻辑和意义的问题、不仅仅是句法学和语义学的事情，它更多的是一种语用学，如果我们不考虑科学解释所包含的语用因素、不了解作出某个科学解释的人的语境，就不可能成功地解释现象。

范·弗拉森的建构经验论的思想核心是将科学理论的真理性问题进行了转化，认为科学的目的不是求真，人们也没有必要去探究科学理论是否为真理，而只需建构具有经验适当性的科学理论模型即可。范·弗拉森的建构思想避开了科学理论的真理性标准，而代之以模型建构的经验适当性标准，范·弗拉森把语境引入科学解释，把解释不是看作理论和事实之间的关系，而是理论、事实和语境三者之间的关系，他的目的不是寻找关于世界的真理，而只是经验的恰当性。"科学的目标是为我们提供具有经验恰当性的理论，理论的接受仅仅与相信理论具有经验恰当性的信念有关。"① 范·弗拉森的建构思想可以表述为："我使用'建构的'这个形容词来表明我的观点，即科学活动是建构，而不是发现：是建构符合现象的模型，而不是发现不可观察物的真理。"② 范·弗拉森把整个科学活动看成是建构模型，主张理论是一种与客观世界大致相适合的模型，这个模型是我们在观察基础上依靠逻辑与数学方法建构起

---

① Bas. C. Van Fraassen, *The Scientific Image*, Oxford: Clarendon Press, 1980, p. 16.

② Ibid. , p. 5.

来的。理论建构的目的不是为了与客观世界完全一致，而是为了要适合于可观察现象。范·弗拉森尝试从认识论的角度建构科学理论，却没有从本体论角度寻找事件的内在原因，这是导致范·弗拉森错误的根源所在。

范·弗拉森想把经验主义加以摒弃，又想强调可观察性作为其理论的基础；想摒弃真理概念，又想提出一个理论的经验适当性概念来代替；主张摒弃形而上学，又试图重建一个经验论科学哲学体系。建构经验论在其论述中没有提供令人信服的科学解释的例子，范·弗拉森所给出的科学解释的例子多属于日常解释的例子，尽管日常解释与科学解释具有"家族类似"的关系，但科学解释具有系统性、科学性和必然性的要求，而日常解释却没有这些要求，它们大致的界限还是存在的。范·弗拉森不能就相关关系给出明确的界定，不能把解释中的语境分析透彻。

第四章 以言行事行为模型与 解释者信念

在范·弗拉森提出语境解释模型之前，阿欣斯坦 1977 年在《美国哲学季刊》上发表的《解释是什么?》(*What is an Explanation?*) 开创了解释的语用学之先声，他对形成科学解释的语用学理论作出了实质性的贡献。阿欣斯坦的以言行事的行为模型与范·弗拉森的解释模型一样，采取的也是语用学进路。他认为基本的解释关系是"对于某人 P 来说 X 解释 Y"的形式。也就是说，对于 P 而言，究竟什么可以解释 Y，将依赖于 P 对 Y 知道或不知道什么，想知道些什么等等……毫无疑问，理解就是一个语用的概念，而且，他把"解释"叫做对 Why—问题即产生理解的问题的回答。他的科学解释模型的语境主要体现在言语行为、解释者的解释意图、解释要针对不同的解释者和被解释者以及对解释的评价等方面。

第一节 以言行事行为模型的理论根源

阿欣斯坦认为解释是一种像奥斯汀（J. L. Austin）所说的以言行事的行为。奥斯汀认为，语句不是非要有真假，并非命题和事实匹配就是真的，不匹配就是假的，其实很多语句只是用来行事的。语句只有恰当不恰当、真诚不真诚的区分，没有真假之别。奥斯汀认为说话就是做事（to say something is to do something），语句的意义就是由使用者在某种语境下，为了某种目的而产生的。奥斯汀在《如何以言行事》(*How to Do Thing with Words*) 一书中表明，在每一个话语中，言说者实施了三种行为：首先，言说者说出一串话语，奥斯汀称之为"以言表意行为"（locutionary acts）；其次，言说者在实施以言表意行为的同时，陈述一个事实，或者确定或否定某一事件，或者进行一次询问，或者发出一个指令，或者提出一个请求，或者作出一个预言，或者给出一个劝告，或者向听话者表示祝贺等等，这些奥斯汀称之为"以言行事的行为"（illocutionary acts）；言说者通过话语的以言行事的行为在受话者身上产生的效果，奥斯汀称之为"以言取效行为"（perlocutionary acts）。比如，我对你说："请把门关上"，我说出这一串话语，这就有一个以言表意的行为发生；我说出这个语句的目的是希望你走过去把门关上，这就是一个以言行事的行为；你听到我说"请把门关上"后，走到门边把门关上了，这就是我的行为在听话者身上产生了效果，我们称之为"以言取效的行为"。

阿欣斯坦的解释理论与奥斯汀的以言行事的行为理论一脉相承，他认为"解释就像奥斯汀所说的以言行事的行为，像警告、许诺，是言说主体带有某种特定的意图在特定的语境中说出某个词"。[①] 言说者 S 通过言说一个语句 u 来解释某个问题 q（"S explains q by uttering u"[②]），其中 S 表示某个人；q 表示一个间接问题；u 表示一个语句。S 言说语句 u 的目的是提醒或者使某人明白某事，或者解除某人的困惑，解释行为的结果就是改变其他人的想法或者信念。

其实，布朗姆博格早在 1965 年的《一种解释的方法》中就提出解释是一种行为。布朗姆博格认为所谓解释可以理解为回答者 A 回答提问者 B 提出的问题，他把解释看成 A 向 B 解释某个问题，形如"A E to B W"的形式。其中，A 和 B 分别代表解释者和被解释者或者解释者和被解释者的类型；E 代表"解释给"（to explain）；W 代表"间接的问题"。布朗姆博格认为解释是针对特定的解释者或者被解释者的类型。

阿欣斯坦不像逻辑经验主义者那样分析解释项和被解释项的逻辑关系，他是从句法角度首先对"解释给"这个动词进行分析，他认为动词"to explain"是一个完成行为动词。所以解释要占有一段时间，同时解释的行为也要占有一段的时间。布朗姆博格也认为"解释给"是一个完成动词，"很明显，在'A E to B W'语境中，'解释给'是一个完

---

① P. Achinstein, The Nature of Explanation, New York: Oxford University Press, 1983, p. 16.

② Ibid., p. 3.

成术语"。① 尽管很少有人提到阿欣斯坦的以言行事的科学解释模型来源于布朗姆博格的理论，但是我们从他的思想中能明显地看到布朗姆博格理论的痕迹。

第二节　以言行事行为模型的理论结构

阿欣斯坦的理论作为一种语用学理论不同于亨普尔等人的语义学的科学解释模型，也不同于范·弗拉森的语用学的科学解释模型。阿欣斯坦从句法角度对科学解释行为进行分析。具体表现在：

首先，阿欣斯坦区分了解释的行为以及解释行为的结果。

阿欣斯坦认为一个解释由三部分构成：解释的行为（explaining act）、解释行为的结果（the product of an explaining act）以及对解释的评价。很多科学解释理论不关注解释的行为而是关注解释行为的结果以及对解释的评价的本体论地位。解释常常被看作语句、命题或者论证，阿欣斯坦区分了语句和命题。他认为语句表达不同可以是同一个命题，解释也可以是相同的。例如，在英语表达中，"Bill ate spoiled meat" 和 "Bill ate meat that was spoiled" 不是同一个语句，但是同一个命题，也都是对问题 "为什么Bill 胃疼？" 的合理的解释。在这里，我们用语句而不是用命题原因有二：首先，阿欣斯坦是以言行事的言语行为的进路分析科学解释，他沿袭语言学的用法，我们也遵从阿欣斯坦论述中的习惯。其次，亨普尔的 "解释是论证" 的语义学观点是对命题进行分析，阿欣斯坦否定 "解释是论证"，所以我们这里没有用命题来进行陈述，而是用的语句。

阿欣斯坦认为解释的结果不可以独立于解释的行为。例如，对问题 "金属为什么膨胀？" 我们通过言说语句 "金属膨胀是因为被加热" 这样一个语句来解释，一个解释的行为就出现了，解释的行为占有一定的时间。语句 "金属膨胀是因为被加热" 是解释行为的结果，它不占有时间，总伴随着解释的行为出现。当一个人每次说 "金属膨胀是因为被加热" 时，就有一个对问题 "金属为什么膨胀？" 的解释行为出现，但是无论言说主体是谁、无论言说主体何时何地言说 "金属膨胀是因为被

---

① Sylvain Bromberger, On What We Know We Don't Know, Explanation, Theory, Linguistics, and How Questions Shape Them, The Unversity of Chicago Press, 1992, p. 22.

加热",他们对问题"金属为什么膨胀?"的解释行为的结果都是相同的。不同的解释行为可以有相同的解释结果。

阿欣斯坦认为一个完整的科学解释包括三个方面的内容[1]:

1. 科学解释要有解释的行为发生。一般来讲,历史主义传统的科学家更多地关注解释的行为,关注科学家的活动过程。

2. 解释的行为产生了一个结果。即给出一种解释,解释的结果不处在时间中,不同的行为可以有共同的结果。逻辑经验主义者更多地关注解释的结果,把科学看成命题的集合,他们认为科学解释就是命题之间的逻辑关系,但是逻辑经验主义者往往忽略解释的行为。

3. 科学解释还涉及一个对解释的评价问题。一个解释是否是一个好的解释,这就不仅仅涉及逻辑相关,还涉及语用相关,对科学解释的评价是一个语用维度的问题。

阿欣斯坦认为解释的行为是解释的结果以及对解释的评价的必要条件,没有解释的行为,不可能有解释的结果的出现,更不可能对一个解释进行评价。

在阿欣斯坦看来,亨普尔的模型形如:"论述 A 解释事实 X"的形式,这不是针对特定的解释者或被解释者的模型。作为逻辑经验主义者的亨普尔,其 D—N 科学解释模型没有解释行为,只关心解释行为的结果,没有涉及语用相关。亨普尔认为解释相对于不同的人,对这些人合适的解释未必是对其他人合适的解释,解释是与人相关联的,解释过程包括了人的参与,解释针对不同的人。亨普尔拒斥科学解释的语用方法,认为只有在这个事件被纳入一般法则并加以解释时,才能提供解释信息。亨普尔死守科学解释的语义学阵地,试图亡羊补牢,但他提出的关于科学解释的归纳—统计模型涉及特定事件和人的信念之间的关系,人的信念随着概率的引入而进入科学解释的考虑范围,科学解释也就不可避免地涉及语用因素了。

阿欣斯坦不同于亨普尔的语义学的科学解释的进路。阿欣斯坦提出"有序对"理论的真值条件:

1. Q 是完全问题。

2. E 是有序对,第一部分是关于 Q 的完全满足命题;第二部分是

---

① P. Achinstein, The Nature of Explanation, New York: Oxford University Press, 1983, p. 3.

解释 q 的行为类型。

A 是解释 q 的行为。

iff（S）（S 实施某类行为 =（∃u）（S 通过言说 u 解释 q））

阿欣斯坦说："S 通过言说语句 u 来解释问题 q，只要 S 带有意图地言说 u，他的言说使得 q 可以理解。"① 这表达了 S 行为的重点，也是区分解释和其他的以言行事的行为的重要特征。我们说，理解了 q 一般认为是以能够解释 q 为原则的，所以，阿欣斯坦的观点很难避免循环论证。这个问题暂且不表，下面我们继续分析阿欣斯坦的理论。

解释 q 并非 S 带有意图地言说使得 q 可以理解的任何事情。假设我相信"真理即美德"能够理解"潮汐如何产生？"我带有意图地言说"真理即美德"并不是对"潮汐如何产生？"的解释，即使它满足 S 带有意图地言说 u 使得 q 可以理解，因为我们不会相信"真理即美德"是对"潮汐如何产生？"的一个正确的回答。因此，我们说"S 通过言说 u 解释 q"，只有，S 相信 u 表达了一个对 Q 的正确回答的命题（Q 是间接问题 q 的直接形式）。

对于问题"潮汐如何产生？"我们可能回答"查阅中学物理课本的第十章"，或者回答"牛顿理论就有答案"，或者回答"考虑重力"，但这些都不是对解释的完备的、合适的回答。我通过言说"查阅中学物理课本的第十章"，我不是解释潮汐如何产生，即使我相信我的言说可以使得你有一个解释"潮汐如何产生？"的方法。因为 S 不是通过直接言说 u 表达 Q 的正确答案，而是引起人们去考虑与 u 相似但不相等的语句 u'，S 不是通过直接言说 u 来解释。

阿欣斯坦提出有序对理论"S 通过言说 u 解释 q"是强语用的，不但此解释语句包含解释者，并且真值条件也随解释者的改变而改变。在阿欣斯坦看来，范·弗拉森的"E 是 q 的解释"只是弱语用的，真语句的真值不随着谁给出 E 对 q 的解释而改变。亨普尔的 E 是 q 的解释不依赖于给出的解释的人。既不是强语用的也不是弱语用的。但亨普尔用到的语用应该是强语用意义上使用，而不是在弱语用意义上使用的。

其次，阿欣斯坦区分了解释行为和一般的以言行事的行为。

---

① P. Achinstein, The Nature of Explanation, New York: Oxford University Press, 1983, p. 16.

解释行为不同于一般的以言行事的行为，所有的以言行事的行为并非都是解释的行为。比如，"三个星期前我在卡迪亚买了一块手表，上面镶有四颗钻石……我答应三个月后送给你，我向你保证：记得我在车里答应你的。"① 此句只有许诺行为，没有解释的行为。言说者 S 可以通过履行其他的以言行事的行为来解释 q，比如提供背景知识或者正确的假设，但其他的行为只是有助于建立、澄清、辩护、支持解释行为，但是这种以言行事的行为本身不是解释行为。"三个星期前我在卡迪亚买了一块手表，上面镶有四颗钻石……我把它放在我的保险箱是因为我不愿意支付高额的保险费用，我知道保险费很昂贵因为我已经跟我的保险经纪人联络过了。"② 此句不但有其他的以言行事的行为，同时也是对问题"为什么我把表放到保险箱？"的解释的行为。

对于问题"为什么 Bill 胃疼？"史密斯医生的解释是"Bill 吃了变质的肉"，这是关于"为什么 Bill 胃疼？"的史密斯医生解释行为的结果。Bill 的女朋友 Jane 同样言说"Bill 吃了变质的肉"。Jane 也许未必知道 Bill 会胃疼，即使 Bill 胃疼了她也未必知道是因为"Bill 吃了变质的肉"引起的，她只是出于对 Bill 的关心来批评 Bill 不该吃变质的肉，她的行为只是对 Bill 的责怪或批评。她对问题"为什么 Bill 胃疼？"没有解释行为。她的行为的结果（"Bill 吃了变质的肉"）和史密斯医生在对 Bill 的身体进行了详细的检查之后得出的 Bill 胃疼的原因是"Bill 吃了变质的肉"这个解释行为的结果是完全相同的。虽然 Jane 的以言行事的行为的结果是一个对 Bill 胃疼的正确的合理的解释，但 Jane 的行为不是解释行为。医生的行为和 Jane 的行为是完全不同的，医生的行为是一个解释的行为。

阿欣斯坦的以言行事的行为解释模型区分了解释的行为和解释行为的结果，把解释的行为从一般的以言行事的行为中区分出来。亨普尔等逻辑经验主义者只关注解释行为的结果，没有关注解释的行为。按照阿欣斯坦的观点，解释的行为是解释的结果以及对解释的评价的必要条件。解释的行为在解释中必不可少。如果只有解释的行为的结果而没有

① P. Achinstein, The Nature of Explanation, New York: Oxford University Press, 1983, p. 20.

② Ibid., p. 21.

解释的行为，解释者不是有意图地去解释，那么此解释的行为的结果不能算作一个解释。亨普尔的解释模型没有区分解释的行为以及解释行为的结果，只注重解释中的结果，没有意识到解释者的行为，不可避免地陷入困境。

再次，阿欣斯坦提出新的有序对理论。

阿欣斯坦认为问题 q 的解释由有序对组成，一个科学解释就是一个形如（x；y）的有序对，有序对的第一子句 x 是构建问题 Q 的答案的命题或命题的集合或者命题的特定类型，第二子句 y 是特定的解释行为或者解释行为的类型，在解释行为中，y 包含了解释者的意图。例如，有序对（潮汐的产生是月球的重力的作用；解释潮汐为什么产生?），其中有序对的第二子句"解释潮汐为什么产生?"是特定的解释行为，第一子句"潮汐的产生是月球的重力的作用"是第二子句的答案的命题。或者说第一子句是关于完全问题 Q 的完全满足命题（complete content—giving proposition），第二子句是解释 q 的行为类型。

按照阿欣斯坦观点，亨普尔的 D—N 科学解释模型也可以看作第一个子句是前提（定律和初始条件）的合取；第二个子句是结论（被解释项）的有序对。但亨普尔的"解释是论证"的观点是有问题的，会出现以言行事力（illocutionary force）的问题。例如，可怜的 Sam 患 d 症，由史密斯医生主刀做手术，在术后一个小时死亡，史密斯医生提供以下理由试图开脱：

Sam 得了 d 症做手术，

任何人得了 d 症在术后一个小时死亡，

所以，Sam 术后一个小时死亡。

假设没有给 Sam 做手术的琼斯医生也通过同样的理由言说解释 Sam 的死。以"解释是论证"观点看，史密斯医生和琼斯医生给出的解释是相同的。第一个命题都是前两个子句（即前提）的合取，第二个命题都是结论。在亨普尔看来史密斯医生和琼斯医生的解释是完全相同的，都能够逻辑地由解释项推导出被解释项。如果史密斯医生的行为可能是为了逃避医疗责任而试图开脱，琼斯医生的行为只是对"Sam 术后死亡"解释行为，琼斯医生没有试图开脱的意图，也没有试图开脱的行为，琼斯医生的言说只是对 Sam 死亡的客观的解释。如果我们不区分史密斯医生和琼斯医生的行为，认为琼斯医生给出的解释行为是试图开脱的行为是错误的。按照阿欣斯坦的有序对理论，解释要考虑到解释者特定的行为或者特定行为的类型，琼斯医生的行为和史密斯医生的行为有很大的差别。亨普尔只注重解释行为的结果，没有注意解释的行为，才导致出现此种错误。

第三节　正确的解释和恰当的解释的区分

阿欣斯坦区分了正确的解释（correct explanation）和好的解释（good explanation）或者恰当的解释（appropriate explanation）。好的解释或者恰当的解释涉及对解释理论的评价，是语用学意义上的，相当于范·弗拉森等人对解释的恰当性的分析。阿欣斯坦通过分析完全满足命题的句法特征来区分正确的解释和恰当的解释，他的解释是特定语言行为类型的语言表达式。阿欣斯坦声称解释是行为或者行为类型，这是分析解释的核心。恰当的解释是对解释行为的扩展研究。传统的恰当性解释把解释作为一种结果也就是特定的逻辑步骤，不是以言行事行为意义上的，不把解释作为一个过程。

阿欣斯坦认为一个解释是否"正确"是非以言行事的内容，是一个理论可接受的最小标准。解释是恰当的就是对特定被解释者是可理解的。亨普尔的标准解释模型认为解释与人不相关，是非语境的解释概念，它没有为恰当的解释提供充分条件或必要条件。解释是恰当的不仅仅满足解释者或被解释者的特定的解释判据还必须满足真理或确证的需要。正确的解释只要满足真理性条件。

科学解释的D—N模型认为正确的解释是有效的演绎论证，由真的前提通过正确的逻辑形式衍推出结论。

对于以下例子：

如果谁吃了一磅砒霜将会在24小时内死亡，

琼斯在 t 时吃了一磅砒霜，

所以，琼斯在 t 后的24小时内死亡。

这符合亨普尔的逻辑条件和经验条件，这个解释是正确的，只要琼斯在吃砒霜后的24小时内死亡，即解释是正确的只要它解释了被解释的现象。在阿欣斯坦看来亨普尔只是论证了前提和结论的演绎关系，不是前提解释了结论。假定琼斯很不幸，在吃了砒霜还没有等到药效发作就遭遇了车祸死亡，按照亨普尔的分析，我们可以得到"琼斯在 t 后的 24 小时内死亡"的结论，但是很明显用"吃了砒霜"来解释"琼斯的死亡"是不恰当的。

阿欣斯坦试图提供正确解释的真值条件，如果正确解释由单称语句"琼斯吃了砒霜后死亡"提供，只要：（1）关于琼斯的描述是真的。（2）这个语句有对"为什么琼斯死？"的解释的意图。阿欣斯坦以前的人没有讨论解释行为的意图，亨普尔认为一个理论正确只要由真的前提（定律和初始条件）加上正确的逻辑形式衍推出结论就可以了。

阿欣斯坦认为恰当的解释不可以由前提中单一语句衍推出结论（no entailment by singular sentences，NES），这样就排除了亨普尔的自解释问题。解释是命题不是论证，解释是一个试图解释的步骤的过程（process），而不仅仅是一个结果（特定逻辑结构步骤），解释不是简单的前提和结论之间的衍推关系。好的或者恰当的解释依赖于语句的真值、被解释者的兴趣以及信念。恰当的解释的标准是语境和语用。我们对恰当性解释不能进行普遍性的概括，只能在特定的语境下对特定的解释行为进行语用的分析。在阿欣斯坦看来，解释的语用理论未必是反实在论的。E 是解释者解释 q 给被解释者的恰当的解释。E 提供问题 Q 的正确的答案，解释者也相信是这样，解释者有这样的信念就可以了。即使 E 提供问题 Q 的正确答案的事实不是由 E 自己提供，但是 E 是 q 的恰当的答案就可以了。

涉及解释的语境，按照阿欣斯坦的理解就是要针对特定的解释者和被解释者的类型，那么，不同的解释者有自认为合适的解释。针对不同被解释者也要有不同的合适的解释。

针对不同的被解释者的背景知识、信念、对问题的期望程度、理解能力以及宗教信仰等有不同的适合的、好的解释。"对某人来说解释了某事，而对其他人可能根本不是解释，因为每个人的信念、困惑或理解不同。"[1] 体弱多病的琼斯死了，如果对于一个孩子或者没有专业医学知识的人来问："琼斯为什么死了？"我们就可以回答"他病死了"，这就是对琼斯死的一个合适的解释。如果被解释者是具有专业医学知识的

---

[1]   P. Achinstein, The Pragmatic Character of Explanation, Philosophy of Science Association, 1984, Vol. 2, p. 95.

医生，同样问"琼斯为什么死了？"，我们回答"他病死了"就是不恰当的解释，即使这是一个正确的解释。我们应该回答琼斯的病如何引起患者机体的变化以及各器官功能的衰竭等专业的医学知识，这才是针对医生这样的被解释者的合适的解释。

一次爱因斯坦在飞机上，看到一个年轻人拿着氩气球走来走去，他问当飞机加速时气球将会怎样，年轻人说气球会向机舱后部运动，爱因斯坦说气球会向机舱前部运动。到底哪种解释正确呢？结果证明爱因斯坦的论断是正确的。对问题"为什么气球向机舱前部运动？"我们有两个解释：第一，通过描述机舱内分子的行为，先解释在飞机起飞时机舱内由后向前的压力产生压力梯度，通过压力梯度解释气球由后向前的运动行为。第二，运用爱因斯坦的"等效原理"，根据这个原理，加速度等效与重力场在地球重力中，气球是倾向上升的。而当飞机加速时，气球的后部好像有了一个重力场，它就向前运动。哪个解释合适，要看解释的对象。对这个年轻人来说，如果没有等效原理和重力场的知识，第一种解释就是合适的解释。阿欣斯坦认识到解释针对特定的解释者，范·弗拉森没有认识到对不同的解释对象需要不同的解释。

解释是正确的，但未必是恰当的。同样，一个解释是恰当的也未必是正确的。例如，对于问题"肯尼迪为什么死于 1963 年 11 月 22 日？"星象学家用肯尼迪出生时刻的行星和恒星等各种天体的位置来解释，他们认为一个人出生时的星象位置决定一个人的命运，这个解释对星象学家来说可能是合适的解释，但现代科学不认为它是正确的解释。

阿欣斯坦通过研究语句重读阐释了解释的语境相关问题，比如重读不同的语句"Bill 在星期二吃了变质的肉（Bill ate **spoiled meat** on Tuesday）"和"Bill 在星期二吃了变质的肉（Bill ate spoiled meat **on Tuesday**）"是同一个语句。重读是非语义性质的，重读不改变语句的意义，也不改变语句的指称，但是我们要判断哪些重读是解释相关的。如果我们问"Bill 为什么胃疼？"我们回答"因为 Bill 吃了变质的肉"，这时"变质的肉"和解释是语境相关，也是与我们的解释相关的。也就是说 Bill 吃的东西与他胃疼是解释相关的，Bill 吃东西的时间与"Bill 为什么胃疼？"不是解释相关的。如果我们问"Bill 为什么星期三胃疼？"答案是"因为他星期二吃了变质的肉"，这时 Bill 吃东西的时间"星期二"成为与 Bill 胃疼解释相关的因素了。

　　解释有一个程度问题。一个解释对解释项的可信值增加越多，这个解释就越好。如果对同一个被解释项的两个解释，如果一个解释相对于另一个解释增加更多的可信值，在这种情况下，人们倾向于放弃可信值小、可信度低的解释，甚至不再称其为解释，只把可信度高的作为科学解释。假如人们没有得到可信度高的解释，则可能接受可信度低的解释，这涉及了解释主体对解释模型的选择，这也是阿欣斯坦语用学科学解释模型的表现。

　　按照阿欣斯坦的观点"E 是 q 的好的解释"的语用意义：不同的解释的评价依赖于最后获得真理、经验的恰当性、简单性、统一性或者语境。当解释者实施解释行为使得 q 可以理解产生 Q 的正确答案的知识。

　　一个解释是语用学科学解释必须满足以下两个条件：

　　1. 解释语句包含特定或特定类型的解释者或者被解释者的术语，或者是在它的真值条件句中是否暗含了这样的术语或者这样被定义了的术语；

　　2. 解释语句的真值是否随着这一语句中所提及的解释者或者被解释者的改变而改变。

　　按照阿欣斯坦的观点，表示的解释语句即使不是显语用的也是隐语用的。语用解释的语句类型包括："论述 A 解释事实 X 给某人 P"或者"解释者 S 解释 X 给某人 P 通过给出论述 A"等等。非语用解释语句形式："论述 A 解释事实 X。"如果一个人要坚持语用的观点，他必须要运用解释语句的某种形式。

　　满足解释的两个语用学条件是相互独立的。满足第一个条件未必满足第二个条件，满足第二个条件也未必满足第一个条件，"我塞车的事实是为什么我迟到的好的解释"，这个解释语句没有包括解释者或被解释者的术语。这就是满足了解释的第二个条件，但是没有满足解释的第一个条件。因此，解释需要满足的两个条件是相互独立的。阿欣斯坦还提出，如果解释的真值随着给出理由者的动机而改变，这个解释语句既不是强语用意义上的，也不是弱语用意义上的，但是我们可以把这个语句转化为一个包含强语用所有满足条件的解释语句。比如，Danny 迟到了，他的动机是为了给一个所谓的理由，说"路上塞车"，我们可以把这个语句转变成一个满足语用学解释条件的语句，即"Danny 给出的他塞车的事实是为什么他迟到的正确的解释"。一个解释语句如果都满足这两个条件，那就是强意义上的解释；如果只满足一个条件，就是弱意义上的解释。

阿欣斯坦认为以前批评亨普尔或者萨尔蒙的解释模型的都不是在语境或者语用的基础上，他认为语用的概念是不清楚，他还试图给出解释语句即包含解释名词（explanation）和解释动词（to explain）的语句的语用学的真值条件。阿欣斯坦认为"论述 A 解释事实 X 给某人 P"，必须针对特定解释者或者被解释者或者特定的解释者或被解释者的类型，解释必须针对解释的主体，否则，科学解释模型就不是真正的语用学意义上的科学解释模型。在此意义上，有些理论不是语用解释的。我们通过阿欣斯坦的解释是语用学解释的条件看范·弗拉森的语境相关解释模型。在阿欣斯坦看来范·弗拉森是非明确的语境，因为他的解释语句不包括解释者或被解释者，隐含的语境即解释语句的真值条件包括解释者或者被解释者。解释者具有意图和信念，但并非真值条件包括解释者或被解释者。按照阿欣斯坦的标准甚至范·弗拉森的语用学科学解释模型都不能算作语用学意义上的解释模型了。

第四节　对以言行事行为模型的评价

范·弗拉森和阿欣斯坦都承认解释是依赖于特定的语境。对科学解释的语境的分析转换了人们的思维视角，超越了逻辑经验主义"所有解释都是唯一地运用语形和语义分析"的教条，使科学解释范式发生了从静态科学逻辑向动态科学语用学的转变。但是由于阿欣斯坦对语境的分析不够深入，也出现了一些问题。

阿欣斯坦基于语用分析的解释模型，其核心是语境，它根据作出解释的解释者来阐明事实，要求按照语境的指导，从而在被解释者中把理解解释者的意向以及把解释行为置于核心位置。这样一种反逻辑主义的思维，反对解释独立于语境以及所有好的科学解释都必须满足逻辑条件，而认为解释依赖于主体以及解释语境的差异。阿欣斯坦与范·弗拉森相同之处是把科学解释研究的重点放在"解释"上，不像亨普尔等人把科学解释的研究重心放在"科学"上。阿欣斯坦也想尝试性地给出语境相关的标准。如果"S 在特定语境言说 P"与 S 的解释行为相关只有："P 是关于 Q 的完全满足命题；P 中的解释行为是正确的；P 通过言说 u 衍推出命题。"① 通过阿欣斯坦给出的语境相关的条件我们看出，阿欣斯坦认为没有必要强调定律在解释中的作用。解释也不是论证，解释只要满足解释者的行为可以让被解释者衍推出被解释项即可。阿欣斯坦认为一个解释之所以是解释是因为其满足了解释语句的形式，阿欣斯坦的解释不涉及经验的内容，很难保证解释的恰当性。

阿欣斯坦认为以前批评亨普尔或者萨尔蒙等人的解释模型都不是在语境或者语用的基础上。阿欣斯坦认为前人对语用学科学解释的定义不清楚，他试图给出语境清晰的定义，按照阿欣斯坦对语用学科学解释模型的要求，有些解释不是语用学意义上的解释。阿欣斯坦给出了语用学科学解释需要满足的条件："1. 解释语句中包含特定或特定类型的解释者或者被解释者的术语；2. 解释语句的真值是否随着解释语句中的解释者或者被解释者的改变而改变。"② 两个条件都满足是强的语用学意义上的解释；只满足第一个条件是弱的语用学意义上的解释。语用解释的语句类型形如以下的形式："论述 A 解释给某人 P 事实 X"或者"解释者 S 通过给出论述 A 解释 X 给某人 P"等等。如果一个人要坚持语用的解释观点，他必须要运用解释语句的某种形式。

阿欣斯坦认为自己提出的以言行事行为模型给出的解释语句"S 通过言说 u 解释 q"是强语用意义上的解释模型，因为，此解释语句包含解释者，此语句的真值条件也随解释者的改变而改变。在阿欣斯坦看来，范·弗拉森的语用学科学解释模型是非明确的语境意义上的，因为范·弗拉森的解释语句不包括解释者或被解释者。阿欣斯坦的语用学模型的外延非常狭窄，甚至把范·弗拉森的语用学解释模型排除出语用学解释模型的范围，也揭示阿欣斯坦对语用学科学解释模型的认识不够全面、深刻。

阿欣斯坦关注解释中解释者的行为，认为解释者必须有意图地解释，并且能够让被解释者理解被解释现象就可以了，这样就很难把解释者的解释行为与巫师的行为区分开来。在语义学解释模型中认为解释不相关的因素在阿欣斯坦看来成为解释相关的因素，说明阿欣斯坦的语境

---

① P. Achinstein, The Pragmatic Character of Explanation, Philosophy of Science Association, Vol. 2, 1985, p. 275.

② Ibid., p. 292.

相关标准又过宽。

阿欣斯坦过分强调解释中作为解释主体的行为的作用，反对解释具有共同的特征。针对每个人有不同的解释，不同的解释者对同一现象也有不同的解释。每个解释主体的背景知识都不同，对一个解释的评价很难有一个统一的标准。阿欣斯坦认为不同的语句有不同的真值条件，也就等于说科学解释没有明确的语用形式。阿欣斯坦过分强调解释的个性，忽视了解释的共性。

第五节　语用解释成功的条件分析

范·弗拉森认为不同的人由于语境和背景知识的不同有不同的解释，Why—问题的提出和回答，以及对解释的评价都需要语境。阿欣斯坦认为针对不同的人有不同的解释，要分析解释的行为和解释者的意图，对解释的评价也离不开语境。

解释依赖于主体，由于解释语境的差异，不同解释主体形成不同的提问方式，因此形成特定的回答方式，形成特定的解释形式。并无单一的解释相关关系，而是，相关是基于人的愿望和兴趣，并不可避免地从一种语境到另一种语境的变化。解释不仅仅是句法和语义分析。科学解释应该从解释共同体的意向、心理和行为等各个方面认识，语境以某种方式决定着相关性，并超越了我们的科学理论提供的信息的相对性。

范·弗拉森提出 Why—问题的提出、回答以及对解释的评价的过程都依赖于科学语境中的背景知识。解释是科学的仅当它们依赖于科学理论和经验。没有因素是解释相关的，除非它是科学相关的。在科学相关中语境相关是重要因素。

Why—问题的提出意味着人类面对着困惑，科学解释的主要功能是消除提问者的困惑，因此科学解释不可能是一种纯思维过程，它不可能只在头脑中展开而不获得外在的表述。事实上，科学解释只是在提问者和解释者的信息交流中才能完成，因此，解释是一种言语行为。

一个成功的科学解释一定会取得明显的语言效果，那就是提问者困惑的消失。因此科学解释从某些方面来看可以视为以言取效的行为。同时，科学解释也可以看作以言行事行为，因为解释者总是带有传达某种信息的意图和目的在执行这种行为。

科学解释在传达解释者的信息和消除提问者的困惑两方面都取得成功就是好的科学解释。对科学解释的行为分析为一个成功的科学解释所必须满足的若干充分必要条件，这是采取的"显示"（explicit）的定义，"显示定义就是给出了某一事物、事件、状态、过程或性质之为所定义术语（term）的一个实例（instance）的必要且充分的条件"。① 这些条件单个看来是解释的必要条件，合起来看是解释的充分条件。这种分析所涉及的方面或因素将包括解释者本身的意图和目的，解释行为过程中所使用的语句以及提问者关注的问题、知识状态和理解能力等等。

对科学解释的行为分析的核心是科学解释行为所遵循的行为准则。一个科学解释的行为就是一个回答问题的行为，回答问题的行为可以有不同的方式。所谓准则就是制约着回答行为以及回答中给出的语句的一些规则，解释者在执行解释行为的时候，总是对执行行为的方式有所考虑，总是对回答中所使用的语句有所选择。一个人考虑和选择的依据，便构成了这个人的解释行为的准则。

一个成功的科学解释遵循的规则至少有三个因素：

1. 只要解释者的意图是想使受话者理解 Why—问题的话，他就要避免使用受话者听不懂的语言。解释针对不同的解释者要实施不同的解释行为，解释者在完成解释行为的时候，若使用语言表达式 u，那么他一定要能肯定他的受话者理解 u 的意义。一个科学解释若不能为受话者所理解，它就不是一个成功的科学解释。一个不为任何人理解的科学解释，不能算科学解释。

2. 一个成功的科学解释不仅应当能够使受话者理解，它还必须要能够为受话者也就是被解释者提供新的信息，改进受话者的知识状态。

科学解释是一种传递科学知识的行为，只有当它所传递的知识为受话者所接受、理解，解释才算成功。如果解释没有为被解释者提供新的知识，被解释者已经掌握的知识不需要解释者的解释。被解释者也不会对自己已经清楚的知识提出需要解释者解答的问题。例如，我们对于在课堂上教师对学生的提问不是出于教师对自己知识的迷惑，所以，学生对教师的问题的回答是针对教师这个受话者提出的问题的合理回答，但

① A. Rosenberg, Philosophy of Science, A Contemporary Introduction, London and New York: Routledge, 2000, p. 23.

不是关于老师提出的问题的科学解释，因为学生的回答没有为教师提供新的信息。所以，解释必须要保证改进被解释者的知识状态，这样的解释才是成功的解释。

3. 一个成功的解释者必须能够肯定，他所解释的是受话者并不理解、但又非常渴望理解的 Why—问题。

有个青年问爱因斯坦"什么是相对论？"爱因斯坦答道：你和一位年轻美丽的姑娘在一起的话，过一个小时就像一分钟那么快；当你坐在一个火炉上的时候，过一分钟就像过一小时那么久。爱因斯坦了解到这个青年渴望理解相对论，但是碍于这个青年的知识背景的局限，爱因斯坦不可能用物理学知识给这个青年提供一个关于相对论的科学的解释，只能对这个不懂相对论的青年提供一个合适的解释。如果比如说问这个问题的人是物理学家玻尔，玻尔提出这个问题的原因也是他并不理解相对论并且非常渴望知道相对论的内容。玻尔一般不会向爱因斯坦提出"为什么地球围绕太阳转？"这样的问题，因为在玻尔的背景知识里面已经存在着这个问题的答案。如果爱因斯坦像回答青年人那样回答玻尔是不恰当的。

既然科学解释因人而异，没有针对所有人的科学解释，不同的共同体具有不同的价值取向和世界观，那么评价也要针对不同的人。一个给定的回答对于特定的人而言可能是好的科学解释，但它对于另一个人来说就可能不是好的科学解释。有时这个人还认为此问题是一个不需要解释的问题，或者他认为回答并没有解答清楚，或者根本就与他对问题的困惑不相关。因此，只有相对于不同的解释主体而言，才可以说这个解释是否恰当。

第五章　科学解释的概率模型

自从亨普尔提出科学解释的归纳—统计模型开始，概率就进入了科学解释的研究范围。不管是解释的语义学模型还是语用学模型，都关注解释中的概率，亨普尔认为解释需要高概率的支持，萨尔蒙反对亨普尔的高概率的要求，在萨尔蒙的解释中，给定 A 时 B 的概率不等于绝对 A 的概率，A 才解释 B。范·弗拉森在《科学的形象》中的第六章专门讨论科学解释中的概率，可见，概率在科学解释不管在语义学解释模型还是在语用学解释模型中都是特别重要的，范·弗拉森还区分了认知概率和客观概率，认为认知概率和客观概率是不同的，"这种概率和命题本身自然而然具有的概率或者和命题与所涉及的事实相比较而具有的概率，并不是同一种类"。[①] 下面我们介绍几种有关概率的解释模型。

第一节　概率解释的演绎—律则模型

雷尔顿（P. Railton）在 1978 提出了一种解释的新模型，也就是"概率解释的演绎—律则模型"（Deductive – Nomological Model of Probabilistic Expalantion），简称为 D—N—P 解释模型。他把世界看成一个有内在机制的机器提出了科学解释的模型，能够解释亨普尔模型不能解决的低概率事件。

D—N—P 的解释模型如下：

a. 理论推导出 b 形式的概率定律　　　　　　理论推导

b. $\forall t \forall x \, [Fx, t \rightarrow (Gx, t) = r]$　　　概率定律

c. Fe, t_0　　　　　　　　　　　　　　初始条件　} 演绎论证

d. $P(Ge, t_0) = r$　　　　　　　　　　事件倾向

---

① Bas. C. Van Fraassen, The Scientific Image, Oxford：Clarendon Press, 1980, p. 158.

e. Ge, t_0 附加解释[1]

其中 e 行表示被解释项；Ge，t_0 表示 e 在 t_0 时刻具有 G 属性。

以原子 U^{238} 自发的 α 衰变的量子力学解释为例。如果我们想解释 U^{238} 衰变现象，首先要知道 U^{238} 的半衰期，确定衰变规律和其他附加条件导出 U 的衰变概率才能解释 U 的衰变。（1）由一个基本理论（量子力学）来导出 U^{238} 的衰变半周期为 450 亿年。（2）确定 U^{238} 的单个原子在 T 时间里的衰变概率规律。（3）陈述被解释对象 u 的初始条件。（4）导出 U 的衰变概率。（5）说明 u 实际已经衰变了。根据以上条件，U^{238} 衰变现象解释的 D – N – P 模型如下：

（1）从量子力学中导出（2）

（2）（X）（$G_x \rightarrow P_r$（F_x）$= r$）

（3）G_u

_____

（4）P_r（F_u）

（5）u 实际上衰变了，即 F_u

D—N—P 模型把解释的重点放在 U 衰变的概率而不是 U 是否衰变。至于衰变的概率和它实际上衰变了到底是什么关系，这既不是演绎相关也不是归纳相关的，因此解释不是论证。D—N—P 模型与亨普尔的 I—S 模型是不同的，根据亨普尔的解释模型，我们只要知道 U^{238} 的统计规律和线性条件就能知道是否能够解释 U^{238} 衰变。如果统计规律是高概率的就能解释为什么 U^{238} 衰变，如果概率是低概率就不能解释为什么 U^{238} 衰变。但雷尔顿的 D—N—P 模型因其注重对于事件的内在机制的阐明，因此即使是低概率事件也可以得到解释。

与亨普尔的解释模型比较，雷尔顿的 D—N—P 模型有五个特征：

1. 所有解释都是客观的；

2. 解释是提供相关信息；

3. 解释不仅仅需要定律，而且需要内在机制；

4. 真正的概率解释需要概率定律，这预设了非决定论；

5. 概率解释无须高概率要求。

_____

[1]　Railton P. A, Deductive – Nomological Model of Probabilistic Explanation, Philosophy of Science, 1978, pp. 206 – 226.

雷尔顿的 D—N—P 模型的范围有的时候过窄，在不能用物体的内在机制的概率事件，就不能运用雷尔顿的 D—N—P 模型。比如，抛硬币国徽面朝上的有很多随机因素使得我们不能阐明其内在机制，那就不能解释这个事件，而运用亨普尔的归纳—统计模型就能够解释。其次雷尔顿的 D—N—P 模型把解释变得复杂了，比如，春天冰雪融化可以用热力学来解释，如果按照雷尔顿的解释模型，必须把其内在机制找到才可以，这样就使得解释变得非常烦琐。

雷尔顿采用的是倾向概率，倾向是不确定性的因果关系的趋势，倾向不可能从现在向过去运行，因此，雷尔顿的 D—N—P 模型用于解释单个事件的概率倾向是物理概率，而非统计概率。这与亨普尔的统计概率解释不同。

雷尔顿把解释看成是客观的，排斥主体信念，他立足于客观概率的基础上，没有考虑主观概率，因此导致其模型遇到了困境。

第二节　解释的或然性模型

汉弗莱（P. Humphreys）在《科学解释：原因，某些原因，只是原因》（*Scientific Explanation：The Causes，Some of the Causes，and Nothing But the Cause*）中提出了科学解释的或然性模型（the Aleatory Model of Scientific explanation），他从因果或概率角度给出科学解释的模型。科学解释的模型普遍都认为在解释项中包括定律性陈述，至少要包括似律陈述。汉弗莱认为，与其说是定律在解释中发生作用，不如说是原因（cause）发挥解释作用。

同样认为在解释项中发挥作用的是原因，汉弗莱的或然性模型与费茨尔的因果相关模型不同。汉弗莱认为原因导致一种可能性，也就是或然性，这种或然性是与概率有关的。汉弗莱认为所谓的原因就是导致解释项概率变化的因素，解释就是概率的变化。被解释事件的概率的变化是由原因引起的。如果 C 引起 E 的概率的变化，那么 C 就是 E 的原因，相应的原因就是解释。所以科学解释实际上就是寻找解释事件的原因。

汉弗莱认为在解释项中的概率是很重要的，但概率的值是不重要的，只要概率值有变化就可以了，甚至概率的值降低也可以。汉弗莱认为，要解决亨普尔高概率要求遇到的困难，萨尔蒙对概率作极限频率的理解是错误的，费茨尔从本体论进路来看概率的倾向性也不行，要想彻底解决科学解释中遇到的困难，必须修改概率观。

汉弗莱认为原因导致概率的变化是恒定过程，被解释项出现的原因就是在任何环境条件下都恒常地以同一方式改变着被解释项的概率的因素，因此一个解释或一个或然的解释必须尽可能多地提供被解释现象的概率原因。当然要列出能改变被解释现象出现的概率所有的因素是不可能的，且像 D—N—P 模型那样列出那个概率的值也是不可能的。因为我们不可能不遗漏一些决定概率值的因素。因此一切解释都只能是部分的，并且有不同正的和负的因素在竞争着的，当其中某种因素变得压倒其他因素时，解释本身就会发生变化。

这个模型的最大优点就是比 D—N—P 模型更加着重于它的本体论基础，从而要求给被解释者一种多元的理由去说明为什么以及怎样发生改变被解释者出现的概率的那种情况，由一种什么样的结构或机制导致被解释者概率的恒常改变。

汉弗莱的或然性解释模型的逻辑表达式可以表示如下：

(1)　$(x)(x \in K_i \rightarrow M(x))$

(2)　$(x)(M(x) \rightarrow P(O_x \mid C_x, F) > P(O_x \mid \neg C_x, F))$

(3)　$(u \in K_i) \& C_u$

(4)　O_u

这里 $M(x)$ 为导致 x 出现，即 O_x 的概率提高的机制，K_i 为一个物类，C_x 为 x 具有条件 C，P 为概率，汉弗莱的解释模型，也不是一个演绎论证结构，而是阐明或然作用机制的陈述步骤和陈述结构。

汉弗莱的独到之处在于对原因和结果之间恒定性的探讨：他把环境因素也就是语境因素引入因果的原因导致结果的概率变化中。他提出必须把单个序列 BA 放到一个环境 X 中，它才是因果序列。B 引起 A 的变化，B 增加了 A 出现的频率就不再是单个事件的关系，而是事件的序列。汉弗莱把对单个事件的把握放在事件序列中，对因果的理解由同类事件的一个事件、一种事件转变为事件类型。汉弗莱的因果关系预设单个事件是背景事件中的一组，我们对单个事件的把握是为了找出一组事件和事件类型关系，找出因果的普遍性概念。如果 A 改变概率，那么 BA 是普遍性的因果序列。在科学解释中找原因，即使是单个事件之间的关系，也必须归属于不同事件序列的因果关联，凸现因果关系的普遍性，科学解释是对因果关系普遍性的把握。

汉弗莱区分了促进原因（contributing cause）和阻止原因（canteracting cause）。有的原因促进 A 产生，有的原因阻止 A 产生。BA 所处的环境 X 不影响 A、B 之间的几率的增加。所谓促进原因就是 B 恒定增加 A 的几率，汉弗莱强调 B 增加 A 的几率的充分性，如果 B 出现，那么 A 出现的几率就增加，那么 B 对 A 的出现就具有充分性，充分性是恒定性的另外一种说法。

汉弗莱认为几率本身无因果作用可言，几率只是我们测量因果的标志。几率也不是发挥因果作用的因素，它只是体现因果作用的指标，这就否定了解释中统计的决定性作用，统计相关不是解释相关。

汉弗莱的因果作用与传统决定论意义上的因果不同，他认为因果可以容纳概率、几率等统计因素。他也不同意概率的极限频率观。统计的定律需要多次的实验，只能在长试（long‐run）频率才能导致几率的提高。在短试（short‐run）情况下，提高几率可能导致相对频率降低。所以，汉弗莱否认从极限频率观界定概率。汉弗莱认为因果作用里面的概率不是极限频率意义上的概率。或然性模型要求原因恒定的改变结果出现的概率，此原因要么是促进原因要么是阻止原因。使其概率增加的原因是促进原因，使其概率减少的原因是阻止原因。原因可以用区分不同频率的概率来表达，新的概率是基于几率的变化。在解释中概率的值不重要，重要的是概率值的变化。

在环境中考虑导致结果的原因，原因和结果的关联是物质世界的客观关联，这不是逻辑意义上的必然关联，也不是心理的联想性。因果性是单个因果序列的普遍性，因果的普遍性是归纳或推理式的。汉弗莱强调单个序列不能因其符合某种规则性就具有了因果性。我们也没有必要假设每个因果序列都靠公理性预设来表达，在自然界中存在我们不能把握的非因果关系。我们不必假定每件事情都有原因。因果的恒定性条件要靠实验检验。

全部列出能改变被解释现象出现的概率的因素是不可能的。因为我们不可能不遗漏决定概率值的因素。因此一切解释都只能是部分的，并且有不同因素（促进因素、阻止因素和无关因素）相互竞争，当其中某种因素压倒其他因素时，解释本身就会发生变化。所以，汉弗莱的模型叫作或然性解释模型。

汉弗莱强调概率与几率的区分，反驳极限频率观，把解释等同于用概率刻画的因果关系。这个模型的最大优点就是看重本体论基础，从而要求给被解释者一种多元的理由去解释为什么以及怎样发生，改变被解释者出现的概率，这由一种什么样的结构或机制导致被解释者概率的恒常改变。

或然性模型的存在的问题表现在或然性模型的纲领太强，尽管隐含了一些关于环境的叙述，涉及解释中的语境因素，但操作起来非常困难。

第三节　知识状态的概率模型

瑞典科学哲学家加尔登福尔斯（P. Gardenfors）早在 1980 年的论文《关于解释的一种语用研究》（*A Pragmatic Approach to Explanations*）中就提出一种知识状态理论对科学解释进行语用研究。解释在亨普尔看来是解释项和被解释项之间的推理关系。加尔登福尔斯认为解释仅仅考虑解释项和被解释项之间的逻辑关系是远远不够的，还要从语用维度考虑问题，解释必须提供解释者的信息。他基于知识状态来评价解释语句和被解释语句之间的联系。

一　解释中不同的知识状态

加尔登福尔斯主要分析了可信度、知识状态以及知识改变等概念。他创立了知识状态的形式模型，这些模型本质上由属性定义的概率测度和命题的可信值测度所构成。

一种知识状态可视为一个人在某一时刻所具有的知识，它可以表述为一组彼此无矛盾也没有逻辑蕴涵关系的语句。一个解释的解释项传达了关于被解释项的某种信息。当一个人需要对事实 E 加以解释时，他通常都知道 E 为真。"解释项传达的信息并不改变他在眼下的知识状态中有关 E 的信念，这个知识状态就是 K_E"，[①] 成功的解释就是减少事实 E 的惊人值。K 通常代表一个人在知道 E 以前所具有的知识。

---

① P. Gardenfors, A Pragmatic Approach to Explanations, Philosophy of Science, 1980, pp. 404 – 423.

　　加尔登福尔斯把一个语句 E 的解释区分为三种知识状态：第一种状态为我们知道被解释的事实 E 为真，但是不知道其原因，这种他称为 K_E；还有一种状态，在其中我们不知道 E 为真，他称这种状态为 K，K 是我们发现 E 为真并改变我们的知识状态到 K_E 之前所处的知识状态。当我们提出一个 Why—问题的时候，我们一般知道 E 为真，我们提问的原因在于我们没有料到 E 为真。假若由我们知识的"其余部分"可以断定 E 为真或将为真，则我们就不必解释了。亨普尔仅仅提到当一个人得知 E 为真时的知识状态 K_E，一个解释项的评价应该与人们知道 E 为真之前的知识状态 K 联系起来，最全特征要求只有在这种知识状态中是适用的。除了 K_E 和 K 之外还有一种知识状态 K_{TUC}，K_{TUC} 是当解释项 TUC 被接受为知识时由 K 得出的状况。仅当 TUC 构成对 E 的演绎解释时语句 E 在 K_{TUC} 中才是已知的。解释常被视为对 Why—问题的回答，任何问题在于表明提问者不知道该问题的答案且他想知道这个答案。

　　一个人在某种情形中所具有的一种阐释知识的方式就是描述他知道的东西。比如亨普尔把知识状态描述为这样一组语句：它们被假定为无矛盾且没有逻辑蕴涵关系的语句。人们阐释知识的另一种方式是描述他们所不知道的东西，比如，指出世界的何种状态与他们知道的东西相一致。你所知道的东西越多，与你所知道的东西相一致的世界状态就越少。世界状态中的所有可能的世界状态的集合是加尔登福尔斯的知识状态模型的基础。

　　加尔登福尔斯也默认解释是对 Why—问题的回答，并且 Why—问题的主题必须是真的。"当你提出一个'为什么 E?'之类的问题，你通常都知道 E 为真。你提出的原因在于你未料到，或者你自称未料到 E 会为真。"[①] 按照加尔登福尔斯的理解：首先，我们提问一个 Why—问题在于我们对这个问题有困惑，对问题没有困惑时，我们一般不提出 Why—问题，比如我们知道"物体间有引力是由于物体的质量"，我们一般就不会问"为什么物体间存在引力?"这样的问题，因为在我们的背景知识中这已经不是一个问题了；其次，我们问的问题不能是假的，也就是

---

① P. Gardenfors, A Pragmatic Approach to Explanations, Philosophy of Science, 1980, pp. 404 – 423.

问题的主题是真的。比如，在当代科学知识背景中，我们不会问："为什么太阳围着地球转？"因为我们都知道"地球围着太阳转"；再次，提问的问题不能由我们的背景知识推导出来，"假若由你知识的'其余部分'可以断定 E 为真（或将为真），则你就没必要解释了"。①

加尔登福尔斯认为一个知识状态由三个部分构成。"1. 一个可能世界状态的集合 w；2. 对每一个世界状态 w，有一个概率测度 Pw，它是由 w 中个体的集合而定义的；3. 一个信念函项 B，它是世界状态集合的概率测度。"② 世界所有可能的状态在一种特定的知识状态中具有的概率是不同的。

二 解释就是增加被解释项的可信值

对于 Why—问题的恰当回答即解释，解释应该改变知识以增加被解释项的可信值。亨普尔认为解释项必须为被解释项提供高概率才是可接受的解释。演绎解释可以最大限度地增加被解释项的可信值，在这个意义上，演绎解释是最好的解释因为它增加被解释项的可信值。归纳解释要想增加被解释项的可信值就必须提高解释项的概率值。加尔登福尔斯认为亨普尔所要求的解释项的高概率要求不是解释的必要条件，解释的可信值只要超过由解释语句获得信息之前对被解释项的可信值就足够了。亨普尔认为被解释现象是由解释现象逻辑推导出来的，被解释项所描述的现象是在预料之中的，而加尔登福尔斯认为解释只要降低被解释项的惊人值就可以了。

加尔登福尔斯认为我们每个人都有一个主观的概率，同时，在一种特定的知识状态，世界的所有可能状态也未必具有相同的概率。在判定一个有关 E 的解释时，我们不能借助"客观"概率测度来描述，应该借助"主观"概率测度来表达。他把解释作为个体间信息交换的一种形式来研究。

形如"E，因为 E"的解释虽然真且增加 E 的可信值，但它没有提供任何信息。解释项应该传达与一个人在知道 E 为真时所具有的知识相

① P. Gardenfors, A Pragmatic Approach to Explanations, Philosophy of Science, 1980, pp. 404 –423.

② Ibid. .

关的信息，而"E，因为 E"没有传达解释者具有的知识的任何信息。解释项不应由给定知识状态中已知的东西推导出来，更不应由被解释项自己推导出来，因为在这种知识状态下，解释者已经具有了关于被解释项的知识，也知道如此这般的原因，此时不需要解释。如果把"E，因为 E"作为解释，那么解释自身就成为了自己的原因。归根结底，"E，因为 E"没有增加被解释者对被解释项的可信值，所以，亨普尔的自解释问题可以自动地从解释中排除出去了。

按照加尔登福尔斯的观点，如果假定了一种基本的知识状况，解释项可被接受为对被解释项的完全令人满意的解释。在解释中，被解释项的可信值必须增加。"解释项应有意义地增加被解释项的可信值，这就是我的中心思想。"① 举例说：琼斯没有怀孕，因为他按时服用了太太的避孕药，每一个按时服用避孕药的人都不会怀孕。这个例子在加尔登福尔斯看来不能称之为解释，是因为我们通过背景知识可以知道，男人都不会怀孕。即使我们知道了琼斯服用了避孕药，我们对琼斯没有怀孕的可信值并未增加。所以说，一个解释应该是相对于人的背景知识，解释是提高被解释者对被解释项的可信值，减少被解释项的惊人值。

解释不只是有对错之分，还有一个程度问题。一个解释对解释项的可信值增加越多，这个解释就越好。如果对同一个被解释项有两个解释，其中一个可能比另一个增加更多的可信值，在这种情况下，人们倾向于放弃后一个，且不再称其为解释。如果人们没有前一个解释，认为后一个解释增加被解释项的可信值是最大的，则可能会接受后者。这点与阿欣斯坦不谋而合。

三　解释体现被解释者对被解释项的信念

解释应该提供给被解释者相关信息以减少他对被解释项的惊奇值，解释必须考虑解释者的相关信息，这也符合语用学科学解释的特征。加尔登福尔斯的语境不同于范·弗拉森的语境，加尔登福尔斯的语境不但包括了对解释项和被解释项所含语句的逻辑分析，还考虑了不同的知识状态。加尔登福尔斯的知识状态模型认为亨普尔仅仅关注

---

① P. Gardenfors, A Pragmatic Approach to Explanations, Philosophy of Science, 1980, p. 405.

解释项和被解释项之间的逻辑关系，对解释的阐述是不恰当的。解释的关键在于把演绎解释和统计解释与知识状态相联系。演绎解释和统计解释都是依赖于语境的知识状态的形式，而亨普尔忽视了对解释者的知识状态的区分。

加尔登福尔斯认为，如果语句 E 描述的个体事件不被 H 期望，表明 H 原来的知识表达对描述事件 E 有很低的信念值。加尔登福尔斯认为不需要提高答案的信念值到 1 或者大于 0.5，解释项只要提高被解释项出现的概率到令被解释者满意即可。在 K_E 知识状态中 E 为真，概率值为 1，我们不可能再增加 E 出现的概率值。加尔登福尔斯认为对概率 h 的解释就是提高最初认知状态的 E 的相对值，问题状态的信念值减去最初认知状态的信念值就是我们的理性期望度。

加尔登福尔斯的模型有利于找到最佳的解释，要想找到最佳的解释，必须增加最初知识表达的信念值，对最初知识表达进行全称或者统计的概括，提高 E 的知识状态与答案的相关关系。

四　知识状态模型存在的问题

加尔登福尔斯的模型也存在一些问题，假定提高信念值到令人满意的程度就是解释。在 K_E 中被解释项 E 的信念值是 1，我们如何知道要增加哪方面的知识从而使得信念值增加呢？在统计解释中，E 在问题表达 K_E 中的信念值高于尚未确定的相应的最终表达，统计解释也不可能增加被解释项 E 的信念值达到 1，那么到底多高的信念值是我们追求的目标呢？摆脱此问题的困难是否定在问题情境中的解释有最大值 1。被解释者 H 的背景知识发展到了 E 成为问题的时候被解释项才突出出来，才需要解释。

知识状态模型认为特定的问题在没有令人满意的答案的时候就引出解释，也就是说解释不仅仅涉及 Why—问题，还涉及了 What—问题、How—问题等等。

加尔登福尔斯知识状态模型认为解释和理性主体的知识情境或认知状态有关，在他看来亨普尔的逻辑工具对解释的阐明不够恰当。解释与解释者和被解释者的共同的背景知识、信念和兴趣有关。解释的言语表达式 u 引起 H（被解释者）认知的改变，u 带来 H 不知道的知识。解释者 S 认为 u 不增加与主题无关的 H 的负担，不改变被解释者 H 的知识状态。

第四节　科学解释中的认知语境和知识状态

通过上述对认知语境和知识状态的分析，我们可以对科学解释有一个新的认识。我们试图把解释中的语境界定为认知语境，在解释中着重分析解释主体的背景知识。认知语境是相对于传统语境而言。传统意义的语境（context）包括范围很广，涉及语言的上下文、时间、话题、说话方式、人际关系、人们对世界的知识、人际间的相互了解、社会文化等。学术界一般把语境区分为四类：（1）背景语境，包括社会政治背景、风俗习惯、自然环境等；（2）情景语境，包括特定的场合、时间、地点、交际对象、体态表情等；（3）言辞语境，包括上文、下文；（4）延伸语境，包括由上下文推出的语义蕴涵、预设等广义语境。科学解释是与解释者紧密联系的，因此，想对科学解释有深入的认识，必须要分析语境。

一　认知语境

随着认知科学的兴起，很多语言学家把客观世界中种种制约话语的因素定格在人的认知前提之下，把语境对话语的制约看成是与交际者的智力、性格、情感、信念、意图等相互作用的结果，这样就形成认知语境（cognitive context）。认知语境是在传统语境的概念上发展而来，它把人的认知能力和语境结合起来。认知语境把传统语境所包含的内容结构化和认知化，它不但包含了传统语境研究的内容，而且包含语言使用者大脑中所有关于世界的假设以及语言使用者的认知处理能力，为语用推理提供了一个平台。认知语境就是"人对语言使用的有关知识，是与语言使用有关的已经概念化或图形化了的知识结构状态。"[1] 熊学亮这样论述认知语境："人的知识结构是对外部世界结构化（即概括或抽象化）的结果，而具体场合及个人经常用到或出现的语言使用特征，也可以在大脑中结构化。这样一来，原来的知识结构就变成了推理的逻辑部分，原来的具体语境因素就变成了大脑中的种种关系。比如一提到某一

---

① Sperber, D. & Wilson, D., Relevance: Communication and Cognition, Oxford: Blackwell, Publicers Ltd., 1995, Second Edition, p. 25.

具体场合，便会自然想到在该场合可能使用的语言表达；一提到某种语言表达，便会自然想到与这种表达有关系的具体场合。这种语用因素结构化、认知化的结果，就是大脑中的认知语境。"①

认知语境与传统语境是有区别的，传统语境认为理解话语的语境，一般说来是事先固定的，理解话语靠的是语言的解码（decoding）；认知语境概念则认为理解话语要看语境，而语境同样要在语用的一般原则下形成假设，通过认知过程形成新的语境，从而揭示话语显义（explicature）的内容和隐义（implicature）的内容。

认知结构也称作背景知识，是人类对世界的假设和概念的内在的认知能力。受话者对世界的假定以概念的表征储存在大脑中，构成一个人的认知环境，一个人的认知环境是一系列可以映现的事实或假设的集合。认知环境包括各种各样的信息，这些信息构成潜在的认知语境。说话人的话语信息与受话人的认知图式相匹配，达到知识共享，从而给隐含的推理提供证据，否则意图传递受挫，交际无法进行。

认知语境是社会心理性质的，因为在具体语言使用过程中所涉及的情景知识（具体场合）、语言上下文知识（工作记忆）和背景知识（知识结构）三个语用范畴所构成的认知环境是社会中人所共享的东西。尽管人与人之间的差异肯定存在，但是人与人之间相似是主流，否则人际交往就难以进行。人们的交际往往是建立在交际双方的共有知识与非共有知识相互作用的基础上的，交际双方毫无共有知识的交流是无法进行的，也是不存在的。认知语境又代表着社会团体所共有的集体意识，这种共有的集体意识在个人的知识结构里以"社会表征"（social representation）的方式储存下来，以协调人际间的行为和语言使用，使之适合社会、文化和政治环境。

莫里斯（C. Morris）把语用学看成是探讨语言符号与符号使用者关系的学科，格赖斯（H. P. Grice）、奥斯汀（J. Austin）等人认为符号信息和交际意图有关系，是由推理支撑的超符号关系。斯波伯（D. Sperber）和威尔逊（D. Wilson）在《关联性：交际与认知》中把格赖斯的超符号关系的研究引入了认知的轨道，提出了"关联理论"，并且提出了关联理论的以下两个原则：

① 熊学亮：《语用学和认知语境》，《外语学刊》1996 年第 3 期。

1. 认知原则：人们的认知倾向于同最大关联相吻合。

2. 交际原则：交际行为都应该设想与它本身具有最佳关联。①

这两个原则凸显了语境的重要性。根据关联理论，话语理解分为两种阶段：第一阶段是话语的解码阶段；第二阶段是话语的推理（inferring）阶段。在推理阶段，语言编码的逻辑形式在语境中被充实，用以建构说话人的交际意图。

斯波伯和威尔逊的关联理论推理是福多（J. Fodor）认知模块论的改版，福多在他的《心理的模块性》（The Modularity of Mind）中把心、脑从功能的角度划分为两个非常不同的部分——输入系统和中心系统（central system）。输入系统的功能是将器官所受刺激的信息转化为对外部对象的表征，使之成为适合于中心系统加以处理的信息；中心系统的功能则是专司推理、思维和信念的高级处理。福多没有给出模块的定义，但是提供了构成模块的一组确定的标准。模块的标准的两个重要指标为领域特殊性和信息封闭性，其中领域特殊性是一个模块只处理与其特定的功能相适应的内容特殊化的信息。模块作为特殊化的"计算"机制，它只是计算那些受约束的从下而上的特定输入。所谓从下而上和自上而下是认知心理学中的两种相互关联的知觉加工过程。自上而下加工指的是由外部刺激开始的加工，一般先对较小的知觉单元进行分析，然后再转向较大的知觉单元，经过一系列连续阶段的加工而达到对感觉刺激的解释。自上而下的知觉加工是由一般知识引导知觉加工，较高水平的加工制约较低水平的加工。福多的理论是从下而上的知觉加工，他仅仅关注与其特殊处理能力关联的信息。还有一个重要的标准是"信息封闭"（informational encapsulated），也称为"认知的不可入性"（cognitive impenetrability），这是一个系统为"模块"（module）的关键特性。模块除了它自己专有的信息源之外不能利用其他任何东西。一个加工系统若为模块，则它必须通过独立于主体背景的方式加工它的输入，也就是说它是封闭的。认知模块包括涉及一系列假设、命题或意象构成的表征的感知系统和涉及若干演绎逻辑运算规则的中央处理系统。认知模块论认为，人的大脑是一个能形成和转换心理表征（Psychological Repre-

---

① Sperber, D & Wilson, D, Relevance: Communication and Cognition, Oxford: Blackwell, Publicers Ltd. , 1995, Second Edition, p. 158.

sentation）的运算系统，语言就是该系统的操作对象之一，而语言使用涉及语言系统和其他心理表征的相互作用。交际中语用推理不像逻辑推理那样通过一定的前提推导出一定的结论。语用推理过程属于中心系统，与视觉、听觉以及语言解码之间存在着区别。推理的前提是开放性的，任何想象都可以作为推理的前提。

斯波伯和威尔逊的关联理论认为，语言符号的运作或语言交际不是"信息入码—信号—传递途径—接收—信息解码"的单一模式。她们从认知的角度出发，把语境定义为"一个心理结构体"（psychological construct），"语境是心理产物，是受话者对世界的一系列假定中的一组"，[1]并且指出，"正是这些假定而非实际的客观世界制约着对话语的理解"。[2] 这种基于认知语用学理论的语境就是认知语境，即具体或抽象语境因素在人的大脑中结构化、认知化的结果，语言是一个心理结构体。认知语境不仅包括交际的具体环境和上下文的信息，还包括对未来的期待、科学假设或宗教信仰、长期或短期的记忆、总体文化概念以及受话者对说话人心智状态的判断等，这些都对话语的理解起重要作用。在语言交际中，受话者对世界的假设以概念表征的形式储存在大脑中，构成用来处理新信息的认知语境。

关联理论把重点放在了交际与认知和正确理解话语上面，以此来弥补格赖斯合作原则（Cooperative Principles）的不足。话语的关联程度依赖于语境效果和处理努力，语境效果与关联成正比，处理努力与关联成反比。她们把处理努力理解为认知语言环境所消耗的脑力。关联性越强，话语就越直接，认知所耗的脑力越小，给受话者带来的认知负荷就越小；关联性越弱，话语就越隐含，消耗的脑力越大，受话人的认知负荷越大。交际中说话人对认知负荷增减的利用就表现为一种交际策略的利用。从这个角度来看，有意义的信息输入往往比没有意义的信息输入具有更大的关联性。

认知作为一个心理术语，涉及人对信息的选择、接收、处理、理解和储存的能力和过程，关联则牵涉一个省力问题。就语言交际而言，处

① Sperber, D & Wilson, D, Relevance: Communication and Cognition, Oxford: Blackwell, Publishers Ltd, 1995, Second Edition, p. 7.

② Ibid. , p. 8.

理最关联的信息是一个自动倾向，语用者总是能够在所得信息和付出的努力两者之间取得最佳平衡，从而获得最佳信息效益。斯波伯和威尔逊提出的关联理论就是基于这种生物心理性质的"经济原则"，把关联定义为认知关联（人的认知倾向于最大限度地增加关联）和交际关联（交际行为所传递的是最佳关联的假设）。在言语交际过程中，影响话语理解的正是构成语境的这些假设，而不是具体的情景因素。构成语境的因素是语言学家从具体的情景中抽象出来的，这些因素对言语活动的参与者所产生的影响系统地决定了话语的形式、话语的合适性和话语的意义。

二　认知语境的逻辑结构

语用推理是"话语在特定语境中的具体意义的推理"，[①] 传统语境认为语用推理是"一种人的知识因素加上具体情景因素的综合推理过程，话语的理解是建立在交际双方共有知识的基础之上"。[②] 言语交际是受话者根据言说者提供的信息作为推理的前提，结合交际双方的"共有知识"从语用分析中推导出说话人的真正交际意图来完成交际的过程。

斯波伯和威尔逊的"互相显现"（mutual manifestness）观点暗示语言交际还包括非语言现象，这并不是说她们想用推理去取代符号解码，她们把符号作为规约体系以供信息处理使用，而推理则在语境上操作。她们的显现是话语关联的保证，因为这种显现的程度直接影响心理图式（psychological schema）的结构以及表征的排列状态，是语用推理的促成因素。显现也包括话语自身或语言提供的信息，能导致一种将两句看起来似乎不相干的话语拉到一起的逆向推理。她们认为语言交际不存在违背准则的现象，而只是话语或表达和语境之间关联程度的变化。如果我们问"你能吃辣的食物吗？"我回答："我是四川人。"在格赖斯看来这是违背合作原则的，但按照斯波伯和威尔逊的观点，这样的回答也不能影响人们的交际，人们交际中总是在寻求最大关联，受话者认为言说者谈话的目的与此话有关联，然后在自己的背景知识中寻找相关知识来理

---

① 杨百顺、李志刚：《现代逻辑辞典》，湖北教育出版社1995年版，第459页。
② 何兆熊：《新编语用学概要》，上海外语教育出版社2000年版，第203页。

解言说者的话语，所以，这样的交流表面看来违反合作原则，其实并不影响人们的交际。

语用推理不是一般哲学意义上的逻辑推理，并不遵循任何高度形式化的逻辑推理模式，也不是受话者或言说者根据想象进行的随意猜测。"语用推理的本质是概率和或然的，不可能用高度形式化的模式来描述，语用推理只有合理的程度之分……"① 语用推理是话语结构的一个内在因素，说话者或省去了那部分他们认为受话者或言说者已知的或能推断出的信息。

关联理论认为，任何话语都是有关联的，话语的理解过程就是寻找关联的过程；语用者总是在努力找出话语的关联性，使话语在这个语境中具有语境效果。每一个交际行为都传递有最大关联度的假定，说话者总是提供关联度最大的信息，受话者则选择关联度最大的假定推导说话人的意图。语用推理是连锁反应，从一种假设推进到另一种假设，直到对话语作出最相关的解释。"人类自发性的非论证性推理总的来说不是一个逻辑过程，假设形成涉及演绎法则的利用，但不是完全受它们约束；假设验证是非逻辑认知现象。"② 语用推理是类似演绎性质的肯定前件推理（modus ponens），其中推理的大前提是认知环境、逻辑信息、百科信息。比如，我说："今天晚上去看电影吗？"你回答："明天有考试。"这个回答表面上看是违反了格赖斯的关系准则，其实这是一个三段论推导过程的省略形式，受话者要从经验结构找出省略的中间项来补充这个三段论推理。考试就要准备，准备就要花时间，看电影要花时间，准备考试花了时间就没有时间去看电影了等一系列假设，这是由交际双方的共有知识决定的。

关联理论就认为"语言交际的基础是双方共有的认知语境，当然，这并非指交际双方大脑中的一切信息"。③ 所谓共有知识或者共有假设，指的是交际双方知识或者假设的共享区域。可是在绝大多数交际场合，交际双方不能绝对共享这个认知区域。关联理论把语境看成是变项，话语的先前假设和关联性成了常项。事物之间的关联性指话语 P 与语境 C

---

① 熊学亮：《认知语用学概论》，上海外语教育出版社 1999 年版，第 85 页。

② Sperber, D & Wilson, D, Relevance：Communication and Cognition, Oxford：Blackwell, Publishers Ltd, 1995, Second Edition, p. 69。

③ Ibid. , p. 76.

之间的关系：命题 P 在语境 C 中具有关联性，当且仅当 P 在 C 中具有至少一种语境含义。她们把语境看成是心理产物，是受话者对世界一系列假设中的一组。斯波伯和威尔逊把交际过程看作是 P 假设和 C 语境的互动产生语境含义。斯波伯和威尔逊的语境主要是认知性质的，是人们对世界假设的子集。语境是选定的，而不是预先设定的，是言说者的一个重新建构。由语言符号解码产生的假设在这种语境中。通过演绎逻辑规则产生语境含义。由于话语和交际行为都应是关联的，对话语的理解也就成了对关联语境的搜索过程，语境因此成为变项。

传统语境"把语境看成是事先确定的常项，把关联看成是按合作原则进行含义推导后才能确定的变项，而关联理论则把关联看作是常项，而把语境看作是变项"。① 斯波伯和威尔逊认为语境不是常项，语境是认知性质的，是人对世界假设的子集，由语言符号解码产生的假设在这种语境中通过演绎逻辑规则产生语境含义。

在任何交际过程里，交际双方总可以迅速确立关联的假设，因为人有从生物进化而来的迅速捕捉关联语境的能力。她们把言说者的假设和话语关联性作为已知的成分，把语境作为变项。

斯波伯和威尔逊则把言说者的假设和话语关联作为已知成分，把语境作为变项，这样一来，语言交际只有关联程度的差别，而不必再去考虑交际过程中的合作原则了。

三　推理机制不能保障交际的成功

关联理论进一步区分了言语在交际过程中语言使用者对隐义和显义推导的规律的差异。话语的显义是由话语所编码的逻辑形式直接推理而得到的明示假设（ostensive hypothesis），不完整的逻辑形式经过语用推理充实成明示内容，即为显义。隐义是相对于显义来说的，它不是话语逻辑形式的延伸，它是由语用推理得来的明示假设。有些隐含信息是说话者意图表达的语境假设或者作为推理过程的语境前提。隐义的识别过程是人的知识因素加上有关具体语境因素的综合推理过程。人的知识结构是对外部世界抽象化的结果。显义的推导涉及交际时的物理场景信息，而与其相对的隐义推导则涉及百科知识。

---

① 苗兴伟：《关联理论对语篇连贯的解释力》，《外语教学与研究》1999 年第 3 期。

　　语用学家一般认为，推理机制可以保证交际的成功。斯波伯和威尔逊认为，推理机制最多给成功的交际提供了可能，但无法保证交际成功。话语的作用仅仅是把意图通过明示来引起受话者的注意，向受话者显示其关联性，触发受话者的认知环境。交际双方可以共享认知环境，但不可能绝对共享对这种环境的理解或者知识。

　　说话者的意图和受话者对说话者意图的识别之间存在差异，话语有认知效果，但意图识别却无法保证，因而关联理论用"互相显现"来代替所谓的"共有知识"（shared knowledge）。语言交际双方只可能在语言知识方面达成某些共识，如对简单词义的识别，在会话的目的和方向上达成共识是不可能的。信息不关联也没关系，只要表达的手段和交际本身关联就行了。这样，符号和交际意图之间的关系的确立，不再以共有知识或者假设为前提，而是以相对的共有认知环境为基础，因此符号和交际意图之间的关系是或然或者概率性质的。

　　正如斯波伯和威尔逊所认为的，语言交际的基础是交际双方共有的认知环境，并非交际双方的共有知识。推理机制只是给成功的交际提供了可能，但无法保证交际成功。交际双方可以共享认知环境，但不可能绝对共享对这种环境的理解。

　　不同的经历使每个人具有不同的认知信息、知识、信念，具有不同的观察事物的角度。目睹同一交通事故的不同的人不仅会对基本事实有不同的记忆，而且会有不同的解释。医生认为是大量的失血，律师认为是驾驶员的失职，制造商认为是刹车的构造上的缺陷，市政计划人员认为是公路拐弯处的灌木丛过高阻挡了驾驶员的视线，等等，但人们居住和工作的环境、社会文化、认知能力具有共性，使人类具有趋同的经验和认知假设，具有趋同的推理能力。

　　斯波伯和威尔逊对交际中的知识的显义和隐义的区分，是对语用学的一大贡献。格赖斯等人只是讨论语言的命题和命题外的含义，没有人认真讨论过命题自身的充实问题。格赖斯的说出与含义同她们提出的显义和隐义是不完全一样的，格赖斯的说出指的是直截了当地表达一定的命题，为此，受话者只需对话语进行解码就可获得语义。格赖斯的含义则是违反合作原则的各项标准关联，要通过语用推理才能理解，他的会话含义理论所关心的主要是隐义交际，而斯波伯和威尔逊则对显义和隐义交际同样重视。她们认为从显义到隐义经过两个步骤：先由显义得出隐义前提；然后再推导出隐含的结论。显义不但表示话语的命题，而且指出言语行为的类型和提供命题的信息。

斯波伯和威尔逊还区分了两种认知效果：正面的认知效果，比如正确的信念，有利于提高认知效率，这显然是关联性在起作用。错误的信念，她们认为不值得保留，因为没有任何关联性。

斯波伯和威尔逊认为，语言交际中使用到的话语从语义角度考虑，基本上是不完全的。我们理解交际的基础是共有的认知环境。这有利于我们正确审视语言交际的性质；掌握语用演绎逻辑的真谛，便于我们分段处理语用推理；承认语境是变项就可以更加客观深入地研究语用推理；区分显义和隐义，能协调分辨物理语境和认知语境这些语用学的关键概念。关联理论把关联看成是话语语境效果和话语信息处理耗费之间的最佳平衡，适度的信息处理可以加强原有假设或者消除原有假设，甚至与原有假设合并成为新的假设，语境效果就是这三种新、旧语境互动的结果。语言使用者在其认知语境的参与下总是在努力寻找话语和语境假设之间的最佳关联，通过语用认知推理推断出语境暗含，从而获得最佳语境效果，或者说消耗等量信息处理努力去获得较多信息的效果。

斯波伯和威尔逊认为人类的认知都是以相关为方向的，人们关注的是看上去和自身有关的信息，言说者及受话者都是以相关作为交际的准则。从认知语境角度来讲，在成功的谈话中，言说者在语言超载部分表达的信息必然与受话者的认知语境有关，而受话者必须认为言说者省去没说的那部分语言所表达的信息与自身的认知语境相关，从而运用语境推理得出合理的解释。关联理论不仅提出了相关原则，即特定语境的选择是通过寻找相关来实现的，而且创造性地提出了最佳相关的概念。

人们认知信息随着语境信息的增加使话语的意义不断地从抽象到具体，由语言层面过渡到言语层面，最终进入言语主体的心理层次才能消除话语的歧义。令人遗憾的是关联理论在语言操作的微观层次上，并没有给出具体的操作方案。

尽管关联理论对话语的理解存在着某些局限性，但为语用研究提供了一个新的理论框架。它丰富和发展了以往语用推理，反映了现代认知科学的新发展。关联理论将话语的关联性看作一种必然，话语的解释是根据语境变项进行演绎推理的结果，因而倾向于必然性的解释。但是由于交际涉及语言自身的模糊性、交际者的认知局限和复杂多变的心理因素，我们很难确定交际的必然性。

四　解释中的问题和回答离不开认知语境和知识状态

认知语境除了包括传统的语境还包括使用者头脑中关于世界的假设。解释的相关性依赖于解释者的背景知识和兴趣，科学理论并不能提供现成的解释的答案。科学理论或者定律也必须依赖于科学解释中的解释者才能发挥作用。

科学家在观察世界、描述事物和提出问题的过程中，不可避免地受到认知语境的影响。科学共同体也是一样，也会受到共同体的知识状态的影响。不同的人对车祸有不同的理解。对同一个 Why—问题："为什么这个汽车的司机死了？"不同的人可能有不同的理解，有人理解成"为什么这个汽车的司机（而不是其他人）死了？"有人理解成"为什么这辆车的司机死了（而不仅仅是受伤）？"这是由于解释者有不同的兴趣和特定的知识状态以及处于不同的语境决定的。

科学家们所接受的某一个特定的科学解释，必定与他们看待世界的特定的方式和角度相关。面对同一个待解释事件，不同的科学家完全有可能以不同的方式提出一个解释项不同但却同样是正确的科学解释。科学共同体成员的共同的兴趣与科学家的知识结构、职业习惯、科研方法以及所受的专业训练等等联系在一起。同一个共同体的成员，对于应该提出哪些问题、哪些回答可以接受为科学解释，往往具有相同的看法。

人们会因兴趣和背景知识的不同而对同一个待解释现象提出不同的Why—问题。即使面对同一个研究对象，不同的人也会提出不同的Why—问题。我们可以设想，假如哥白尼和托勒密同时看到日出，那么他们对这一现象提出的 Why—问题肯定不同。哥白尼考虑的是地球如何围绕太阳旋转，而托勒密则要揭示太阳是如何绕地球运行的。不同时代的知识背景不同，提出的问题也不同。"为什么不受外力作用的物体保持原速？"亚里士多德时代被认为是个问题。我们认为这只是一个描述，而不是一个需要解释者来回答的问题了。

同一时代的人由于具有不同的背景知识，提出的问题也不同。汉森的"观察渗透理论"很好地说明了这个问题，我们的观察都有"理论负载"，背景知识和知识框架不同，看到的事实不同，相应地提出的问题和对问题的解答也不同。

对于同样的能燃烧的氧气的出现，普利斯特列和拉瓦锡具备不同的背景知识，虽然他比拉瓦锡制造出氧气的时间早，但是由于其燃素说的背景知识，使得他与"氧气的发现者"的称号失之交臂了。

如果原始人能够来到我们的世界，由于知识状态与我们不同，他们对事物的认识也与我们有很大的差异。我们对问题"筷子为什么放到水中的部分变弯曲？"回答很简单："因为光的折射定律。"原始人可能会把"筷子的弯曲"归于某个神灵的作用。

解释是由人来参与的交流信息的过程，确定解释相关性的过程是对被解释事件进行分类的过程，整个解释过程都依赖于背景知识。

五　解释的评价与认知语境和知识状态密不可分

科学解释因人而异，没有针对所有人的科学解释，那么评价也要针对不同的人。我们要区分一个回答 A 对于哪些人而言是好的科学解释与 A 本身是不是好的解释，并不是一回事。前者是社会学、心理学范畴，后者是科学哲学或科学方法论的研究对象。

一个具体的科学解释，就是科学家个人的活动，每一个科学家带有自己的兴趣和特有的知识背景与客观世界联系，这些会影响科学家对科学解释的选择以及对给定的科学解释的评价。我们对科学解释的识别和评价都是依赖于科学家们的认识框架或理论框架，对科学解释的评价就要依赖于科学家们的认知语境和科学家们所处的特定的知识状态。现代的科学哲学家一般不会提出"为什么太阳围绕地球转？"这样的问题，因为在现代科学家们的知识背景中，这是个错误的问题，是不需要直接回答的，即使要回答，也要针对问题的预设来回答。对于问题"为什么牛顿能发现万有引力？"如果回答："因为牛顿坐在苹果树下思考"，科学家们就会觉得你的回答莫名其妙，并且这个问题在现代科学家们看来也是一个不需要回答的问题，因为现代科学家的知识状态对"为什么牛顿能发现万有引力？"不存在疑惑。如果把对此问题的回答作为科学解释的话，此解释项传达的信息并没有改变科学家们目前的知识状态中有关被解释项的信念。所以说，科学家们的知识状态在科学解释中占有非常重要的地位。

Why—问题的提出因为人类面临困惑，科学解释的功能主要表现在传达解释者的信息和消除提问者的困惑。按照加尔登福尔斯的观点解释就是降低被解释项的惊奇值，因此科学解释不可能是一种纯思维过程，只在头脑中展开而不获得外在的表述。事实上，科学解释只有在提问者（被解释者）和解释者的信息交流中才能完成，因此，解释是一种交际行为。对科学解释的行为的分析表现在成功的解释所必须满足的一系列规则。

提出的问题不同，相应的回答也就会不同。面对同一个被解释事实，不同的人会按照不同的背景知识而提出不同的 Why—问题，把不同的科学理论和科学定律看成是与该事实解释相关的因素，从而给出Why—问题不同的回答。在这种情况下，我们无法根据一个更为普遍有效的标准来判断这些不同的解释中哪个更好，更确切地说，我们根本无法找到评价的标准。因为这些解释都揭示了待解释事件发生的"真正原因"，只不过其揭示的角度不同。对于问题"为什么血液全身循环？"的回答可能是"因为心脏通过动脉把血液挤压出来了"，或者"为了把氧气带到身体的各个部位"。这两个回答都没有错误，但很难对两个解释作出评价。

从以上的论述，我们可以看出，对解释的评价不能离开认知语境和特定人的知识状态。

六　科学解释随着背景知识的改变而改变

一个 Why—问题就是一个语境函数，解释相关与人的愿望和兴趣相联系，解释不可避免地从一种语境到另一种语境变化。范·弗拉森的语用学科学解释模型根据作出解释的解释者来阐明事实，反对解释是独立于语境的语言单元，而认为解释依赖于主体，由于解释语境的差异，不同解释主体形成不同的提问方式，因而形成特定的回答方式，也就形成了特定的解释形式。这促使人们普遍地认识到，一个所予事件不只存在一种正确解释，科学解释中存在着语用域，它的功能就是从一系列客观的正确的解释中挑出一个特定的解释。

由于语境是一个变量，是变化的因素，是一个自变量，所以，整个解释过程变成了相对于语境的过程，成了一个因变量。并非语境具有决定性，而是说语境较之解释的其他因素更具有相对重要的意义。

　　在加尔登福尔斯看来，一个解释应使被解释项在共同的背景知识上增加新的信息，即可信值。加尔登福尔斯认为伴随着新信息的接收而不断引起人们信念系统的变化。解释是个动态的过程，语境不仅仅是变量，而且是一个动态的过程。科学解释也会随着我们知识的增长而发生变化。随着量子力学的发展，牛顿的经典力学理论被限定在宏观领域内，我们对这个世界的认识深入了，我们的知识也增长了。

　　对每一个具体的科学解释而言，它们都是科学家个人的活动，每一个科学家都带有他个人的兴趣和特定的知识状态。一个人的兴趣和特定的知识状态也会影响到他对给定解释的评价，影响到他对于多个同时出现的科学解释的选择。并且对解释的评价和选择也会随着人的知识状态的改变而改变。

　　认知语境是动态发展的，知识状态是不断变化的，因此，对事件的解释也会随之不断深入。每个人的知识状态从总体上来讲都有一个积少成多知识不断增加的过程。特定的人针对特定的问题，也有一个从不知道 E 真到知道 E 真以及知道 E 出现的原因的动态的发展过程。例如，对产褥热的解释随着知识状态的改变发生了改变。产褥热，即"产后发热"，是指产褥期内，出现发热持续不退，或突然高热寒战，并伴有其他症状者。在 1841—1846 年，医院两个产房厂区的患产褥热的产妇的死亡率差别很大，第一产区死亡率是第二产区死亡率的 2.5 倍。开始对产褥热解释的普遍信念是由某种有毒气体或者瘴气等传染性疾病引发的，对产褥热提出瘴气理论来解释产妇的死亡，同时有人用产妇不同的机体因素来解释产褥热，后来，随着知识状态的改变，对产褥热的解释变成"尸体微粒"进入产妇的血液导致产妇死亡，接着用脓水微粒通过空气渗入产妇子宫解释产褥热的产生，最后，塞麦尔韦斯用护理不洁和接生不慎等"活机体衍生的腐败物质"等通过空气传播导致感染最后导致产妇发病的，医生在产检和接生前对手进行消毒或者隔离污染空气就能避免产褥热的发生。整个人类的知识也是动态发展的，比如由神话自然观到经典力学，从经典力学到量子力学，人类的知识状态也是在不停地改变的，解释也要随着知识状态的变化而相应地发生改变。

第五节　关注解释者的认知过程的概率解释模型

加拿大科学哲学家萨伽德（P. Thagard）在 2005 年 10 月的论文《溯因：从哲学分析到神经机制》（*Abductive Inference：From Philosophical Analysis to Neural Mechanisms*）中从认知科学的发展来分析科学解释模型。萨伽德把解释理解成一种特殊的问题求解，其中目标状态是需要给予解释目标（explanation target，也就是被解释项）。他提出研究解释的四种理论方法：演绎方法、图式方法、概率方法和神经网络方法。四种理论方法如下表所示：

方法	解释靶	解释者	靶与解释者的关系	生成方式
演绎方法	语句	语句	演绎	后向链条
图式方法	语句	语句模式	符合	搜索符合，图式生成
概率方法	变量节点	贝叶斯网络	条件概率	贝叶斯学习
神经网络方法	神经群：多形态表达	神经群	阀门激活：连接性	搜索：联想学习

1. 演绎方法（the deductive approach），这个方法利用逻辑系统或基于规则的系统（rule – based systems）由解释项推导出被解释项，认为解释是演绎论证。按照这种观点，解释就是从解释项逻辑地推导出被解释项，解释项和被解释项之间的关系是逻辑关系，一般是演绎的关系。亨普尔的 D—N 模型属于萨伽德的演绎方法。

萨伽德把解释理解成一种特殊的问题求解，其中目标状态是需要给予解释目标（explanation target，也就是被解释项）。在这点，萨伽德与亨普尔、萨尔蒙以及范·弗拉森相同，他们都认为所谓科学解释就是对问题的回答。

2. 神经方法（the neural approach），利用人工神经元网络（networks of artificial neurons）进行解释。

3. 图式方法（the schematic approach）。这个方法就是利用解释模式（explanation patterns）或类比进行。图式是规定的一种典型情境的概念模式（a schema is a conceptual pattern），在这种解释模型中，解释项与被解释项之间的关系可以看作是因果图式，这个因果图式是一种描述原因和结果的关系的模式。而不是演绎论证。

4. 概率方法（the probabilistic approach），利用贝叶斯网络（Bayesian networks）进行。概率解释的模式是：假定解释者（explainers）所描述的事态，需要给予解释的目标的现象通过规定这些现象是可能发生的而能够得到如下结构的解释：根据这种观点，解释是条件概率的问题，而不是逻辑演绎或图式符合（schematic fit）的问题。在概率上为解释建模的计算方法是贝叶斯网络。它由珀尔（J. Pearl）以及哲学和计算机领域的其他研究者提出和发展。

假定受流感病毒感染，人们发高烧。头疼和咳嗽的概率是很高的。因此，流行性感冒解释了某人为什么发高烧、头疼和咳嗽。

解释模式：典型地说，流行性感冒引起发烧，头疼和咳嗽

解释目标：某人发高烧，头疼和咳嗽

图式实例：此人可能得了流行性感冒

解释的演绎观与休谟把因果理解为恒常关联（constant conjunction）的观念是相当吻合的。如果一切 A 是 B，则我们能够理解 A 如何能够引起和解释 B。然而，"恒常关联"隐含一种"普遍性"概念（虽然不是"必然性"概念），而这种普遍性既非解释也非因果性所必需的。

通过运用一般图式来解释事物，涉及如何利用类比推理来解释事物的过程，这两种情况下，推理过程是这样的：首先识别被解释的事例；其次在记忆中搜索与之匹配的图式或事例；最后采用搜索发现的图式或事例来解释需要给予解释的事例。解释的图式模型预设因果关系的基本概念，但没有为因果性提供更多的说明。

在假定原因比没有假定原因的时候结果发生的可能性更大的意义上，概率理论似乎能够很好地处理因果性。但是，这种概率增加可以是偶然或者是某种共同因的结果。

萨伽德重视因果解释，因果解释即关于事物为什么发生的解释是我们最重要的认知活动之一，解释事物发生涉及解释事物发生的原因。原因是基于知觉和运动控制的前言语概念（preverbal concept），因果性的前言语图式观念与某些哲学家的观点一致。他们认为，操作和干预是因果性的重要特征。A 引起 B 同 A 仅仅与 B 关联之间的差别在于前者（因果关系）是这样的情况：既操作 A 也操作 B；后者则不然。因此，操作和干预概念似乎

预设着因果性概念。因此，这种非言语图式是理解一个事件促使另一个事件发生，同一事件仅仅跟随另一事件之后出现之间的差别的基础。

萨伽德认为，成人对因果性的理解应该与婴儿把握因果性的方式相同。

婴儿靠作用于世界来觉察到世界的变化，这种图式的一个简单例子是：

静止物体＋手拍打物体→运动物体。

婴儿是通过如下的意向模式把握因果性的：

情景的知觉＋运动行为→新情景的知觉

原因是基于知觉和运动控制的前言语概念。在萨伽德看来，或许这种图式是先天的，但不同的是，这种图式可以从婴儿早期的知觉经验中获得。

因果性的前言语图式的这种观念与某些哲学家的观点一致，他们认为，操作和干预是因果性的重要特征。A引起B，同A仅仅与B关联之间的差别，在于前者（因果关系）是这样的情况，即操作A也操作B，后者则不然。因此，操作和干预概念似乎预设着因果性概念。因此，这种非言语图式是理解一个事件促使另一个事件发生，同一事件仅仅跟随另一事件之后出现之间的差别的基础。

萨伽德认为，一切心理表达都是大脑结构，言语表达和感觉表达也是神经结构。人们拥有编码因果关系概念的神经元种群，它们是早期操作物体的前言语经验的结果。因为这种关系是基于视觉经验和动觉经验的，所以，它不可能适合于语言上的阐述，但是它为后来对因果性的更多的言语描述和数学描述提供了可理解的基础。

通过萨伽德的研究结果我们可以看出，科学解释不能仅仅局限在一个语言框架内，必须超越语言框架。科学解释研究的中心应从关注科学解释中的"科学"（关注解释中的逻辑结构）转移到关注科学解释中的"解释"（关注解释的语境和解释的行为）。通过认知科学的发展我们看出，解释仅仅局限于对人类的行为和解释的语境的分析未必合适，因为人类表现出来的行为未必与心理活动相一致。认知科学的研究可以加深对人类行为的认识，关注解释者的信念，拓展科学解释的研究方向。特别是从概率方面提出贝叶斯网络，有利于以贝叶斯网络为基础的主体信念度模型的提出。

第六章　解释者信念度模型

第一节　概率的主观主义解释

亨普尔在提出演绎—律则模型后不久，就提出了科学解释的归纳—统计模型，自此，概率进入科学解释的研究范畴，萨尔蒙也曾经提出统计相关模型，此模型也涉及解释中的定律，汉弗莱和范·弗拉森也关注解释中的概率，区别在于不同科学哲学家对科学解释中的概率的界定不同。但这些科学哲学家有一点是相同的，他们一般把概率作为客观世界的随机现象的数量统计，而不是作为主体的信念，而主观贝叶斯学派把概率界定为主体的信念。

对参与解释的主体即求释者、解释者的考察都要放在一定的认知语境下，而其中人的信念即意向性又在主体研究中占据核心位置。因为解释过程本身与人的信念密切相关，而且与解释活动相关的意义、效果、目的等概念都以信念的倾向性为前提，都要考虑心理的作用。而且一切关于解释的外在的、显向的因素如各种物理要素是确定的和易于把握的，而内在因素即人的心理确是能动的和难以把握的。而且心理作用支配和驾驭着其他因素，占据着主导地位。因为科学解释正是通过语言的形式把人们特定的心理倾向性内化到求释者信念网络中得以实现的。因此解释的目的在于使得求释者的理解来实现。

例如，托勒密在公元 2 世纪就提出了地心说宇宙体系，在以后的一千多年里一直被奉为经典和真理为人们所广泛接受，这当然受当时科技发展的不发达、关于宇宙的知识主要凭借经验来认识的影响，因此人们普遍认为地球是静止不动的，其他行星都在遵循本轮的小圆运行而本轮的中心遵循均轮的大圆围绕地球运行，地球是宇宙的中心，整个宇宙是处于一种和谐有序的状态之中，所以在相当长的时间里人们并没有觉得该理论有什么问题，地心说之所以长期成为一种占统治地位的学说另一个重要原因在于当时条件下，由于人类发现的行星有限，用地心说模型不仅可以符合人们经验的理解而且利用这种模型可以很好地描述地球周围行星的运行轨迹，人们普遍接受这种观念，觉得这种解释是合理的。随着历史的进步和科技的发展，尤其是航海技术的进步，人们对于天象的观测逐渐重视和深入，更多的行星和恒星被发现，人们关于天体行星的理论描述也不断精确。当哥白尼发现在以地球为中心的前提下，对于地球周围星系的本轮均轮模型的构造变得越来越冗繁和复杂，而且偏差也变得越来越大，需要增加的附加条件越来越多，整个模型变得不具有和谐的美感，也不符合数学简明和谐的特征。由于哥白尼坚信传统所秉承的上帝构造的世界是一个完美和谐的体系，所以他开始产生怀疑地心说作为理论前提是有问题的。而当他以离地球最近的恒星太阳为中心构造本轮均轮模型后，这个模型体系被大大简化而且精度比地心说的模型更高，所以直接导致他大胆地提出太阳是宇宙的中心，而地球是围绕太阳运动的预测。而后来开普勒通过他的老师第谷·布拉赫（第谷的观测数据是当时最为精确的），以地心说为前提构造模型，惊奇地发现确实大大简化了本轮模型的构造而且精度极高，验证了哥白尼假说的正确性。从而太阳为宇宙中心的理论渐渐地确立起来。由此可见，人们关于真理的发现、往往在于以一种更加简单有效的方式对于世界作出最"经济"的描述，从而更利于人们以最简便的方式对世界作出解释。

　　另一个例子是关于光的波粒二象性的确立。光的研究起源于古希腊的亚里士多德，但关于光的实质研究发起于 17 世纪，亚里士多德认为光是一种以太作用，是在一定的介质中传播的一种物质运动。这种思想成为光的波动说的基础。光的波动说代表胡克首先发表了他的光的波动性理论；另一个重要代表惠更斯随后也提出了光的波动学说，认为光是某种振动，以波的形式向四周扩散。并且类比于水波、声波现象从而提出光的波动性。光的粒子说也起源于古希腊，在牛顿这里得到了系统的阐述而形成了理论学说，牛顿坚持认为光是一颗颗机械粒子组成的粒子流，后来通过看到胡克和惠更斯的波动说曾经一度认为光是兼有微粒性和波动性，但因为无法通过波动说来解释光的直线传播定律。从而否定波动说，并在今后的将近两个世纪中被粒子说主导。但光的运动却是又表现出类似于波振动和扩散的运动形态，光的这些现象造成了光的粒子说与波动说长达几个世纪的争论，直到爱因斯坦经过试验和理论的检验最终以光的波粒二象性结束了这个持续时间长达几个世纪的争论。波动说与粒子说都可以为人们理解所接受，都是关于光的本质有效的解释，所以长期争论不休难有定论。爱因斯坦看来，光的波动说与微粒说得到了完美的结合最终得出光既具有粒子性同时也具有波动性的结论，但这种结论是建立在先进仪器设备以及积累了丰富的资料和理论体系的基础上经过检验得出的。从以上的历史案例我们可以发现，一方面人类的认识有赖于当时的历史背景和科技发展状况，即使牛顿曾经一度设想过光兼有波粒两种属性但由于无法检验而最终放弃了波动说；另一方面表明人的信念也就是对于理论的可理解性和接受性具有重要的作用，一个科学理论的接受在于人们可以用简单的形式语言加以描述而且还可以类比我们日常可观察和经验的事例，便于我们的理解，因此人们接受或放弃一个理论往往在于信念的倾向发生了变化。

一　概率的客观解释及其局限性

贝叶斯学派属于归纳逻辑中的一支。从归纳逻辑的发展历史来看，大致可以把归纳逻辑归为三个流派：经验主义派归纳逻辑、逻辑主义派归纳逻辑和主观贝叶斯派归纳逻辑。经验主义归纳逻辑和逻辑主义派的归纳逻辑为概率提供客观解释，而贝叶斯派归纳逻辑把概率看成解释主体的信念，也就是说主观贝叶斯学派为概率提供主观解释。

经验主义派是以统计频率解释概率，把全称命题作为统计概率为1的特殊类型，对全称命题归纳中人们对命题的信念随着证实案例增加而改变的情况并未加以说明。

逻辑主义派代表人物是凯恩斯（J. M. Keynes）、卡尔纳普（R. Carnap）和欣迪卡（J. Hintikka）等人，他们从逻辑的视角分析命题的确证度或者确信度。值得一提的是欣迪卡，他的理论在其模型中已涉及了信念度（degree of belief）的某些内容，但是较成熟的对主体信念度进行分析的是主观贝叶斯主义概率理论。

归纳逻辑的经验主义派和逻辑主义派的概率都属于客观概率，他们把概率作为通过经验重复获得的固定的频率，概率不会因为归纳主体的不同而改变。例如，凯恩斯将概率视作命题间的一种二元逻辑关系，这种二元关系不总是可比较的。"令命题集合 h 为前提，命题集合 a 为结论，如果对 h 的知识使得我们能对 a 有程度为 α 的合理信念，那么，我们就说 a 和 h 之间有程度为 α 的概率关系。"[1] 在凯恩斯看来，概率是无限事件的序列的性质，不能给个别事件指派概率值，而且任意单独命题的概率是不可测度的。

在我们的科学研究和现实生活中，有很多随机事件不存在大量的重复性过程，我们不能通过试验概率和经验计算各种可能发生结果的概率，而只能依据主观信念确定各种可能发生结果的概率。对于无法重复的事件的概率如何测度呢？像"明天是否下雨？"这样的自然现象，还有些社会事件也是无法重复的，比如"第三次世界大战是否爆发？""明年是否有世界性的经济危机？"以及"中国如果发生核泄漏将造成多么严重的后果"等等。这些都是经验主义派的频率解释以及逻辑主义派的概率不能解释的。

经验主义归纳逻辑的概率是基于无差别原则（principle of indifference）。如果存在 n 个互不相容的假说 h_1，h_2，…，h_n，且没有理由确信 e 中的任何一个证据比其他证据更可能为真，那么对所有 i，P（hi | e）是相同的，即在一组互斥的看似某些情况下可轻易获取的备选证据中，e 是无差别的或者是认识论上中立的。所谓无差别原则指的是如果没有充分证据使得我们能够认为两个事件中的一个比另外一个具有更高概率的可能性，那么，我们必须赋予两个事件同等的概率值。

无差别原则是一条非常有争议的原则。"这个原理的风险在于，将同种类的所有事件还原（reducing）成一定数量的相同可能事例。换言之，正如我们也许对这些事件的发生，以及确认支持所求事件概率的事例数量都同等的不确定。事例数量与所有可能事例数量的比例就是这个概率的测度，因此该概率是一个简单的分数，其分子是支持事例的数量，分母是所有可能事例的数量。"[2] 无差别原则是给所有可能事件指派概率值，概率是无限事件的序列的性质，不能给个别事件指派概率值。比如，投掷一枚均匀的硬币，正面朝上的概率是多少？我们不需要做大量重复性实验，就可以知道正面朝上出现的概率是二分之一。这种根据以往经验和分析得到的概率是先验概率（prior probability）。对于某

[1]　Keynes J M, A Treatise on Probability, London：Macmillan an Co. Ltd, 1921, p. 3.

[2]　Laplace, P S, Essai Philosophique surles Probabilies, New York：Dover, 1951：pp. 6 - 7.

地男孩出生的概率则需要大量的观察，从得到"结果"的信息后重新修正的概率就是后验概率（posterior probability）。概率的频率解释不适合单个事件，此外，概率的极限频率定义只适用于事件的无穷序列，而事物是不断变化的。因此，在频率解释中，概率的存在性与概率估计的可靠性就无法得到证明。

还有一种概率的客观解释是性向（propensity）解释。在性向解释中，概率被看作一种物理性质或倾向，或者给定一种物理情景以产生某类结果的趋向，或者产生这些结果的长序列中的相对频率。

唐纳德·吉利斯（Donald Gillies）以是否关涉人类的信念为根据把概率解释分为两种：一种是认识论解释；一种是客观解释。认识论解释把概率当成人类的知识或者信念，把概率看作与一个人或一群人拥有的知识程度、信念度或合理信念度是一致的。据此界定，主观主义的概率解释是认识论意义上的概率解释。客观概率解释是把概率看作客观世界的一种特征，这种概率与人类的知识或信念无关。上述频率解释把概率看作是一个序列的相对频率的极限，而性向解释把概率看作一种物理性向或倾向。因此，频率解释与性向解释都是客观解释。之前的亨普尔归纳—统计模型以及汉弗莱的或然性模型都是客观概率解释。这些模型遇到了困境，原因就在于它们对概率的把握上，"无论莱欣巴赫的频率解释，还是卡尔纳普的逻辑解释，都没有超出帕斯卡型概率的范畴。事实证明，这种归纳逻辑在科学研究的实际应用中遇到了种种困难，造成这种困难的根本原因是因为这种归纳逻辑没有恰当地反映知识增长的局面。越来越多的现代逻辑学家也认识到了这一点。要解决这些困难，有两种不同对策。一是保守的策略：让科学实际迁就逻辑句法，至多是调整辅助假说，以维护旧逻辑的核心原理。二是激进的、革新的策略：采用新的逻辑句法以适应科学实际。换句话说，后一种策略认为问题的症结恰恰在于经典概率演算的核心原理需要修改。"[①] 客观概率解释因为不能解释单个事件以及无差别原则的困扰，因此，需要对经典概率演算的核心原理进行修改，在概率解释中必须涉及主体信念。

---

① 任晓明、桂起权：《非经典逻辑系统发生学研究》，南开大学出版社 2011 年版，第116—117 页。

二　概率的主观贝叶斯解释

主体信念在主观概率中是不可或缺的。主观概率是一种信念度，是人们对于一个事件或者一个命题的合理性相信程度，主观主义允许不同支持证据的解释主体对同一被解释项可以合理地赋予不同的概率值。主观贝叶斯派归纳理论的代表人物是拉姆赛（F. P. Ramsey）、意大利数学家德·菲尼蒂（B. de Finetti）、美国统计学家萨维奇（L. J. Savage）、逻辑学家杰弗里等人。这个学派的学者把概率定义为主体对某个命题为真或某个事件发生的实际的相信程度，概率逻辑的主观主义学派把"概率"解释为主体信念度（degree of belief）。例如，我相信，根据以往经验，明天下雨的概率是80%。贝叶斯定理作为刻画随机事件的定理。如果我们假定随机事件 A 和 B 的贝叶斯定律为：

$$P(A \mid B) = \frac{P(B \mid A) \, P(A)}{P(B)}$$

其中 P（A｜B）是在 B 发生的情况下 A 发生的可能性。P（A）是 A 的先验概率。之所以称为"先验"是因为它不考虑任何 B 方面的因素。P（A｜B）是已知 B 发生后 A 的条件概率，也由于 A 的取值依赖于 B 的取值而被称作 A 的后验概率。P（B｜A）是已知 A 发生后 B 的条件概率，也由于依赖 A 的取值而被称作 B 的后验概率。P（B）则是 B 的先验概率。

主观贝叶斯主义强调贝叶斯定理在主观主义概率演算中的关键作用。主观贝叶斯主义允许不同主体对同一假说可以根据自己所掌握的背景知识和信念合理地赋予不同的先验概率，同时允许根据新信息不断调整后验概率。主观贝叶斯主义派认为，先验概率是个体对于假说合理信念度的先验分布，它是完全任意的。先验概率是指根据背景资料或主观判断所确定的各事件发生的概率，该类概率没能经过实验证实，属于检验前的概率，所以称为先验概率。先验概率又有客观先验概率和主观先验概率的区分。客观先验概率指的是利用过去的背景资料计算得到的概率；主观先验概率指的是没有相关背景资料或者背景资料不全的情况下，凭借主体的主观经验判断得到的概率。

主观概率以解释主体的个人信念为基础，一个人对于基本概率的确定不必遵守特定的规则，而可以听任自己的主观感觉自由地赋予事件或命题 A 任何概率值，只要其赋值满足贝叶斯概率公理。贝叶斯定理就是一种现成的计算工具。主观主义的概率解释可以把概率定义为在给定证据 e 时，对假说或者理论的主观信念度。根据主观主义的概率解释，我们可以把贝叶斯定理表示为：

$$\Pr(h_j/e) = \frac{\Pr(h_j)\Pr(e/h_j)}{\sum\limits_{i=1}^{n} \Pr(h_i)\Pr(e/h_i)} (1 \leqslant j \leqslant n)$$

直观地将 h_i 看成是导致随机事件 e 发生的各种可能的原因，则 P（h_i）可以理解为随机事件 h_i 发生的先验概率。如果我们知道随机事件 e 发生这个新信息，则它可以用于对事件 h_i 发生的概率进行重新估计，事件 P（h_i | e）就是知道了新信息"h 发生"后对于概率的重新认识，称为随机事件 h_i 的后验概率。

贝叶斯定理要求这 n 个竞争假设是互斥且穷举的，意即它们之中至多有一个是真的并且至少有一个是真的。对于任一 h_j，我们根据贝叶斯定理可知，Pr（h_j）是在我们获得新证据之前的初始概率，e 是新证据并且 Pr（h_j/e）是相对于这种新证据的主观概率。解释者对被检验假设的先验概率是由他当时的背景知识决定的。贝叶斯公理通过不断修正先验概率，也就是修正解释主体的信念来测度特定主体对待特定命题真实性相信的程度，也就是概率是对个人信念合理性的量度。

主观概率既然涉及主体的信念，那主观概率如何测度呢？主观贝叶斯主义者通过打赌的方法或者通过主体在决策中的选择行为来确定主体的信念度，从而使主观概率成为可以测度的。拉姆赛说："为了使我们的信念正确地对应于概率，我们必须也要能够测度我们的信念。"[①] 主观贝叶斯主义者认为，理性的人的信念系统应该是一致的。一个人的信念集合是一致的，当且仅当它满足概率演算的公理。主观主义概率以归纳主体的个人信念为基础，可以根据任何有效的证据并结合自己对情况的感觉对概率进行调整。

例如：某地居民的肺癌发病率为 0.0004，现用新检测法进行检测。检测结果是存有错误的。已知患有肺癌的人其化验结果 99% 呈阳性（患病），而没患肺癌的人其化验结果 99.9% 呈阴性（无病）。试问：在

---

① 江天骥：《科学哲学名著选读》，湖北人民出版社 1988 年版，第 48 页。

检验结果呈阳性的人中可能有多少人患有肺癌？

如果我们用 A 表示样本的观察证据"化验结果呈阳性"，用 H 表示假说命题"被检查者患有肺癌"，那么由上面可知：

P（H）（即某地居民的肺癌发病率）= 0.0004

P（¬H）（即某地居民没患肺癌的比率）= 1 - 0.0004 = 0.9996

P（E│H）（即患有肺癌者其化验结果呈阳性的比率）= 0.99

P（E│¬H）（即没患肺癌者其化验结果呈阳性的比率）= 1 - 0.999 = 0.001

现在需要我们推断的是 P（H│E），即在化验结果呈阳性的条件下，假说"被检查者患有肺癌"的比率。显然，根据重新解释过的贝叶斯定理，我们得出 P（H│E）的值。

P（H│E）= 0.0004 × 0.99／（（0.0004 × 0.99）+（0.9996 × 0.001））= 0.284

这表明，在化验结果呈阳性的人中，真正患肺癌的人不到 30%。这与"某地居民的肺癌发病率为 0.0004"有数据出入。对 10000 个人用新检测法进行检查，按其错检的概率可知，9996 个不患肺癌者中约有 9996 × 0.001 个呈阳性，另外 4 个真患肺癌者的检查报告中约有 4 × 0.99 个呈阳性。仅从 13.954（9.994 + 3.96）个呈阳性者中看，真患肺癌的 3.96 个人约占 28.4%。

从上例我们可以看出，贝叶斯定理就是借助新信息来修正先验概率从而改变主体的信念度。

概率的主观主义解释表明，概率并非事件本身所具有的，事件的概率只是指派概率的人头脑中所具有的信念证据。主观概率解释中的概率描述的是主观信念的程度，而不是频率。这样除了对从随机变化产生的数据进行概率描述外，我们还可以对其他事物进行概率描述。

例如通过观察知道，牵牛花在早上 4 时左右开放，野蔷薇在早上 5 时左右开放，龙葵花在清晨 6 时左右开放，芍药花在清晨 7 时左右开放。这些花都有确定的开放时间，由此可以归纳出"所有的花都有确定的开放时间"。

对于这个归纳推理，相对于观察前提，结论"所有的花都有确定的开放时间"是否可靠？结论为真的可信程度是多少？是否可以用数值来测度呢？这些问题都可以用贝叶斯定理来解决。

我们用 T1、T2、T3、T4 分别表示牵牛花、野蔷薇、龙葵花、芍药花分别确定的开放时间，它们的合取用字母 T 来表示。结论"所有的花都有确定的开花时间"用 H 表示。这样，我们现在需要确定的就是 P（H/T）。

根据贝叶斯定理：

（1）P（H∣T）=P（H）·P（T∣H）∣P（H）·P（T∣H）+P（¬H）·P（T∣¬H）

由于枚举归纳的前提可从结论中必然推出，即 P（T∣H）=1。因此，由（1）可得：

（2）P（H∣T）=P（H）∣P（H）+P（−H）·P（T∣¬H）

根据逻辑否定规则，由（2）可得出：

（3）P（H∣T）=P（H）∣（H）+（1−P（H））·P（T∣¬H）

在（3）中，P（T∣¬H）表示，假定归纳结论 H 不真时，T（即T1、T2、T3、T4 等）为肯定事例的概率。

相对于背景知识而言，已知归纳结论 H 先验概率 P（H）=0.5，在 H 不真时"牵牛花有确定的开放时间"、"野蔷薇有确定的开放时间"等肯定事例出现的先验概率 P（T∣¬H）=0.8。把以上数据代入（3）得：

P（H∣T）=0.5∣0.5+（1−0.5）×0.84=0.5∣0.70=0.71

相对于观察证据 T（牵牛花、野蔷薇、龙葵花、芍药花分别有确定的开放时间）而言，归纳结论 H（所有的花都有确定的开花时间）的可信程度为71%。

假说 h 的先验概率，即在不考察证据 e 的情况下，假说 h 可能为真的概率。可见，只要假说 h 的先验概率确定了，整个计算过程就是演绎推理过程。但假说的先验概率并不取决于概率演算系统，而是取决于解释者对先验概率的不同理解，取决于解释主体的背景知识和信念。这种将概率解释为假说相对于给定证据确证度的就是逻辑主义概率，它视假说与证据之间是一种纯逻辑关系，这就属于逻辑主义的概率解释。我们区分逻辑主义和主观主义概率是根据对先验概率的解释来划分的，如果是逻辑主义概率，那么它的主观性就表现在无差别原则导致的解释困境上面，即逻辑主义等概率的客观解释能解释单个事件。概率的客观解释中不论是先验概率还是后验概率，都是针对大量可重复的事件而言的解释，但是主观主义概率是针对个别事件或者充满不确定性因素的事件。主观主义概率往往是对仅发生了一次的事件或对未知状态的主观估计，像三峡大坝溃堤的风险这样的单个事件如何解释呢？经验主义和逻辑贝叶斯主义的概率观不能解释。如果是主观贝叶斯主义能解释单个事件因此就可以回避经验主义归纳逻辑无差别原则。

第二节 贝叶斯网络解释模型的理论背景

一 世界图景的转变

简单性一直被当成自然界和科学的本质。以宏观世界的低速运动物体为研究对象的经典力学是简单性的模板。简单性信念的世界图景可概括为：自然的规律性，它表明自然具有固有的秩序、机械式的确定性、必然性和单一因果关系等；自然的外在可分离性，即自然与人的分离、自然构成要素与环境的分离；自然的可还原性，包括物质世界的无限可分信念与高层次事物可还原至低层次事物信念；自然的可祛魅性，经典科学削减了科学经验与自然存在的复杂联系，仅以必要的简单联系建立规律、解释自然。① 随着复杂性科学的兴起，科学图景发生了变化。经典科学对世界简单性的基本信念已暴露出越来越大的有限性，复杂性才是世界的真正本质。"自然界没有简单的事物，只有被简化的事物。"② 特别是随着量子力学的发展，这种简单性世界图景的信念彻底被打破。20 世纪 20 年代中期，量子力学的兴起表明"上帝是掷骰子的"，也即概率定律是世界的终极规律，世界不仅仅是由因果关系支配的，而是由因果和机遇共同支配的。世界既然是概率性的，人类思维就理应与"世界的逻辑构造"相适应。

因此基于严格决定论立场和简单性世界图景的信念必须代之以非严格绝对论立场和复杂性世界图景。世界图景的改变带来了研究方式的转变。

---

① 刘大椿：《科学技术哲学导论（第 2 版）》，中国人民大学出版社 2005 年版，第 88—93 页。
② ［法］埃德加·莫兰：《复杂思想：自觉的科学》，北京大学出版社 2001 年版，第 137—138 页。

二　研究范式的转换

法国学者埃德加·莫兰（Edgar Morin）在《复杂思想：自觉的科学》中提出来的复杂范式是对简单范式的补充，简单范式是经典科学的理解方式，简单性一直是科学追求的目标，科学研究就是从纷纭复杂、包罗万象的混乱中找到规律，这个规律越简单、适用性越广则越能接近自然界的本来面貌。从古希腊哲学家在万事万物寻找本原到奥卡姆提出的"除非必要、勿增实体"的简单性原理，都是科学理性对简单性的追求。爱因斯坦也推崇简单性，"一切理论的最高目标就在于使这些不能再还原的要素尽可能的简单和少。"[1] 这些都是追求科学简单性的简单范式。简单范式以普遍性原则、还原性原则和分离性原则为特点。"普遍性原则：'只有属于普遍性的科学'，把局部性或特殊性作为偶然性因素或残渣排除出去。"还原性原则即"把对总体或系统的认识还原为对组成它们的简单部分或基本单元的认识"。分离性原则即"使对象孤立/脱离于它的环境"。[2]

20 世纪 40 年代初产生的"三论"——信息论、控制论和系统论是复杂理论产生的理论基础。随着现代科学的发展，特别是系统科学和量子力学等的发展，科学家发现：自然界不是简单性的自然，而是简单化的自然。自然界是由人类建构出来的。科学家并不直接研究自然界，而研究由简单范式所定义的自然现象，自然界是由科学家的信念、方法，为了人类的目的建构出来的"客观的"现象。自然界是被人类简化的自然界。自然界的规律不具有普遍性，也不能把对自然界的认识都还原成化学—物理学的规律，对象也不能与所处的环境截然分开。

莫兰的"复杂性方法"、普利高津的"复杂性科学"、美国圣菲研究所的"复杂适应系统理论"都是这一种复杂范式，"复杂范式"承认世界的多样统一性，自然界是有序与无序相互作用形成的一个统一、非还原性的开放的系统。复杂范式以系统论、控制论、信息论的原理为基础，以自组织理论为核心，用一种复杂的、动态的、开放的思维范式代替简单的、静止的、封闭的思维范式。

---

① 《爱因斯坦文集》第 1 卷，商务印书馆 1976 年版，第 314 页。
② ［法］埃德加·莫兰：《复杂思想：自觉的科学》，北京大学出版社 2001 年版，第 267 页。

复杂范式遵循这样一种世界观：世界是一个不断凸现的动态非平衡系统。任何系统都是由其组成元素相互构成的整体，系统组成元素之间的结合方式形成了相对稳定的系统结构，系统的结构在特定的环境中表现出特定的功能。系统与环境进行物质、能量和信息交换维持其正常状态，科学研究也是在与外界环境中进行物质、能量和信息交换的综合作用下得以进化和发展的。

自然界本来是一个动态的系统，有整体的规律，但是人类却把自然界这个整体拆分成各个不同的学科来获得关于自然界的局部规律，即使某个具体的理论没有违背某个或者某些自然规律，但是却难以遵循整个自然界的整体规律。科学往往体现在符合自然界的局部规律，而非自然界的整体的普遍规律。而简单范式坚持分离原则，认为具体的科学是相互独立的，坚持科学系统和环境之间也是没有孤立的。其实，任何系统的外部要素都或多或少地影响系统组成元素之间的相互关系，甚至影响系统的组织结构的稳定性，从而影响系统的功能。

在简单范式看来，科学知识具有确定性。在复杂范式中，科学知识具有不确定性。"科学不再等同于确定性，概率不再等同于无知；科学知识在本质上是概率性的；由科学知识概率性所表征的不确定性不是因为我们付出了足够的时间和努力就可完全消除的，它是内在于科学知识之中的。"[①] 复杂范式下的不确定性使得严格决定论失效，"所谓的'不确定性'，就是在认识进入更深层次时，传统的建立在因果性基础之上的决定论的不可能"[②]。但科学并不会因为不确定性而失去生机和活力，亨利·N. 波拉克在其著作《不确定的科学与不确定的世界》中就指出："科学会因为不确定性而衰弱吗？恰恰相反，许多科学的成功正是由于科学家在追求知识的过程中学会了利用不确定性。不确定性非但不是阻碍科学前行的障碍，而且是推动科学前进的动力。科学是靠不确定性而繁荣的。"[③] 现代科学是科学家在实验室中建构出来的科学，实验室条件具有可控性，是对自然条件的简化，因此实验室科学相对来说具有稳定性，但其不能把自然界的所有条件考虑在内，因此是相对不完整的，

---

① ［比利时］普利高津：《确定性的终结》，上海科技教育出版社1998年版，第2页。

② ［英］牛顿：《自然哲学之数学原理·宇宙体系》，武汉出版社1992年版，第131页。

③ ［美］亨利·N. 波拉克：《不确定的科学与不确定的世界》，世纪出版集团、上海科技教育出版社2005年版，第9页。

试验结果也未必能与自然界完全通约。科学往往是给自然界提供解释模型，但是模型并不等于原型。因此，科学知识具有不确定性。

认识主体的理论框架、认知结构、思维方法、经验背景的差异，以及主体的价值取向、主观态度在认识过程中会产生偏差，造成对科学知识的认识不是全面、系统、动态的。只是个别性、僵化性和分离性的科学知识，还有可能是虚假的科学知识。

突现（emergence）是复杂范式的核心概念，"突现是指在复杂系统的自组织过程中出现的新颖的和连贯的结构、模式（patterns）和性质。"① 指的是整体具有部分彼此孤立时所不具有的特性。美国圣菲研究所指出："复杂性，实质上就是一门关于突现的科学。我们面临的挑战，……就是如何发现突现的基本法则。"②

突现论的基本法则和纲领如下：

1. 世界是生成的，突现具有生成性和动态结构性。"我们在此所称之为结构的东西，不是由同种成分组成的稳固的结构，而是一种动力学秩序，……它是一种过程的结构。"③

2. 复杂系统具有整体性特征，事物和物质不可能被无限分割为最后的组分和基本粒子。莫兰认为："相对系统的组成而言，突现是一个新品质。系统一旦形成，突现就以原进程中断的方式一下子突然出现，它具有事件的秉性。它当然还具有不可简约的特点：突现无法分解，它是一个人们无法从先在的成分中推导出来的品质。"④

3. 整体不能还原为部分，整体的性质也不能通过部分的性质推导出来。

4. 复杂系统具有不可预测性和反直觉性。美国学者卡斯蒂（Casti, J. L）把有无突现现象作为区分复杂系统与简单系统的重要特征之一，强调突现的不可预测性和反直觉性。"突现是作为总体系统行为从多个参与者的相互作用中所产生出的'系统论'泛称，是一种从系统的各

---

① Jeffrey Goldstein, Emergence as a Construct: History and Issues, Emergence: The Journal of Complexity in Management and Organization, 1999, Vol. 1. p. 52.

② ［美］米歇尔·沃德罗普：《复杂——诞生于秩序与混沌边缘的科学》，生活·读书·新知三联书店 1997 年版，第 115 页。

③ ［美］埃里克·詹奇：《自组织的宇宙观》，中国社会科学出版社 1992 年版，第 27 页。

④ ［法］埃德加·莫兰：《方法：天然之天性》，吴泓缈等译，北京大学出版社 2002 年版，第 101—102 页。

个组成部分的孤立行为中无法预测、甚至无法想象的行为。"[1]

与简单范式坚持还原论原则不同，复杂范式坚持整体论的突现性原则，认为世界不是孤立的，对部分或者系统元素的认识必须放在整体中去认识。突现论超越了还原论。"突现论"则提倡探求事物的整体突现性。复杂范式在"突现论"的支配下才能取得突破性的进展。"我认为不认识整体就不可能认识部分"[2]，应该作为一个开放性的认识过程，对科学的认识必须加上解释者去解释。

第三节　贝叶斯网络解释模型及其困境

一　贝叶斯网络解释模型的结构

1986 年，美国加州大学著名教授、世界知名人工智能专家珀尔提出了一种针对不确定性知识的贝叶斯网络（Bayesian network）模型。[3] 目前已经在人工智能、专家系统、模式识别、数据挖掘和软件测试等领域广泛应用，近年才有人用来推进对科学解释研究。

贝叶斯网络也称为信念网络（Belief Networks）或者因果网络（Causal Networks）。贝叶斯网络由图论和概率论结合而成，由贝叶斯概率理论与图形模式结合起来由有向无环图（Directed Acyclic Graph，DAG）来表示的模型。它是针对不确定性知识的模型，为多个变量之间复杂关系的解释提供了一种新的框架，我们借用贝叶斯网络构建新的科学解释模型。运用直观的图论和解释项和被解释项之间的概率支持度来刻画解释项和被解释项的因果关系。概率值大小表示解释力的强弱。

例如，我们对"天空为什么是蓝色的？"两个可能性解释为：

1. 光的散射

2. 光的反射

被解释项是"天空为什么是蓝色的？"解释项是两个竞争的理论

---

① ［美］J. L. 卡斯蒂：《虚实世界——计算机仿真如何改变科学的疆域》，王千祥等译，上海科技教育出版社 1998 年版，第 90 页。

② ［法］埃德加·莫兰：《方法：天然之天性》，吴泓缈等译，北京大学出版社 2002 年版，第 2 页。

③ Pearl J. F., Propagation and Structuring in Belief Networks, Artificial Intelligence, 1986, 2 (3): 241 – 288.

"光的散射"和"光的反射"。其贝叶斯网络的有向无环图如下：

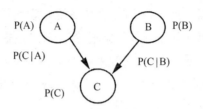

上图 A 表示"光的散射"；P（A）表示"光的散射"的概率；P（C｜A）表示"光的散射"引起被解释项"天空是蓝色的"出现的概率。上图 B 表示"光的反射"；P（B）表示"光的反射"的概率；P（C｜B）表示"光的反射"引起被解释项"天空是蓝色的"出现的概率。贝叶斯网络模型通过构建解释项和被解释项之间的有向无环图来达到解释的目的。

有向无环图由代表变量节点及连接这些节点的有向边构成。上图中 A、B、C 表示节点，A 和 C、B 和 C 之间的箭头表示有向边，上图为两个解释项的有向无边图，这是最简单的贝叶斯网络模型，解释的网络模型可以有多个节点和多个有向边，这取决于解释项和被解释项之间的因果关系的复杂程度。贝叶斯网络中的每一个节点表示一个解释项，即一个事件。解释项和被解释项之间的箭头表示事件发生的直接因果关系。节点 C 的概率依赖于节点 A 的概率，我们称上向节点 A 为父节点（parents），下向节点 C 为子节点（children），连接两个节点的单向箭头具有因果关系或是非条件独立的，例如节点 A 和节点 C 就是非条件独立的，因为节点 C（被解释项）的概率依赖于节点 A（解释项）的概率。同样，节点 B（解释项）和节点 C（被解释项）之间有箭头连接，也是非条件独立的；如果节点间没有箭头连接表示彼此间是条件独立的。例如，节点 A（解释项）和节点 B（解释项）之间没有箭头连接，节点 A 和节点 B 没有条件依赖关系，两个节点之间是条件独立的。贝叶斯网络的有向无环图就是把将复杂的解释项之间、被解释项之间的关系用图论来表示因果支持关系和解释力的强度。然后在有向无环图的基础上构建条件概率表（conditional probability table，CPT）。条件概率表的每一行所列出的是所有可能发生事件的概率，每一列列出的是所有可能发生的随机事件，且任何一行的概率总和必为1。由条件概率表可以刻画出贝叶斯网络中解释项和被解释项之间的因果关系。简单的条件概率表就是列出父节点（解释项）对子节点（被解释项）是否具有证据支持关系，而不用计算具体的概率值。

例如对"某个矿工患了肺气肿，没有患肺癌"的解释步骤就是回答问题"为什么这个矿工患肺气肿，没有患肺癌？"，具体的贝叶斯网络解释模型步骤如下：

第一步，分析变量之间关系，确定父节点和子节点，这样就明确了解释项和被解释项。如果我们把这个事件中的相关变量进行分析。事件S：该患者吸烟；事件C：该患者是矿工；事件E：他患了肺气肿；事件L：他患了肺癌。根据以上分析，对问题"为什么这个矿工患肺气肿，没有患肺癌？"贝叶斯网络模型结构共4个节点，节点之间的关系如下：肺气肿（E）和肺癌（L）的发生可能是因病人吸烟（S）引发的。矿工（C）的工作性质可能是他患肺气肿（E）原因。通过对以上变量间关系的分析，我们可以确定父节点和子节点。其中吸烟（S）是父节点，其子节点是肺癌（L）和肺气肿（E），矿工（C）是肺气肿（E）的父节点。吸烟（S）和矿工（C）没有父节点，肺癌（L）和肺气肿（E）没有子节点。那么对于"某矿工患了肺气肿，没有患肺癌"的有向无环图表示如下：

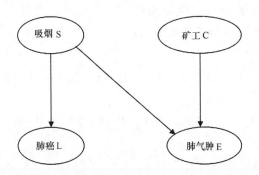

第二步，根据变量间的不确定性关系，表明变量之间的概率关系，可以得到如下"该人患肺气肿"的有向无环图。如下所示：

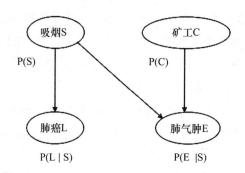

根据上面的贝叶斯网络模型，我们可以知道"吸烟"和"肺癌"、"肺气肿"都是非条件独立的，具有因果关系。"矿工"和"肺气肿"之间具有非条件独立关系，但"矿工"与"肺癌"之间是条件独立的。

第三步，根据有向无环图，我们由先验概率计算出后验概率，就对事件"某个矿工患了肺气肿，没有患肺癌"进行了解释。根据上图可知，解释者已知的先验概率是 P（S）、P（L | S），而想解释的是后验概率 P（E | S）。计算"吸烟的矿工患肺气肿"的概率或者说解释"吸烟的矿工患肺气肿"这个事件。贝叶斯网络模型的过程如下：

找到 E 的父节点（C），把它作为贝叶斯网络解释模型的解释项，推导出"吸烟的人患肺气肿"的概率 P（E | S），P（E | S）= P（E，C | S）+ P（E，－C | S）；

上式表示："吸烟的人患肺气肿"的概率可以用"吸烟患肺气肿又是矿工的人的概率"与"吸烟患肺气肿不是矿工的人"的概率之和来表示。我们利用贝叶斯定理推导出：

$\because$ P（E | S）= P（E，C | S）+ P（E，$\neg$ C | S）

P（E，C | S）= P（E，C，S）／P（S）= P（E | C，S）· P（C | S）

$\therefore$ P（E | S）= P（E | C，S）· P（C | S）+ P（E，| $\neg$ C，S）· P（$\neg$ C | S）

$\because$ P（C | S）= P（C），P（$\neg$ C | S）= P（$\neg$ C）

$\therefore$ P（E | S）= P（E | C，S）· P（C）+ P（E，| $\neg$ C，S）· P（$\neg$ C）

这样就可以推导出 P（E | S）的概率，也就是用贝叶斯网络解释模型对事件"这个矿井工人患了肺气肿，没有患肺癌"进行了解释。

通过以上的有向无环图和验后概率的计算过程，我们能够看出，用贝叶斯网络在解释中很容易排除解释中的无关因素。像萨尔蒙的"吃维生素 C 治疗感冒"利用贝叶斯网络非常容易排除，我们可以根据有向无环图之间是否有因果或者随机关联就可以排除解释中的不相关因素。

如果我们对"吸烟矿工患肺癌或者肺气肿"的概率进行主体信念度解释。如果不使用贝叶斯网络，直接进行主观概率的推导过程如下：

P（S，C，L，E）= P（E | S，C，L）P（L | S，C）P（C | S）P（S）

推导过程：

由贝叶斯定理可以得到：P（S，C，L，E）= P（E | S，C，L）P（S，C，L）

P（S，C，L）= P（L | S，C）P（S，C）

P（S，C）= P（C | S）P（S）

如果根据贝叶斯网络对"吸烟矿工患肺癌或者肺气肿"的概率进行解释，也就是计算全概率 P（S，C，L，E），我们很容易得到结果 P（S，C，L，E）= P（E | S，C）P（L | S）P（C）P（S）。推导过程如下：根据贝叶斯定理 P（S，C，L，E）= P（E | S，C，L）P（L | S，C）P（C | S）P（S）= P（E | S，C）P（L | S）P（C）P（S）。

因为根据贝叶斯网络的有向无环图和贝叶斯网络的条件独立属性，我们轻易排除解释中的不相关因素。根据贝叶斯网络的有向无环图，我们可以知道，E 与 L 无关、L 与 C 无关以及 C 与 S 无关。因此：

P（E | S，C，L）= P（E | S，C），

P（L | S，C）= P（L | S）

P（C | S）　= P（C）

然后几个概率的乘积就可以通过贝叶斯网络直接推导出结果，因此，贝叶斯网络模型降低了计算难度，简化了计算过程。

二　解释者信念度模型的理论特征

1. 解释是解释项和被解释项之间的因果相关和解释者信念相关的统一

贝叶斯网络是有向无环图和概率结合的二元函数，可以表达为 BN =（G，P），其中有向无环图是节点的集合和有向边的集合的二元函数，

即 G =（V，E）。V 为节点的集合，即解释项的集合；E 为有向边的集合，反映解释项和被解释项间的因果关系。为了更好地刻画因果关系，贝叶斯网络把因果关系进行了分类：

（1）下向推理（causal or top – down inference）。目的是由原因推导出结果。解释项已知的情况下，如何运用贝叶斯网络计算解释项对被解释项的概率支持度。

（2）上向推理（diagnostic or bottom – up inference）。被解释项已知的情况下，如何根据贝叶斯网络溯因得到解释项的概率。

（3）支持推理，通过被解释项寻求解释项之间的支持关系。例如在贝叶斯网络模型中，解释项 A 或 B 的出现，可以解释 C 的出现。如果已知解释项 A 和被解释项 C，则我们可以知道解释项 B 的概率，这就是贝叶斯网络中因果关系的支持推理。

凯切尔提出的解释的统合理论也把科学解释分为"从下而上"（Bottom – Up）和"自上而下"（Top – Down）两种形式。但他是从解释形式即从基础科学定律到表面现象还是表面现象到全局性维度上区分的，统合模型不是对解释中解释项和被解释项间的因果关系的分类，而贝叶斯网络模型侧重对因果关系的分类。不但如此，贝叶斯网络模型区分因果关系的强度。在 BN =（G，P）这个二元函项中，P 为节点的概率分布，表示节点之间因果关系的支持强度，每个节点都有一个条件概率表定量描述其所有父节点（解释项）对子节点（被解释项）的因果支持强度。

贝叶斯网络具有条件独立性（conditional independence）的特点。因此，解释中只需要考虑与因果支持力度相关的有限变量，可以简化解释的程序，也可以从复杂性问题中找到可行的解释。我们也可以通过因果支持中的概率的变化排除解释中的不相关因素。

所有的金属都导电；

所有导电的物体都受到重力吸引；

所有金属都受到重力吸引。[①]

我们可以利用贝叶斯网络模型排除上述解释中的不相关性，因为"金属"和"重力吸引"之间没有因果支持关系，物质受重力吸引的上向推理是因为物体具有引力质量。通过贝叶斯网络模型的下向推理、上

---

① Ruben D，Explaining Explanation，New York：Routledge，1990．p. 182.

向推理和支持推理，我们可以轻松排除解释中的不相关项。

贝叶斯网络作基于概率论基础上的推理，把解释过程当成概率计算过程。通过贝叶斯网络可以准确刻画解释项和被解释项之间的因果关系和随机关系，在这一点上，贝叶斯网络超越了萨尔蒙的科学解释的统计相关模型和因果相关模型。

2. 贝叶斯网络模型是可计算的解释模型，是定量和定性相结合的解释模型

贝叶斯网络的主观信念度模型拓展了科学研究的范围，贝叶斯网络既有定性分析又有定量分析，在亨普尔等人看来，解释的概率不一定可以计算，"一个证据陈述 e 对于假设 h 所提供的归纳支持，在多大程度上能够用具有概率的形式特征的精确定量的概念 C（h，e）来表示，则仍然是一个引起争论的问题。"① 卡尔纳普也说过，"他（科学家）要更精确地确定 h 是否为 e 所证实；他要知道：（1）C（h，e）的值是什么，或者如果他已猜测到这一值为 r，他要知道：（2）C（h，e）=r 是否确实成立。一般说来，对这些问题是没有能行（性）方法的，换句话说，一般说来 C 不是一个可计算函数。"② 在逻辑经验主义者看来，解释中解释项对被解释项支持的概率只要符合高概率的要求就可以了。但在贝叶斯网络视角，解释的概率是可以精确计算的，不但如此，它还表明了解释者信念的变化。贝叶斯学派认为，信念是一个度的问题，可以用概率的形式来表示，如果 P（E）是解释者给予事件 E 的概率，这个概率可以在 0 和 1 之间变动。如果解释者确定 E 为假，那么解释项对被解释项支持概率为 0，如果解释者确定 E 为真，那么解释项对被解释项支持概率为 1。把信念表示为概率，就能用数学上的概率论对信念的变化进行解释。证据 E 只有在使解释主体对 H 的信念度时才支持假说 H。E 支持 H 当且仅当 E 的验后概率大于 H 出现之前的先验概率。也就是证据 E 的出现引起了 H 的改变。

3. 贝叶斯网络排除了解释中的不相关因素

贝叶斯网络模型基于本体论和认识论结合的进路，既关注解释项和

---

① ［美］亨普尔：《归纳的不一贯性》，洪谦主编：《逻辑经验主义》，商务印书馆 1982 年版，第 302 页。

② ［美］卡尔纳普：《归纳逻辑与演绎逻辑》，洪谦主编：《逻辑经验主义》，商务印书馆 1982 年版，第 334 页。

被解释项之间的因果关系，又关注解释中的解释者的信念。能够排除解释的不相关因素。通过贝叶斯网络的有向无环图和验后概率的计算过程，在解释中很容易排除解释中的不相关因素。例如，萨尔蒙反驳亨普尔的逻辑相关性的例子，约翰患感冒且连续服用维生素 C，约翰在两周内康复了。服用大量维生素 C 的事实与某些统计定律的结合似乎可以作为约翰两周内康复的解释。但是否服用维生素 C，约翰感冒都可以在两周内康复，维生素 C 是约翰康复的解释不相关因素。亨普尔模型没办法排除这种解释不相关因素，但利用贝叶斯网络非常容易排除上述反例，我们可以根据有向无环图父节点和子节点之间是否有因果关联就可以排除解释中的不相关因素。因为根据贝叶斯网络，萨尔蒙的例子中"维生素 C"与"患感冒"和"康复"之间都是条件独立的，是解释的不相关因素。吃康泰克与感冒痊愈是解释相关的，因为它改变了解释项和被解释项因果力的概率。吃维生素与治愈感冒不是解释相关的，因为吃维生素不能改变解释项和被解释项因果力的概率值。

贝叶斯网络模型不仅揭示了解释项和被解释项的因果关系，而且，还对解释的高概率和低概率进行了区分，且能够进行概率计算，能够通过概率值表明解释中高概率、低概率因素对解释项的支持程度，通过解释项对被解释项的支持程度来表明解释项和被解释项之间因果支持的强弱，从而能够更好地刻画解释项对被解释项的解释力的大小。根据贝叶斯网络解释模型可以表示通过不同解释项之间概率的支持程度来表示解释项对被解释项的解释力大小。从科学解释的演绎—律则模型开始，科学家们就在思考解释相关究竟是何种意义上的相关关系，亨普尔把解释相关作为逻辑相关，萨尔蒙把解释相关作为统计相关关系，费茨尔把解释相关作为因果相关，范·弗拉森和阿欣斯坦等人把解释相关作为语境相关，但是在解释过程中都很难排除解释中的不相关因素。贝叶斯网络模型因为有直观的有向无环图，因此，很容易根据变量间的有向线段来明确各个节点之间的关系，可以直观地根据父节点和子节点之间没有有向线段来推断父节点对于子节点的解释来说是不相关的。

从亨普尔和奥本海姆开始，把假设—推论模式当作科学解释的唯一正确模式。因此解释就是逻辑相关的，解释更多的是逻辑关系，其他的语义学进路的科学哲学家也把科学解释作为语义关系。语用学进路的科学解释模型把解释者引进了解释的模型中，关注被解释者的状态，范·

弗拉森把语境相关作为解释相关，但语境涉及太多的因素，解释就是解释主体使得解释对象能够理解，阿欣斯坦通过言语行为解释了解释者在解释中的作用。但是随着世界图景的变化科学解释也要相应发展。"诸如解释这样的概念，不关键地依赖于人们对世界及其存在方式的最普遍性的图景是不可想象的。"① 世界中存在不确定性，由于事物发展的随机性和复杂性，人类认识的不完全、不可靠、不精确和不一致性，自然语言中存在的模糊性和歧义性，使得现实世界中的事物以及事物之间的关系极其复杂，带来了大量不确定性，而概率论是表示不确定性的一个合理的方式。另外一个原因就是贝叶斯网络能模块化地表示不确定知识，这使得它们易于维护而且可以应用到不同的环境中去。因此贝叶斯网络在不确定性推理世界图景中的作为科学解释的模型就显得非常有吸引力。

4. 贝叶斯网络模型符合不确定性的世界图景

确定性一直被当成自然界和科学的本质。以牛顿力学刻画的宏观世界就是确定性的世界。确定性信念的世界图景认为世界的运动和变化都服从严格决定论的规定，世界因果链条都被赋予一种单向相关的确定性的数学秩序。随着复杂性科学的兴起，科学的本质发生了变化。经典科学对世界确定性的基本信念已暴露出越来越大的有限性。特别是随着量子力学的发展，确定性的世界图景的信念彻底被打破。"科学不再等同于确定性，概率不再等同于无知；科学知识在本质上是概率性的；由科学知识概率性所表征的不确定性不是因为我们付出了足够的时间和努力就可完全消除的，它是内在于科学知识之中的。"② 20 世纪 20 年代中期，量子力学的兴起表明"上帝是掷骰子的"，也即概率定律是世界的终极规律，世界不仅仅是由因果关系支配的，是由因果和概率共同支配的。世界不是必然性的，人类思维理应与"世界的逻辑构造"相适应。因此基于严格决定论立场和简单性世界图景的信念必须代之以非严格决定论立场和复杂性世界图景。

科学解释也要随着世界图景的变化相应发展。"诸如解释这样的概

---

① Phlip Kitcher and Wesley C. Salmon, Scentific Explanation, University of Minnesota Press, 1989, p. 221.

② ［比利时］普利高津:《确定性的终结》，湛敏译，上海科技教育出版社1998 年版，第2 页。

念，不关键地依赖于人们对世界及其存在方式的最普遍性的图景是不可想象的。"① 世界中存在着不确定性，由于事物发展的随机性、过程的复杂性、人类认识的有限性、自然语言的模糊性和歧义性等使得世界中的解释项和被解释项之间的关系非常复杂。概率论是表示不确定性的一个可靠方法。因此贝叶斯网络在不确定性推理世界图景中的作为科学解释的模型就显得优势突出。贝叶斯网络模型最重要的作用是排除了解释中的无关项。贝叶斯网络模型因为有直观的有向无环图，根据变量间的有向线段来明确各个节点之间的关系，可以直观地根据父节点和子节点之间是否具备有向线段来推断父节点对于子节点的解释是否相关。贝叶斯网络模型成功地排除了解释中的不相关项。既避免了语义学解释模型的困境，又推进了语境相关模型的研究，它把语境相关模型作为对解释者的主体信念度的概率的改变。从而使得科学解释与世界新图景相符合。例如，在笛卡儿看来，宇宙是旋涡，运动是由物体之间的碰撞引起的。亚里士多德的宇宙是上帝创造的，地球是宇宙的中心，其他星体围绕地球运转。牛顿力学是以时间、空间、质量三元素为基础结构构建物质运动关系，牛顿的物质与时间和空间密切联系。爱因斯坦的时空与物质的存在及其运动状况没有联系；爱因斯坦坚持"绝对时空观"，爱因斯坦的物质在绝对时空中的运动是超越时空的"绝对运动"，而牛顿关于运动的是相对时空中的"相对运动"信念。不管是笛卡儿还是亚里士多德的宇宙观都是主体对于宇宙秩序的信念。

综上所述，科学解释的贝叶斯网络模型不仅揭示世界的因果联系，还在认识论层次上揭示解释者的信念，并且贝叶斯网络模型可以用直观的模型刻画因果的链式关系，可以刻画一因多果以及一果多因等复杂的解释项和被解释项之间的关系，也可以区分不同的解释项对被解释项的支持强度，推进了科学解释模型的研究。同时，贝叶斯网络模型作为一个开放的有向无环图，可以增加解释项的数量和调整不同解释项之间的概率关系，从而更能揭示解释项和被解释项之间的相关关系。因此，更符合复杂性的非严格决定论的世界图景，能够揭示世界的因果关系和概率关系，也把解释者的信念纳入解释中，保证了解释的合理性和恰当性。

---

① Philip Kitcher and Wesley C. Salmon, Scientific Explanation, University of Minnesota Press, 1989. p. 221.

三 贝叶斯网络解释模型的困境

相比其他的解释模型，贝叶斯网络解释模型具有优势，但是也存在一些问题，贝叶斯网络依赖于贝叶斯理论的发展以及因果关系的界定。因此，总的来说，还存在以下问题。比如，主体信念既然具有个体独立性，那主体信念的个体信念如何得到保证？个体信念是否能够变成群体信念？如果回答是肯定，那个体信念转变成群体信念的条件是什么？还有就是解释主体的信念是否具有偏差和倾向性？是有向无环图刻画了解释项和被解释项的因果关系还是解释项和被解释项之间的因果关系决定了贝叶斯网络的有向无环图的父节点和子节点之间的关系呢？这些问题都值得深入思考，但是解释者信念的主体间性如何解决贝叶斯网络面临的深层次理论问题。

1. 解释者的信念偏差

信念度既然是个体对特定命题和事件的相信程度，那就不可避免具有解释主体的认知差异性，认知的歧义性表明了主体信念度之间存在差异，其表征如下："我们所接受的科学陈述总集 K 包含着不同的陈述子集，这些陈述能被用于刚才所考虑的概率形式论证的前提，并使逻辑上相互矛盾的结论都有高的概率。"[1] 认知歧义性的基本特征是已接受的知识总集中包含的不同知识子集被用于解释某个具体的事件和命题时，导致逻辑上相互矛盾的结论都可能具有高概率，即两个真命题构成的不同的证据有时会对两个矛盾的命题都具有很高概率的支持。

解释者主体信念与客观概率之间的差距。认知主体对 PX 项目、垃圾焚烧、核电站等的主观意义上的认知与这些工程的客观概率间存在着差异。客观概率可以通过测算得到精确的数值，但主体认知表现为主体认知的概率值与客观概率值的偏移。

第一，信念的相对性。

解释主体间的认知差异性。转基因食品（genetically modified foods, GMF）是利用现代分子生物技术，将某些生物的基因转移到其他物种中去，改造生物的遗传物质，使其在性状、营养品质、消费品质等方面向

---

① C. G. Hempel, Aspects of Scientific Explanation and other Essays in the Philosophy of Scientific, New York: The Free Press, 1965. p. 396.

人们所需要的目标转变的食品。2013 年 7 月，61 名两院院士联名上书国家领导人，请求尽快推进转基因水稻产业化。他们认为转基因食品对人体是安全的，且是解决世界人民粮食危机的有效途径。一些研究学者认为，对于基因的人工提炼和添加，可能在达到某些人想达到的效果的同时，也增加和积聚了食物中原有的微量毒素。他们认为转基因水稻对人体的危害非常大，靠转基因解决粮食危机如同饮鸩止渴。同样对转基因进行研究的专家，对转基因食品的认识却是不同的。这就是说，专家对转基因风险的认识具有不可通约的差异性。风险认知的差异性表现在：即使不同个体有相同的理性，并且具有相同的证据 e，但可能对于 h 具有不同的信念度。例如，不同认知主体对于核泄漏的认识有明显差异。90% 以上的专家认为核电能源是清洁、高效的能源，是比水电能源更安全，比风电能源和太阳能更稳定的能源，并且核辐射和 X 光辐射相比，对人类的危害并不大，但核武器的毁灭性后果，广岛、长崎原子弹爆炸的阴影，切尔诺贝利核泄漏事件等对公众造成的心理影响较大，引发核恐慌心理，使得公众的认知与专家的认知存在很大的差异，90% 的公众认为核电能源非常危险，具有严重的辐射，一旦泄漏后果不堪设想。因此，专家和公众对核泄漏和核电安全的主观信念存在很大的差异，这就是认知歧义性。也就是说信念存在个体的差异，信念具有相对性，这就直接导致对核信念具有了相对性的认识。这种主观意义的知识不能仅仅考虑核泄漏的客观概率，应该考虑到核泄漏的主体信念度。对核泄漏的解释不仅仅与支持证据相关，也与主体能否接受或者相信这些证据有关，也就是与主体的信念度相关。不同的认知主体对 PX 项目的风险感知存在差异。公众认为 PX 项目危害居民安全、造成环境污染、危害人类健康、风险系数高，PX 项目（二甲苯化工项目）在厦门、大连、昆明等城市都引起公众的抵制，认为其对环境和人体都有严重的危害，甚至致癌。专家认为 PX 项目中的"对二甲苯"属于低毒类化学物质，且 PX 项目是纺织服装、塑料制品等日用品生产的有机化工原料，应该鼓励和支持 PX 项目的兴建。2007 年，世界卫生组织国际癌症研究机构（IARC）将 PX 定义为"第三组致癌物"，即现有的证据不能证明其对人类致癌，对环境和人类安全都没有危害。专家和公众的信念有相对差异。垃圾焚烧也遭遇到了同样的命运，居民认为垃圾焚烧危害身体健康、污染周边环境；专家认为垃圾焚烧能够节约用地，比垃圾填埋更有利于解决"垃圾围城"问题，是垃圾处理的有效且环保方法之一。不同个体即使有相同的理性，并且具有相同的证据 e，但可能对于 h 具有不同的信念度，因此，概率被定义为特定个体的信念度，具有同样的证据的个体被允许对同一项技术的风险赋予不同的概率。

对于转基因技术的信念、克隆技术的信念等，科学家的信念和普通公众的信念是不同的，科学家以群体的概念定义风险，而公众则关心的是对他们个体的影响。公众对风险的认知，并非建立在对风险本质的理解上，而是受到了认知主体的背景知识、心理认知和社会文化等因素的影响，从而影响其对风险的主体信念度，而主体的信念度也会随着经验证据的增加而改变，最后使得对风险的主体信念趋同。所以它在某种意义上可以看作是主观解释的发展，且与主观解释并不矛盾。与主观解释可以任意选择信念度相比，主体交互解释更为强调一个社会群体所形成的一致的或共同的信念度。这在某种程度上避免了主观解释的主观任意性问题，对先验概率进行了一定的约束，很好地做到了主观性与客观性的统一。

一方面，不同的解释主体对同一事件的信任度不相同，因此，信任度是相对的；另一方面，主观概率以归纳主体的个人信念为基础，可以根据任何有效的证据并结合自己对情况的感觉对概率进行调整。信念度又随个人的认识程度和所具有的知识状态的改变而改变，因此，信念度又具有可变性。美国俄勒冈大学的斯洛维克（P. Slovic）通过对比妇女联盟选民、大学生和活跃俱乐部成员及其业内专家这4组认知主体对30种风险危害程度的认知进行排序。

基于群体平均几何级数的30种活动和技术的风险排序表

活动或技术（类别）	妇联选民	大学生	活跃俱乐部成员	专家
核电	1	1	8	20
机动车	2	5	3	1
手枪	3	2	1	4
吸烟	4	3	4	2
摩托车	5	6	2	6
酒精饮料	6	7	5	3

续表

活动或技术（类别）	妇联选民	大学生	活跃俱乐部成员	专家
专用（私人）航空	7	15	11	12
警察工作	8	8	7	17
农药	9	4	15	8
外科手术	10	11	9	5
消防	11	10	6	18
大型建设	12	14	13	13
打猎	13	18	10	28
喷雾罐	14	13	23	26
登山	15	22	12	29
自行车	16	24	14	15
商业航空	17	16	18	16
电力（非核电）	18	19	19	9
游泳	19	30	17	10
避孕药具	20	9	22	11
滑雪	21	25	16	30
X 光	22	17	24	7
高中和大学足球	23	26	21	27
铁路	24	23	29	19
食品防腐剂	25	12	28	14
食品色素	26	20	30	21
动力割草机	27	28	25	28
处方抗生素	28	21	26	24
家用割草机	29	27	27	22
接种疫苗	30	29	29	25

　　通过以上四组不同群体的风险排序表，我们可以看出，不同认知主体对同一种风险的信念存在明显差异。例如对核电和 X 光的主体认知，专家认为核电风险在 30 类风险中位居 20 名，而妇联选民和大学生都把核能风险排在这 30 类风险之首；专家认为 X 光的风险排在第七位，而

妇联选民和活跃俱乐部成员都把 X 光的风险排在 20 名之后，这表明不同主体的风险感知存在很大的差异。

通过斯洛维克的研究可以看出主体认知与主体的认知态度和知识状态等紧密联系。公众和专家的知识状态是不同的，公众因为对核技术、基因技术、生物技术等新技术知识掌握少，往往会高估新风险，埃利奥特（Kevin Elliott）认为专家因为对自己专业的自信，会过高估计自己主观判断的准确性，往往会低估风险[①]。

除了斯洛维克之外，很多学者从不同视角对风险感知进行研究。克里姆斯基（S. Krimsky）提出人们倾向于高估相对出现频率低的灾害的风险，而低估经常发生灾害的风险。例如，地震、火山爆发、核辐射因其出现频率低，风险感知比客观风险概率高，而自行车、游泳等是日常生活中常见的，其风险发生的概率会被低估。刘易斯（H. W. Lewis）把风险感知的影响因素归为四类：风险主体是否自愿承担风险、主体对风险的熟悉度、风险的损害程度以及风险的表现方式。

第二，信念的变动性。

信念度的可变性和相对性是概率主观解释的核心，信念会随着认知状态的改变而相应地发生改变。主体或者个体的信念是可以发生变化的，信念会随着知识状态或者认知状态的改变而改变，最后达到一个新的平衡。永动机曾经被认为是一个理论上没有任何疑义的技术，但很多科学家付出毕生的心血到头来却是两手空空。解剖在某个时期的天主教被认为是恶的，他们认为身体的损坏会导致人的灵魂的损坏，因此不能被人类的伦理所容，堕胎作为一种技术给人类带来很大的风险，但后来堕胎对减少人口数量和缓解粮食危机有重大的作用。1928 年，英国科学家弗莱明发现了青霉素的抗生作用，到 1944 年青霉素进入临床，它为人类治愈疾病作出了巨大的贡献，当时抗生素被认为是挽救人类生命的良药，然而随着人们越来越广泛地使用抗生素和人类对抗生素知识地深入了解，目前，抗生素因其与癌症风险增加相关而在治疗中慎重应用。随着人类的认知能力的增强和人类在不同时期的评价标准的不同，主体的信念会随着主体知识的改变而改变。

---

① Elliott K, Respect for Lay Perceptions of Risk in the Hormesis Case, Human and Experimental Toxicology, 2009, 28（1）：21 - 26.

第三，解释主体的信念偏差。

认知主体对风险的认识在很多方面存在认知偏差。比如，三里岛核泄漏事件没有造成任何人员的伤亡，但绝大部分公众对核能的应用持反对态度。经过专家的调查发现，车祸的风险是非常高的，但是公众对于车祸的风险认知远远低于对核工程的认知，这就存在风险认知偏差。

主体信念度不等于客观概率，因为主体信念除了跟客观概率有关，还是主观建构性的。人们在很多方面存在信念偏差。比如，三里岛核泄漏事件没有造成任何人员的伤亡，但绝大部分公众对核能的应用持反对态度。经过专家的调查发现，车祸的风险是非常高的，但是公众对于车祸的风险认知远远低于对核工程的认知，这就存在认知偏差。认知科学家通过实证研究，得出了认知偏差跟几组参量相关。斯洛维克通过公众对 81 个事件风险的认知，里面包括公众对 DNA 技术、洪水、车祸、大坝溃堤、核风险、饮酒、自行车等风险认知的各种综合因素进行统计，得出公众对风险信念表现出如下情况①。

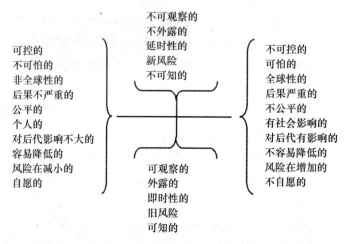

斯洛维克风险感知的熟悉性程度和灾难性程度二维模型

从纵轴上来看，公众会根据对某一事件或风险的熟悉性程度不同而产生信念偏差。比如，DNA 技术相对于车祸来说，就是不可观察的，

---

①　Slovic P, Fischhoff B, Lichtenstein S, Facts and Fears: Understanding Perceived Risk, Societal Risk Assessment, New York: Plenum Press, 1980. pp. 280 - 285.

公众对 DNA 技术的风险的信念就会出现偏差，会把 DNA 技术出现风险的概率高估，而对车祸出现的风险的概率会低估。微波炉的风险是不容易意识到的，吸烟的风险是容易意识到的，公众对微波炉的风险就会高估，对吸烟的危害就会低估。乘坐电梯的风险是有即刻影响的，而 X 光的影响是长远的，我们就会高估 X 光的危险，而对乘坐电梯的风险的概率低估。

从横轴上来讲，公众会根据对某一事件或者风险的忧虑性程度不同而产生信念偏差。比如，核泄漏事故和核战争危险因为其后果是可怕的而使得公众对于核风险的概率会高估。而咖啡因对人体的危害是不可怕的，或者说后果并不严重，公众往往低估咖啡因的风险。滑雪、玩蹦蹦床、割草的风险因为是公众自愿的而低估其风险概率。煤矿开采、摩天大楼火灾因为非公众自愿的而高估其风险概率。等等，这些都会造成主体认知的偏差，这种认知偏差会导致解释者的信念度有偏差，或者说，主观概率与客观概率的变化是不一致的。

除此之外，还有一种情形，如果概率 P（A）和概率 P（B）是相同的，那么概率 P（A｜B）一定与概率 P（B｜A）是相同的，但是人们对这个概率的信念是不同的。例如，在十项全能运动中，很多人断定如果一个参赛者赢了这个十项全能运动那就赢了第一个项目的概率，高于他们断定如果他赢了第一个项目他就赢了这个十项全能运动的概率。其实这两个条件概率都是相同的，因为一个竞争者赢得第一个项目的先验概率和赢得这个十项全能运动的先验概率是一样的，都是 1 除以参赛者的数量，但主体的信念是不同的。"人们依赖于有限数量的启示原则，这些原则能把评价概率和预言价值的复杂任务简化为更简单的判断操作。一般而言，这些启示非常有用，但有时它们会导致严重的或者体系上的错误。"①

综上所述，具有同样证据的不同个体可以对同一假说赋予不同的概率。主观贝叶斯主义避免了无差别原则，可以对单个事件进行解释，也避免了解释中需要定律的困境，但是主观贝叶斯派除了要求人的信念函项满足概率演算的公理之外，没有更多的约束条件，这就难以避免出现

---

① Kahneman D., Slovic, P. and Tversky, A. (eds). Judgment Under Uncertainty: Heuristics and Biases, Cambridge: Cambridge University Press. 1982, pp. 120 – 121.

一些困境。

对于解释中的倾向和偏差问题，我们可以借鉴认知科学的研究成果。斯米特（Tim Smits）和胡伦斯（Vera Hoorens）（2005）的研究表明，事件的描述若与主体相关，人们的概率判断会具有高估对他们有利的事件的概率的倾向，低估对他们不利的事件的概率。如喝酒导致肝病概率很高，但贪杯的人总认为这种事情不大可能发生在自己身上；买彩票中大奖的客观概率很低，但许多购买者却认为自己中奖的可能性也就是主观信念认为中大奖的机会很大，所以"频频出击"。当估计的事件与主体无关时，被试对消极事件和积极事件的概率值没有太大差别。

2. 解释者信念偏差的辩护

根据贝叶斯定理：对于同一个命题，或者同一个事件，或同一个假说，合理的信念度集合不是唯一的，可以有许多个，只要它们遵循概率论的公理，那么就都是合理的。这样不同的主体对同一个事件计算出的概率会不同，但随着经验材料积累和证据的增加，只要根据贝叶斯定理来修正先验概率，不同主体对某个具体事件预测会越来越趋向稳定，越来越接近后验概率。作为主观贝叶斯法发展的德·芬内蒂的"意见收敛定理"和吉利斯的主体交互概率（intersubjective probability）对避免主观随意性作了辩护。

意见收敛定理表明，随着证据的增加，先验概率的主观任意性会被后验概率的客观确定性所取代，从而避免了主观随意性。意见收敛定理可以用来解释一个人或一群人拥有的知识程度、信念度或合理信念度不一致。意见收敛定理的核心理念在于"主体间性"，不同主体通过接受新信息，不断进行调整，逐步取得一致。德·芬内蒂提出意见收敛定理，即随着证据的增加，先验概率的主观任意性会被后验概率的客观确定性所取代。概率的主观性在长序列中趋于稳定值。这样概率解释的发展就经历了逻辑概率解释—主观概率解释—贝叶斯网络解释—主体交互概率解释的历程。

意见收敛定理的成立暗含了一个条件，它要求把后验概率等同于条件概率，即条件化要求，但对于先验概率和后验概率之间的关系却缺乏辩护。

至于不同群体之间信念度如何协调，作为主观贝叶斯主义扩展的主体相互概率理论可以得到解释。在吉利斯的主体交互概率理论看来"这种主体交互观点是主观主义理论的发展，在这里，概率不是看作一个人的信念度，而是一个社会团体的一致信念度"。① 不同个体"确立沟通与信息交流机制从而讨论形成共同意见（consensus），或者说主体交互概率（inter - subjective probability）"。② 吉利斯除了定义了主体交互解释，并提出了形成这种解释的满足条件。在吉利斯看来，主体交互解释是关于一个社会群体的共同信念度，社会群体的共同信念度往往得到一个社会群体几乎所有成员的普遍支持，而且一个特定的个体常常通过与这个群体进行社会交互作用而获得一致的信念。同样，不同群体的信念度也会趋向一致。不同群体"确立沟通与信息交流机制从而讨论形成共同意见"。吉利斯认为他提出的主体交互概率理论可以解释社会群体的共同信念度。他认为群体信念度的形成需要两个条件：

第一，群体成员间具有共同的旨趣，群体的成员必须有被共同的目标所维系。这个共同的目标使得群体内部相互团结相互协作，统一的信念使得群体成员行动一致共同进退。也许群体的规模和结构会发生变化，因为某个成员可能脱离群体如果他认为他依靠自己就可以达到目标，同样地，新的成员可能加入集体当他觉得跟共同体有一致性的利益时。重要的是，这个共同的目标必须有足够强的凝聚力把各个群体成员联结在一起。如果一个群体的规模够大，通常会有一个权威或潜在的领导来组织所有成员。另外一点是，这个主体间性信念度必须与共同的目标有关。

第二，群体成员间保持信息沟通。信息在群体成员之间必须是流通的。他们之间相互交流数据和想法，不论是群体特意组织的还是私下进行的信息沟通，还是两个个体之间的直接信息沟通或者通过第三者的间接信息沟通。一个特定的个体常常需要与具有共同旨趣的群体通过信息交流形成的"公共知识"（common knowledge）来形成群体的一致信念度。比如，对于国家体育馆——鸟巢的认知，有的认知个体认为其建筑材料、设计方案、计算模型、抗震理念等都表明这个建筑是个高风险的工程，但经过专家的解惑、媒体的宣传，其低厚板效应、良好的延性和冲击韧性、焊接性

---

① Donald Gillies, Philosophical Theories of Probability, Routledge：London，New York，2000，p. 2.

② Ibid.，p. 194.

能和抗撕裂性能，能满足抗震设计钢结构用厚板的各种需要，改变了这些认知个体的主体信念，认知主体具备了公共知识，达成一致信念解释主体的认知具有了趋同性。

根据贝叶斯定理我们知道：主体间性信念度其实是一个条件信念度。在贝叶斯方法中，个人对工程风险的概率为 $Pr(h_j/e)$。这个概率中的 e 包括组成个人知识背景的信念集合。主体间性信念度在形式上也是 $Pr(h_j/e)$，但现在 e 是包含着解释共同体的知识背景，这比共同体的任何一个解释主体所拥有的知识背景更广泛，同时，也避免了单独解释主体的认知的随意性。这样，一个特定的个体常常需要与具有共同旨趣的科学共同体通过信息交流形成的"公共知识"来形成群体的一致信念度。由于信念度的主体间性性质，在相同的知识背景和实验证据下，对一个理论的验前信念度就会被科学共同体合理地决定。

爱因斯坦坚持"绝对时空观"，而牛顿关于运动的信念是"相对运动"信念。不管是笛卡儿还是亚里士多德的宇宙观都是主体对于宇宙秩序的信念度，但不能把其界定为解释主体个人的信念度，正如吉利斯的理解，是科学共同体的信念度。牛顿和爱因斯坦的时空观信念也是科学共同体的时空观信念，而非牛顿和爱因斯坦的个人时空观信念，即使在开始是由牛顿和爱因斯坦提出和坚持的。根据吉利斯的观点，两种关于宇宙的解释会最终趋于一致，会随着证据的增加修正信念，使得群体的信念保持一致（笛卡儿宇宙观取代亚里士多德宇宙观）。或者给出不同的解释的适用范围，使其合并为新的信念（在宏观世界坚持牛顿的相对时空信念，在宇宙观世界坚持爱因斯坦的绝对时空信念）。从而保证了主观概率解释进路的随意性。

解释主体就是借助新信息来修正先验概率从而改变主体的信念度。概率的主观主义解释表明，概率并非事件本身所具有的，事件的概率只是指派概率的人头脑中所具有的信念证据。主观概率解释中的概率描述的是主观信念的程度，而不是频率。这样除了对从随机变化产生的数据进行概率描述外，我们还可以对其他事物进行概率描述。

对于吉利斯主体交互概率理论给出的避免主观概率随意性的条件能否解决主观概率的大部分诘难，有人指出给出的信念主体间性的条件过于简单和武断。例如，凯伯格（H. E. Kyburg）就指出"（贝叶斯主义）原理并没有表明，一个人应该变化他的信念来与贝叶斯定理保持一致"①，保证群体信念度的两个条件是否是科学解释的必要条件还值得深入探讨，但主观贝叶斯对概率的理解能够避免解释的客观概率的困境。

第四节　解释者的信念修正理论

由于知识的不确定性，知识是不精确和不完全性的，因此解释者在解释的时候用到的知识未必是同样的知识域或者知识库内容，因此知识只是信念，知识指的是解释者知道的东西，信念指的是解释者相信的东西，在解释中，知识只是解释主体的信念，未必是真理。辛迪卡在《知识与信念：这两个概念的逻辑导论》中指出：信念是主体对世界的认识，解释主体坚持的理论、观点和信息，解释主体的信念不是固定不变的，会随着主体认知状态的改变而改变，信念是一个动态变化的过程。② 在解释中，随着解释主体信念的增加，新信念往往与旧信念相冲突，信念通过不同方式发生着改变。阿尔罗若（C. E. Aichourron）、加尔登福尔斯和梅金森（D. Markinson）三人提出了信念修正理论（简称AGM 理论）。AGM 理论认为作为理想的知识体系应该遵循以下三个原则。

1. 一致性原则（Consistency）；

2. 最小改变原则（Minimalchange）：当新旧知识发生冲突时，尽可能不改变已有的知识；

3. 新消息优先原则（priority to the Incoming Information）。

AGM 理论把解释主体信念演化形式分为三种：信念拓展（expansion）、信念收缩（contraction）与信念修正（revision）。

信念拓展指的是解释主体随着新的观察和接受新信息后，不改变和放弃原有的旧信念在原有信念库的基础上进行扩充，这就是信念拓展。新信念 P 加入到旧信念体系 K 中，然后得到一个在逻辑后承下封闭的信

---

① H. E. Kyburg, Epistemology and Inference, Minneapolis: University of Minnesota Press, 1983, p. 95.

② J. Hintikka, Knowledge and Belief: An Introduction to the Logic of two Notions, Cornell University Press, 1962.

念系统，这样，就形成一个新的信念集，信念的拓展是由原来的信念集 K，拓展为 K + P。例如，达尔文以自然选择为核心，提出生物进化论，认为生物是渐变的，是受获得性遗传影响的，后来，在地质学领域，即由观察现今正在进行的地质作用过程，如现代风化、剥蚀、搬运、沉积等外动力地质作用，推知过去亿万年前发生的、现在无法观察的沉积地层形成的地质作用过程。这就是地质学研究中的火成说，这样，渐变的解释范围由生物学领域拓展到地质学领域。同时，达尔文进化论的核心观点"物竞天择、适者生存"也拓展到现代基因学领域。即由宏观生物学领域拓展到分子生物学领域。

信念收缩指的是解释主体放弃原有的命题和信念或者从原来信念集中删除一部分信念，从其信念体系中删除部分或者全部信念，从而形成新的信念集。即把多余信念 P 从原有信念集 K 中删除，这种变化称为 P 收缩 K，表示为 K − P。解释主体的信念收缩值得注意的是：从信念集 K 中删除一个信念 P，删除的不仅仅是 P 本身，在原有信念集 K 中，P 的逻辑后承信念也要删除。不仅 P 本身要去掉，而且 K 中某些能导出 P 的信念也得删除。例如，以质点作为研究对象，立足于力的作用关系的牛顿力学，以牛顿运动定律和万有引力定律为基础，开始的信念认为可以应用于所有的物质，但是随着科学研究的进展，认为牛顿力学只适用于研究速度小于光速的宏观物体的运动规律，狭义相对论研究光速的物体的运动，量子力学研究电子、质子等微观粒子的运动，这样，科学家对牛顿力学的研究范围的解释有个信念收缩的过程。

信念修正指的是解释主体的新信念 P 与主体原有的信念集 K 一致的时候，解释主体获得与原有信念一致的知识状态，这样的变化过程叫信念修正。信念修正问题可以定义如下：给定一个知识库 KB、一个约束条件理论 IT（IT 被 KB 满足）和一个新的约束条件 IC；寻找一个知识库 KB'，使 KBI 满足 ｛CI｝ UIT。KB' 是由 KB 增加或减少子句来得到的。[①] 当解释主体的新信念 P 与原有解释主体信念不一致或者相矛盾的时候，简单的信念拓展不能准确反映主体信念体系的变化，解释主体需要修改原有的信念，这样的变化过程都可以称为信念修正。这时解释主

---

① 陈保平、孙吉贵：《基于溯因解释的信念修正》，《吉林大学自然科学学报》1996 年第 5 期，第 35—39 页。

体会放弃与新信息相冲突的信念，将新信念纳入其信念体系中。这种变化过程可以称为 P 修正 K，表示为 K * P。例如，哥白尼坚持日心说，认为太阳是宇宙的中心，地球不是宇宙的中心，地球围绕太阳运动，但刚开始与当时的观测数据并不吻合，托勒密的地心说体系与观测数据相吻合，伽利略发明望远镜后，发现了一些支持日心说的天文现象，这样，日心说的信念得到了修正。例如，木卫体系的发现直接说明了地球不是宇宙的唯一中心，金星满盈的发现也暴露了托勒密体系的错误，但哥白尼的日心说体系直到开普勒以地球围绕太阳的椭圆轨道取代圆形轨道之后，日心说体系的主导性信念地位才得以确立。

17 世纪科学家开始对光的本质进行解释，笛卡儿认为光类似于压力，它由发光物质通过以太这种媒质进行传播，笛卡儿的《光学》一书中，他把光从物体通过介质传到人眼比喻成机械脉冲沿着手杖传入盲人的手和脑中一样。他认为光是一种在以太介质中压力的传播过程。当然，笛卡儿本人还没有光波的概念。他把光看成是在以太中传播的运动或者脉动。但这并不重要，重要的是，笛卡儿不是把光看作微粒流，而是把光看作压力或者脉动运动等的传播，因而他被认为是光的波动说的创始人。

意大利科学家格里马第第一个提出了光的波动事实，他发现，如果在一条窄光线经过的路程上放一个物体，那么在这一物体后面的屏幕上得到的并不是一个清晰的阴影，而是模糊的阴影，且在没阴影的边界还出现一些彩色的带，格里马第把这种现象称为衍射，但他未能正确地解释这一现象，他知道观察到的这一衍射现象是与光的直线定律相矛盾的，但他并未完全拒绝这一理论。按照格里马第的看法，光是传播着的流体，当光遇到障碍物时，就引起这一流体的波动。格里马第将它与水面波进行类比。1663 年，英国科学家波义耳提出了物体的颜色是光照射在物体上产生的效果，而不是光本身的性质。他第一次记载了肥皂泡和玻璃球中的彩色条纹。英国物理学家胡克重复了格里马第的试验，并通过对肥皂泡沫的颜色的观察提出了"光是以太的一种纵向波"的信念。后来，由荷兰物理学家惠更斯正式提出了光的波动说。他在 1690 年出版的《论光》一书中光的传播方式和声音在空气中的传播作了类比，明确地提出光是一种波动。这样通过笛卡儿，经由格里马第直到惠更斯，对光的本质作了波动说的解释。惠更斯认为光是从媒质的一部分依次向其他部分传播的一种运动，他把光和声波、水波都看成是球波。他从光是波动的传播提出了著名的"惠更斯原理"，很好地解释了光的反射、折射等现象。但他的理论不能解释光的干涉、衍射等现象。光的波动信念需要修正。

1672 年，牛顿做了光的色散实验，他让太阳光通过一个小孔后照在暗室里的棱镜上，在对面的墙壁上会得到一个彩色光谱。他认为，光的复合和分解就像不同颜色的微粒混合在一起又被分开一样。因此，他修正了光的波动信念，用光的微粒说解释光的本质。

18 世纪末，英国物理学家托马斯·杨开始对牛顿的微粒说产生了怀疑。杨氏把光和声进行类比，二者在重叠后都有加强或减弱的现象，他认为光是在以太流中传播的弹性振动，且光是以纵波形式传播的。他同时指出光的不同颜色和声的不同频率是相似的。这样，关于光的本质的解释信念又发生了改变，一度认为是光的波动说信念正确地解释了光的本质，而光的微粒说信念不能解释光的本质，这样，关于光的信念又进行了一次修正。然而，在 1808 年，拉普拉斯用微粒说分析了光的双折射线现象，批驳了杨氏的波动说。1809 年，马吕斯在试验中发现了光的偏振现象。光的纵波不可能发生偏振，这一发现成为了反对波动说的有利证据。这样，科学家关于光的本质信念又一次发生改变，光的微粒说信念战胜了光的波动说信念。

1817 年，托马斯·杨提出光是一种横波，而修正了惠更斯的光是一种纵波的信念，成功地解释了光的偏振现象。1819 年，菲涅耳成功地完成了对由两个平面镜所产生的相干光源进行的光的干涉实验，继杨氏干涉实验之后再次证明了光的波动说。1882 年，德国天文学家夫琅和费用光栅研究了光的衍射现象。德国另一位物理学家施维尔德根据新的光波学说，对光通过光栅后的衍射现象进行了成功的解释。光的波动说信念重新成为光的本质解释的主流信念。

1887 年，德国科学家赫兹发现光电效应，证明了光是一种微粒，这样，光的本质的解释修正为光是粒子的信念。20 世纪初，普朗克和爱因斯坦提出了光的量子学说。最后，爱因斯坦用"光的波粒二象性"成功地解释了光的本质。但在爱因斯坦之后，随着科学研究的进步，科学家对于光的信念也在一直的修正过程中，1921 年，康普顿在试验中证明了 X 射线的粒子性。1927 年，杰默尔和乔治·汤姆森在试验中证明了电子束具有波的性质。同时人们也证明了氢原子射线、氢原子和氢分子射线具有波的性质。这样，科学家关于波的信念在不断的修正过程中，这也说明信念不是固定不变的，而是变动不居的。

AGM 作为经典的信念修正理论，为之后的各种信念修正理论提供了比较的尺度。AGM 理论奠定了信念修正的基础，代表了信念修正的研究方向，推动了信念修正研究的发展。但信念修正的 AGM 理论存在着一些不能解决的问题。第一，AGM 理论没有考虑信念命题，仅仅局限于对事实命题的研究，导致 AGM 理论无法处理摩尔句子。第二，AGM 和吉利斯的主体交互概率一样，考察的是单个解释主体信念变化，并没有考虑多个主体系统中信念的交互和影响，这就没有办法解释科学共同体的共同信念。所以 AGM 修正理论具有一定的理论局限性。后来，一些新的信念修正理论针对 AGM 理论作了修正。例如，基于可信度的迭代信念修正方法、基于动态认知逻辑的信念修正理论以及基于代数方法的多主体信念修正系统等。

综上所述，解释者信念面临的问题是如何解决群体信念或者共同信念问题，对于科学解释，核心问题是如何界定其在"科学"上的解释问题。这就涉及对科学的理解和界定。

第七章 解释的信念基础——Why—问题

自亚里士多德以来，人们对自然的认识不是仅仅停留在懂得现象"是什么"，而是试图探讨现象出现的原因"为什么"了；我们在日常生活中经常会问为什么，比如：电梯为什么会动呢？灯为什么会亮呢？天空为什么是蓝色的呢？汽车为什么会跑呢？科学家也经常问为什么，比如：行星为什么绕太阳做椭圆轨道的运动？元素的化学性质为何呈现出周期性的变化？生物进化的原因何在？量子力学中的波函数表示什么？我们回答问题就是给出一个解释，因此，从亨普尔提出第一个科学解释模型，就把科学解释看成是对 Why—问题的回答。Why—问题一般形式为"为什么情况是 P？"其中 P 是经验陈述。亨普尔把 Why—问题看作解释信念的基础，他认为解释就是寻找 Why—问题的答案。

第一节 科学解释与 Why—问题

Why—问题可以区分为不同的类型，内格尔在《科学的结构——科学解释的逻辑问题》（*The Structure of Science—Problems in the Logic of Scienfitic Explanation*）中就提出了十种不同类型的 Why—问题：

1. 为什么从 1 开始的连续奇数之和是一个数的完全平方？
2. 为什么在前一天装满冰水的玻璃杯的外壁会出现水珠？
3. 在 19 世纪最后 25 年的欧洲，为什么天主教徒自杀的百分率不如新教教徒的自杀率高？
4. 为什么冰浮于水面上？
5. 为什么把盐加在水中可以降低水的凝固点？
6. 为什么高秆豌豆与矮秆豌豆杂交的第二代出现四分之三的高豌

豆和四分之一的矮豌豆呢？

    7. 为什么卡休斯谋杀了恺撒？

    8. 为什么英国的亨利八世试图和阿拉贡的凯瑟琳解除婚约？

    9. 为什么人有肺？

    10. 为什么英语中有许多拉丁语词汇？[①]

    以上这些 Why—问题有待解释的事件是不同的，有的被解释事件是必然真理，有的是单个事件；有的被解释事件是从统计上加以描述的现象，有个别的历史事件；有的需要功能解释，有的需要一个发生学上的解释。我们针对不同的问题有不同的回答方式。

    对于问题 2 "为什么在前一天装满冰水的玻璃杯的外壁会出现水珠？"我们的回答是：昨天晚上，玻璃杯随着冰水的加入温度下降，玻璃内壁比玻璃外壁降温快，水分凝结在玻璃外壁上。正因如此，玻璃杯的外壁上才有水珠。这里的被解释项是一个单称的自然事件，解释的依据是水蒸气冷凝结的经验规律。

    对于问题 4 "为什么冰浮于水面上？"的最简要解释是冰的密度比水小。这里的被解释项是一个全称的经验规律，而解释项是阿基米得原理、力学的平衡原理加上冰的密度和水的密度这些特定条件。这是以经验规律来解释经验规律。

    对问题 5 "为什么把盐加在水中可以降低水的凝固点？"这需要分子结构来解释，被解释项是全称规律，而解释项是物质结构的理论以及热力学理论。这是用理论规律解释经验规律。以上三个实例都是从包含普遍规律的前提中逻辑地演绎出被解释事件。

    问题 6 "为什么高秆豌豆与矮秆豌豆杂交的第二代出现四分之三的高豌豆和四分之一的矮豌豆呢？"这可以用孟德尔遗传定律来解释。这里的被解释项是孟德尔发现的经验的统计规律，解释项是孟德尔的基因分离和基因结合定律。这是以理论的统计规律来解释经验的统计规律。这里前提不是以逻辑必然性演绎出结论，而是以高的或然性支持结论的概率解释。

    对于问题 9 "为什么人有肺？"生物学的一种解释是因为肺有呼出

---

    ① E. Nagel, The Structure of Science, Problems in the Logic of Scienfitic Explanation, London: Routledge & Kegan Paul Ltd, 1965, pp. 16 – 22.

二氧化碳和吸进新鲜氧气的功能。这里被解释项是一般的规律，而解释项是器官所实现的功能。我们称这种解释为功能解释。

问题10"为什么英语中有许多拉丁语词汇？"这需要一个发生学、词源学的解释，因为英语许多语词起源于拉丁语，这是由系统的过去状态来解释系统的现在状态。

在解释中，内格尔关心四类问题：

1. 被解释项的特征。被解释项到底是普遍的定律、统计定律还是单个的事件？

2. 解释项的特点。解释项到底是定律还是偶适概括？它们的特征是什么？有哪些分类以及逻辑特征是什么？

3. 解释项和被解释项之间的关系何如？解释的结构和逻辑特征是什么？科学解释的相关性难题、科学解释中解释项和被解释项之间到底是归纳相关、演绎相关还是因果相关？等等。

4. 科学解释的恰当性条件是什么？

我们先不讨论内格尔的分类标准是否合理，我们先讨论科学解释与对Why—问题的回答之间的关系。内格尔认为"对于'Why'和'解释'这两个词来说，事实上已有公认的用法，以至于把对一个'Why'问题的回答称为一个解释是完全合适的"。① 虽然内格尔没有涉及对Why—问题的结构及其解释的恰当性的研究，但是他切入了关于Why—问题的研究。

一　科学解释是对 Why—问题的回答

亨普尔自从提出科学解释的演绎—律则模型，就认为科学解释是对Why—问题的回答，即使表面上的表述不是对Why—问题的回答，也可转换为Why—问题的回答。在亨普尔和奥本海姆的《解释的逻辑研究》的第一句话就是"解释我们经验世界中的现象就是以回答Why—问题而不是以仅仅回答What—问题为经验科学的首要目标之一"。② 科学解释模型提出的时候，就与Why—问题的回答紧密地联系起来。在《科学解

---

① E. Nagel, The Structure of Science, Problems in the Logic of Scienfitic Explanation, London: Routledge & Kegan Paul Ltd, 1965, p. 27.

② C. G. Hempel, Studies in the Logic of Explanation, Theories of Explanation, New York, Oxford: Oxford University Press, 1988, p. 9.

释面面观》中，亨普尔提出："科学解释也许可以看成对 Why—问题的回答。"① 亨普尔认为解释就是寻找 Why—问题。亨普尔把 Why—问题看作解释信念的基础，把科学解释界定为对 Why—问题的回答。亨普尔认为解释就是寻找 Why—问题的答案，Why—问题一般形式为"为什么情况是 P?"其中 P 是经验陈述。

　　按照亨普尔的观点，科学就是对 Why—问题的回答，如果要解释"冰为什么浮在水面上？"就是要回答这个问题，亨普尔给出的回答如下：水是一种特殊的液体。它在 4℃ 时密度最大。温度在 4℃ 以上，液态水遵守一般热胀冷缩规律。4℃ 以下，原来水中呈线形分布的缩合分子中，出现一种像冰晶结构一样的似冰缔合分子，叫作"假冰晶体"。因为冰的密度比水小，所以，冰浮在水面上。这是对问题"冰为什么浮在水面上？"的回答，也是对现象"冰浮在水面上"恰当的解释。亨普尔一开始就把科学解释作为对 Why—问题的回答，他把科学解释界定为对一个问题的回答，既然涉及问题，就有问题的提出者和回答者，科学解释就必然地涉及提问的人（被解释者）和回答问题的人（解释者）的知识状况、背景知识、解释者的行为以及解释所处的语境。亨普尔对这些因素视而不见，实在是可惜。

　　范·弗拉森也指出"Why—问题归根到底是一种对解释的要求"。② 阿欣斯坦从解释者的言语行为、从句法的角度来分析解释，他也承认科学解释是对 Why—问题的回答，"对 Why—问题的回答的标准形式就是解释的标准形式。"③ 加尔登福尔斯（P. Gardenfors）在《关于解释的一种语用研究》中提出解释常被视为对 Why—问题的回答。Why—问题的自然作用都在于，表明提出者不知道对该问题的回答，且他想知道这一回答。施太格缪勒说："然而在解释中，所应该回答的是 Why—问题，因此也就是这样一种形式的问题：'情况为什么是这样'或'情况为什么曾经是这样'。"④ 我们通过对关于科学解释文献的查阅发现，科学哲

① C. G. Hempel, Aspects of Scientific Explanation and Other Essays in the Philosophy of Science, New York: The Free Press, 1965, p. 334.

② Bas. C. Van Fraassen, The Scientific Image. Oxford: Clarendon Press, 1980, p. 159.

③ P. Achinstein, The Nature of Explanation, New York: Oxford University Press, 1983, p. 5.

④ ［德］施太格缪勒：《当代哲学主流》，王炳文等译，商务印书馆 1986 年版，第 455 页。

学家如果不是明确地承认，那么也是默认这一点，即科学解释就是对 Why—问题的回答，所谓解释就是寻找 Why—问题。

Why—问题作为解释可以有不同的表现形式，比如，"杰克为什么会升职？"可以表述为"杰克怎样升职的？"也可以表述为"告诉我杰克为什么升职了？"甚至表述为"杰克升职了，这是为什么？"总之，在"为什么 P？"中 P 是需要解释的主题，P 的明晰程度部分地依赖于问题的语境中隐含的信息。"为什么他去那里？"在语境中可能是问"为什么拿破仑进攻俄国？"也可能问"为什么张三去南极？"Why—问题需要考虑语境。

一个被解释语句可能与几个寻求解释的 Why—问题相联系，例如，"为什么我所有的朋友中约翰患癌症？"和"为什么在这么多的抽烟者中约翰患癌症？"这两个问题都与同一个被解释语句"约翰患癌症"相对应。对前一个问题，一个回答可能是"因为约翰一天吸两盒雪茄"，但这一回答似乎不适合后一个问题。不同的解释语句的恰当性往往取决于所提出的 Why—问题。

对 Why—问题的每一个回答都构成一个命题，并且每一个给定命题均可由许多不同的疑问语句来表达。同样，一个特定的语句在不同场合的言说，又可以表达不同的命题。Why—问题的本质以及对它的合理回答的构成在很大程度上由语用的考虑确定，即相关语境决定了所要提出的问题以及对它的解释。

二 命题理论和对照理论

Why—问题的组成从不同的方面阐释主题。针对主题不同的命题结构，丹尼斯·坦普尔（Dennis Temple）在《Why—问题的对照理论》（*The Contrast Theory of Why – Questions*）区分了对 Why—问题的两种不同的观点：一种是命题理论（propositional theory），任何命题都能够成为 Why—问题的主题；另一种我们称之为对照理论（contrast theory），认为问题可以表述为"为什么 P？"的形式，这里 P 是简单、原子命题。问题"为什么 P？"只是 Why—问题的主题的缩略形式，其完整主题形式为"为什么是 P 而不是 Q？"但是人们对此完整形式只需要对命题 P 进行回答，而不用回答 Q。

亨普尔和布朗姆博格持命题理论观点，认为解释就是回答"为什么是 P?"这样的问题；范·弗拉森和加芬克尔（Alan Garfinkel）坚持对照理论观点，他们认为问题表面上是"为什么是 P?"的形式，其实 Why—问题真正的形式是"为什么是 P（而不是 Q）?"其中 Q 是对照类。

亨普尔认为"为什么 P?"预设了 P 真，并且 P 需要解释。"一般来讲，此陈述预设 P 真，寻找 P 描述的假定事实、事件以及事态的解释。"① 布朗姆博格在他的论文《一种解释的方法》中持同样的观点，他认为命题是问题预设或者解释对象（object of explanation）的函数。布朗姆博格认为人们问 Why—问题源于人们的某种困惑处境，即 p—处境（p - predicament）或者 b—处境（b - predicament），所谓的 p—处境是一个人知道问题有答案，但是他不知道为什么是此答案；所谓的 b—处境是问题的答案超出了被解释者的理解能力。

布朗姆博格通过分析 Why—问题的内层问题（inner question of the why - question）与问题的预设联系起来。例如"为什么磁铁吸铁?"是 Why—问题的形式，其内层问题是"磁铁吸铁"，Why—问题的预设可以通过对内层问题的恰当表达的命题来表达。

"为什么 P?"的问题的主题由命题 P 组成，布朗姆博格虽然也认为科学解释对 Why—问题的回答，但是否认解释的所有需要都能表达为 Why—问题，有的能表达为"如何可能"问题。这与科学解释对 Why—问题的回答是不同的。

通过以上所述，我们可以得出，命题理论的观点普遍认为，Why—问题的主题 P 的预设是真的，并且 P 是需要解释的。

按照坦普尔的划分，范·弗拉森用对照方法对 Why—问题进行分析。范·弗拉森认为科学解释是对 Why—问题的回答。他希望最终建立一种形式语用学，把解释归结为在语言使用者之间的 Why—问题的构造及其回答。

范·弗拉森批评布朗姆博格的方法没有考虑问题"为什么 P?"有不同的理解。"在这里，我不打算深入讨论布朗姆博格的理论，相反，

---

① C. G. Hempel, Aspects of Scientific Explanation and Other Essays in the Philosophy of Science, New York: The Free Press, 1965, p. 335.

要对围绕它展开的批评进行讨论。"[1] Why—问题归根到底是一个解释要求的问题,范·弗拉森认为,"为什么 P?"只是 Why—问题的简写形式,"为什么 P?"只是 Why—问题的部分主题,其真正的主题是"为什么是 P 而不是 Q?"按照这样的观点,范·弗拉森认为亨普尔和布朗姆博格只看到了 Why—问题表面形式,没有看清楚 Why—问题的深层结构。

加芬克尔也坚持 Why—问题的对照理论。他对 Willie Sutton 的抢银行事件进行分析。当 Sutton 在监狱里时,一个牧师问他"为什么抢银行?"他的回答是"因为银行有钱"。这时牧师和 Sutton 的解释对象是不同的。解释对象不是唯一的实体,解释不像事件和事实,它更像事态。它表明了问题限定的可供选择的状态。

加芬克尔称可选择的空间为"对照空间"(contrast space),如果 Q 是一些事件的状态,Q 的对照空间的状态集合为 [Qa],那么对照空间的基本结构为:

1. Q 是 Qa 的一员。

2. 每一个 Qa 与其他的 Qb 不相容。

3. 集合中至少有一个元素真。

4. 所有的 Qa 有一个共同的预设(每一个 Qa 有一个 P,Qa 可以衍推出 P)。[2]

加芬克尔把"为什么是 P 而不是 Q?"看作对照空间 [P, Q],对照空间隐含四种含义,即:命题 P 必须为真,P 与 Q 不相容,P 和 Q 有共同的预设,并且 P 和 Q 都和主题有关。

范·弗拉森认为 P 和 Q 在语境中互斥(exclusive alternative),加芬克尔也认为 P 和 Q 不相容,是互斥的。他们都坚持 Why—问题的对照理论,认为"为什么 P?"真正的逻辑结构是"为什么是 P 而不是 Q?"的形式。

假定杰克和吉尔在同一公司的同一部门工作,现在有一个要职空缺,杰克是唯一升职的人。如果问"为什么杰克升职?"就是问"为什

---

① Bas. C. Van Fraassen, The Scientific Image, Oxford: Clarendon Press, 1980, p. 127.

② Dennes Temple, The Contrast Theory of Why – question, Philosophy of Science, 1988, p. 145.

么是杰克而不是吉尔升职呢?"这时部分主题 P 等于"杰克升职",对照的命题 Q 等于"吉尔升职",并且 P 与 Q 不相容,即杰克和吉尔只有一个人升职了,P 和 Q 有共同的预设"有人升职了"。并且"杰克升职"是真的命题,否则,问"为什么杰克升职?"就没有意义了。

对照方法与命题方法不同在于:命题方法针对问题的主题而不是主题的对照类。对照方法用语用方法排除问题的主题的对照类。学术界普遍认为对照方法明显地优于命题方法,我们觉得对照理论同样有错误,下面我们主要反驳对照理论。

三　对对照理论的反驳

在命题方法中,"为什么 P?"这样的问题只需要解释 P,命题预设 P 真,被解释者想知道"为什么 P?"真。范·弗拉森和加芬克尔认为这样的解释是不恰当的。"为什么 P?"应该等同"为什么是 P 而不是 Q?"其中,Q 与 P 是互斥的。我们认为,P 和 Q 互斥是在问题的背景知识中,而不是像范·弗拉森他们认为的那样是在问题的主题部分。

对照理论认为问题"为什么亚当吃苹果?"主题不明确,要通过分析问题的对照类来确定问题的主题。"为什么 P?"可以理解为"为什么 P 而不是非 P?(Why P rather than not P?)"这里有两个问题:"为什么 P 而不是非 P?"的对照类是什么呢? 这与命题方法没有本质区别。亨普尔和布朗姆博格等命题理论者问"为什么 P?"就是问"为什么 P 是真的?"对照理论者问"为什么 P?"是问"为什么 P 真而不是假的?"这两个问题在逻辑上是等价的,两种理论尽管形式不同,但内容是相同的。

对照方法把"为什么 P?"可以看成一个复合陈述"为什么是 P 而不是 Q?"对照理论者认为 P 和 Q 不能同时都真。当一个人问"为什么杰克而不是吉尔升职?"可能相信他们不能同时都升职,也可能相信吉尔将要或者已经升职了。"为什么是 P 而不是 Q?"预设事实 P 与 Q 不相容。坦普尔认为这并非是严格逻辑意义上的,被解释者只是期望一个比较回答"杰克如何与吉尔不同?"并非一定要解释 P 和 Q 一定是互斥的。

坦普尔认为当我们问"为什么杰克升职而不是吉尔?"假定他们两个不能同时升职的话,等于问"为什么杰克升职并且吉尔没有升职?"

当我们问"为什么亚当吃苹果而不是梨?"假定他不能同时吃苹果和梨,等于问"为什么亚当吃苹果并且亚当不是吃梨?"当解释者解释"为什么是 P 而不是 Q?"时,真正需要解释的是"为什么 P 真并且为什么 Q 是假的?"解释的对象用符号表示为 P&¬ Q,如果 P&¬ Q 真,我们必须这样问问题"为什么 P&¬ Q?"

我们认为,坦普尔把"P 而不是 Q"等同于被解释项的合取"P&¬ Q"是不正确的,它们两个不是等价的。根据逻辑合式公式我们知道: P&¬ Q→P, P&¬ Q→¬ Q,所以,解释"P&¬ Q"就是解释 P 并且解释非 Q。P&¬ Q 如果需要解释,按照坦普尔的观点,对"为什么凯特而不是弗兰克得了奖学金?"至少需要解释"为什么凯特得了奖学金?"并且解释"为什么弗兰克没有得到奖学金?"

根据逻辑公式 P&¬ Q→P,我们知道解释"P 而不是 Q"是解释特定类型的 P。在"P&¬ Q"中 P 必须解释,但是在"P 而不是 Q"中只需要一个比较回答,一般不用解释 P,所以解释"P 而不是 Q"不等同于解释"P&¬ Q"。

解释 Q 不等于解释 P,也就是说,解释对照类并非等同于解释主题事实。解释对照类有时比解释事实容易。例如,解释"琼斯得了梅毒"不能解释"琼斯为什么得了偏瘫?"因为得了梅毒不一定得偏瘫。但是对问题"为什么琼斯而不是史密斯得了偏瘫?"的解释是因为史密斯没有得梅毒。以上解释没有解释事实,但是解释了对照类,这时解释问题的对照类比解释问题的主题容易。

解释对照类有的时候比解释主题事实难。例如,对于问题"为什么凯特而不是弗兰克获得了奖学金?"我们只说"因为凯特写的论文优秀"是不够的,只有陈述她的论文比弗兰克以及其他同学的论文优秀才是对"凯特得奖学金"的解释。这时,P 的解释不是"P 而不是 Q"的解释,解释主题不等于解释对照类,有时解释对照类比解释主题困难。

一个演绎模型衍推出 P 就是解释 P 的逻辑后承,P 与 Q 逻辑不相容,就是 P 衍推出非 Q,这时"P&¬ Q"与 P 等价,而解释"P 而不是 Q"与解释 P 不是重言式。所以,它们不是等价的,我们不能认为解释"P 而不是 Q"就是解释"P&¬ Q"。

对于问题"刘易斯为什么 1979 年去莫纳什而不是去牛津?"的回答是因为莫纳什邀请他去,此邀请是刘易斯去莫纳什的原因,此邀请也是他不去牛津的原因。如果刘易斯在莫纳什和牛津都有好朋友，那么"刘易斯只去有好朋友的地方"不是问题"为什么刘易斯去莫纳什而不是去牛津？"的一个解释。假设牛津和莫纳什都邀请了刘易斯，但他去了莫纳什，我们用"莫纳什邀请了他"作为他去莫纳什而不去牛津的一个原因也是不够的。

范·弗拉森没有明确地说事实与对照类是不相容的，他给出的梅毒和偏瘫的例子没有说事实和对照类的不相容，得了梅毒的人得偏瘫的概率很小，但是我们仍然可以解释"为什么琼斯而不是史密斯得了偏瘫？"因为琼斯有梅毒，在这里，没有事实与对照类的不相容。两人中只有琼斯得了偏瘫，但他们两人都可能有梅毒。

对于问题"为什么是 P 而不是 Q？"我们不明白的是为什么两个看似相同的情形变得不同，这里没有事实与对照类的不相容，我们问问题是期待它们变得相同，不是让我们相信事实和对照类互斥。对照理论认为 P 和 Q 互斥是不正确的。

如果不相信 P 和 Q 互斥，解释者一般会回答两个方面的问题而不是抛弃这个问题。对于"亚当为什么吃苹果而不是梨？"的回答可能是"亚当吃苹果因为他饿了，他也想吃梨，但是附近没有"。这样，不相信 P 和 Q 是互斥的也并不禁止回答此问题。

当 Why—问题的主题是错误的时候，此时问题的预设是错误的，或者解释者不同意问题的主题的话，我们不是直接回答此问题，而是往往抛弃主题，直接给出正确的答案。如果"杰克没有升职"，那么对于问题"为什么杰克升职？"我们一般直接给出问题的正确答案，也就是说命题与事实相符合的答案"杰克没有升职"，我们一般通过清除问题的虚假预设（"杰克升职了"）来解决此问题。我们会给出"为什么是 P 而不是 Q？"的正确的回答而不是直接的回答，这时我们相信 P 错或者 Q 正确或者两者都正确，我们不用抛弃此问题的预设依然可以回答这个问题。

解释者不认为 P 和 Q 是互斥的，P 和 Q 互斥不是主题的一部分，"为什么 P&¬ Q？"看起来像"为什么是 P 而不是 Q？"的恰当的形式，对照论者如果承认这一点，则他们与命题论者是没有本质区别的。

解释"为什么是 P 而不是 Q？"我们必须引证 P 和非 Q 的差异，在问题的答案中存在组成 P 的原因和缺少非 Q 的原因，P 的特定原因不是非 Q 的原因。"刘易斯被邀请去莫纳什"不是对"刘易斯为什么去莫纳什而不去牛津？"的解释，如果两个地方都邀请了他。如果只有琼斯得了偏瘫，解释"为什么琼斯而不是史密斯得了偏瘫？"得了梅毒就是琼斯得偏瘫的条件和史密斯没有出现偏瘫的条件。"凯特写的论文比较好"是"为什么凯特而不是弗兰克得奖学金？"的解释。

解释对照类不是解释主题的充分条件。也许我们能解释"为什么 Able 获得哲学系工作？"是因为奎因给他写了推荐信。可是这只是"为什么 Able 而不是贝克得到此工作？"的解释。如果奎因也给贝克写了推荐信，奎因为 Able 写推荐信不能单独解释对照类，推荐信只是 Able 得到工作的部分解释，此解释不能支持事实和排除对照类。但"奎因给 Able 写推荐信"不是"为什么 Able 而不是贝克得到此工作？"完备的解释。如果两者都有奎因的推荐信，那么贝克的论文没有 Able 写得好、Able 的专业更适合哲学系的需要等才是对"为什么 Able 而不是贝克得到此工作？"的解释。假定只有 Able 得到奎因的推荐信，即使更好的推荐信也对贝克有帮助，如果他的专业不适合哲学系的需要，即是说贝克的专业不适合哲学系发展的需要。那么 Able 得到奎因的推荐信也不是"为什么 Able 而不是贝克得到此工作？"的解释。即使没有奎因的推荐信，在这种情况下，专业的差异比推荐信的差异是更好的解释。

通过以上论述我们知道解释"为什么是 P 而不是 Q？"有时比解释"为什么 P？"难，有时比解释"为什么 P？"容易。解释"为什么是 P 而不是 Q？"比单独解释"为什么 P？"难，因为非 Q 在历史中的相应原因的缺少，某物不随着原因 P 的出现而出现。解释"为什么是 P 而不是 Q？"比单独解释"为什么 P？"容易，因为不需要提供 P 充分的条件，只要它是"P&¬ Q"的原因差异的一部分即可。

当我们问 Why—问题的对照类时，我们选择吸引我们特定原因的对照类。当我问一些令人惊奇的事件，我们选择我们期望的对照类。医生一般对病理学的原因感兴趣，他会问为什么在相同环境下患者患病而其他人不患病，即使所处环境与患病条件因果相关。我们期待的原因不一定是正确的，医生由于专业水平的局限不能对一个病症作出合理的解释，这与问询者关心的事情有关，医生特别注意他能控制的原因。

从以上论述我们可以得出，对照理论认为命题理论漏洞百出，其实对照理论未必比命题理论高明多少。对照理论把对"为什么 P？"的回答等同于对"为什么是 P 而不是 Q?"的回答是错误的。把"为什么是 P 而不是 Q?"等同于回答"为什么 P&¬ Q?"也是错误的。对照理论认为 P 和 Q 互斥也是错误的。因此不能说对照理论优于命题理论。

四 科学解释未必是对 Why—问题的回答

科学解释是对 Why—问题的回答吗?如果不是,科学解释能否适当地改装成一个对 Why—问题的回答呢?

想要回答这个问题,首先分析语句"科学解释就是对 Why—问题的回答",特别是对其中的"是"这个概念进行分析。"科学解释是对 Why—问题的回答"这是个形如"S 是 P"的主谓式命题。"是"在传统逻辑中表示 S 和 P 之间的关系,表现方式一般有四种。

第一种关系,S 和 P 外延之间是同一关系,像弗雷格给出的例子"晨星是暮星",晨星和暮星之间的外延是相同的,都指的是启明星。S 和 P 之间的关系个体和个体之间的同一关系。S 和 P 之间的关系还可以是集合和集合的同一关系,比如"等边三角形"是"等腰三角形",等等。

第二种关系,S 和 P 之间的关系是个体与类或个体与集合之间的隶属关系,也就是说 S 是集合 P 中的一个元素。比如"张三是大学生",这里指个体张三属于大学生的集合。

S 和 P 之间的第三种关系是集合和集合之间的真包含于关系,比如"人是动物",人的集合是动物集合的子类。

S 和 P 之间的第四种关系是形如"玫瑰花是红色的"这样的本质和属性之间的关系。主词是个体或者集合,谓词是个体或集合的属性。

如果认为"科学解释是对 Why—问题的回答",很明显地可以排除第二种关系和第四种关系,因为"科学解释"不可能是一个个体,它和"对 Why—问题的回答"的关系不可能是个体和类之间的关系,"对 Why—问题的回答"也不是一个属性,所以,它们之间的关系只能是第一种关系和第三种关系。

第一种关系认为"科学解释"的类等同于"对 Why—问题的回答"的类。"科学解释"和"对 Why—问题的回答"的外延是全同的。因此反驳"科学解释是对 Why—问题的回答",只有我们能说明"科学解释"不是"对 Why—问题的回答"或者"对 Why—问题的回答"不是

"科学解释"就可以了。

第三种关系就比较复杂,"科学解释"如果包含于"对 Why—问题的回答",则"科学解释"和"对 Why—问题的回答"形如"所有 S 都是 P"的形式,这种形式的判断是性质判断中的 SAP 判断。根据性质判断的对当关系推理,我们知道:所有的"科学解释"是"对 Why—问题的回答",但是"对 Why—问题的回答"未必是"科学解释"。因此我们只能用"科学解释不是对 Why—问题的回答(SEP 判断)"来反驳,而不能用"对 Why—问题的回答"不是"科学解释"来反驳"科学解释是对 Why—问题的回答(SAP 判断)"这一命题。根据性质判断对当关系,SAP 判断和 SEP 判断是反对关系,反对关系的真值关系可以表达为"不可同真,可以同假"。我们只要肯定"科学解释不是对 Why—问题的回答"真,就可以知道"科学解释是对 Why—问题的回答"必假。

通过对第一种关系和第三种关系的分析我们知道,对"科学解释是对 Why—问题的回答"比较强的反驳是肯定"科学解释"不是"对 Why—问题的回答"。弱一点的反驳是"对 Why—问题的回答"不是"科学解释"。

科学解释是对 Why—问题的回答吗?如果不是,科学解释能否适当地改装成一个对 Why—问题的回答呢?

罗森堡明确地提出科学解释就不是对 Why—问题的回答,而是对如何可能的问题的回答,"科学解释只告诉我们事物如何发生,而没有说事实上为什么发生"。[①] 比如我们对问题"人为什么有肺?"合理的回答是"人为了呼吸",这就是关于"人为什么有肺?"的科学解释,表面是对 Why—问题的回答,其实是对 What for—问题的回答。

布朗姆博格等人认为并非所有的科学解释都是对 Why—问题的回答,还有一些解释是对如何可能(how possibly)的回答,例如,在新西兰有哺乳动物,我们问"它们为什么来到新西兰的?"这个回答不是对新西兰有哺乳动物的科学解释,只有对"它们到达新西兰是如何可能的?"这个非 Why—问题的回答才是科学解释。"如何使贱金属变为贵

① A. Rosenberg, Philosophy of Science, A Contemporary Introduction, London and New York: Routledge, 2000, p. 47.

金属?"这是一个如何可能的问题,对贱金属变为贵金属是如何可能的回答是一个科学解释,"为什么贱金属变为贵金属?"这是一个 Why—问题,但是对它的回答不是一个科学解释。

非 Why—问题(Non – Why – question)观点认为有些问题的答案可以不歪曲意义地转换为对 Why—问题的回答,即使它们没有共同的预设。例如,"为什么马路湿湿的?"和"今天早上的天气怎样?"回答都是"今天早上下雨了"。两个问句一个是以为什么开头的疑问句,一个不是以为什么开头的疑问句,两个问句也没有共同的预设,但是它们的答案是相同的。还有一些问题并不能转换为对 Why—问题的回答,对这些问题的回答有时也是科学解释。

范·弗拉森认为科学解释未必都是对 Why—问题的回答,例如父亲看到走廊的灯亮着,问他的儿子:"为什么走廊的灯亮着?"儿子如果回答说"我在等一个朋友来",这是父亲期望得到的回答。如果儿子回答"因为走廊灯的开关开着,电流通过开关进入了灯泡",或者运用电流知识给父亲一个回答,这不是父亲要的答案。前者是父亲期望的儿子的回答,它不是一个科学解释,后者不是父亲期望的回答,却是一个科学解释。

斯图南(Matti Sintonen)不把解释局限于对 Why—问题的回答,他把科学解释作为对 Wh—问题语句的回答。Wh—问题语句一般指包括 What、Where、Who 等疑问词的语句。比如"铜是什么颜色的?"疑问算子的表达式可以表达为:(? x)(x 是铜的颜色)。它的预设的表达式为:(Ex)(x 是铜的颜色)。问题的表达式与它们的预设之间关系是:只有问题的预设是真的,问题才有直接回答。同时,问题只有在不引入新问题时才有答案。比如,我们问"国家安全委员会的领导是谁?"只有被询问者知道"国家安全委员会"的领导是谁,并且询问者了解被询问者的知识背景能够衍推出事件的需要时才能够解释。我们不能引出新问题,比如询问者也就是被解释者不知道"国家安全委员会"的领导是谁,或者不知道"国家安全委员会"是什么机构的时候,这个问题就没有办法回答,这时,我们没有办法解释给询问者。也就是说,询问者的知识背景不能衍推出事件的出现。对于这个问题,我们必须分析Wh—问题的预设,如果 Wh—问题的预设是真的,这个问题才可能有直接的答案,被询问者也就是解释者才有可能回答这个问题,如果根本就没有"国家安全委员会"这个机构，我们对 Wh—问题的回答应该首先针对 Wh—问题的预设，然后再看 Wh—问题是否需要回答。如果语句的预设与我们的信念冲突时，我们一般认为我们的背景知识错了。

Wh—问题的逻辑不能保证对 Why—问题的回答是一个解释。例如："为什么我汽车的散热器裂开了？"此句的逻辑形式为：（？p）（我的汽车散热器裂开是因为 p），缩写形式为："因为 p"。疑问算子表达式为：（？p）E（p），其中？p 是疑问算子，它的范围是各种原因的集合，E 是问题的预设。我们必须对 Why—问题的可能范畴进行限定。比如问题"为什么我的汽车散热器裂开了？"只有预设我的汽车的散热器裂开存在一个原因时，Why—问题才可能有答案。因此，我们可以说 Why—问题是伴随预设产生的。这个事件的解释存在潜在的原因：P_1，P_2，……，P_n，其中某一个 P 都可能是正确答案，需要我们在众多的 p 中选择出哪个是正确的、合适的答案。这样，Why—问题就变成了哪一个问题（Why—问题转换为了 Which—问题）。这与范·弗拉森的思想基本一致，解释就是对 Why—问题的回答，就是从所有对照类中找出与主题相关的因素。这样，寻求解释就不是寻找一个潜在的 Why—问题的正确答案，Why—问题隐藏着 Which—问题，与其说科学解释是对 Why—问题的回答，就不如说科学解释是对 Which—问题的回答了。当然，这个 Which—问题未必从问题的表面表达形式上反映出来，它包含在询问者也就是被解释者的背景知识中。

很多 Wh—问题不是 Why—问题，人们知道"人是什么？"只要他能从其他的物种中区分出人来，这时，Why—问题就转化为 Which—问题了。

斯图南把解释作为一个五元结构。当被解释者 H 对解释者 S 提出问题，科学共同体的成员一般通过言说一个语句表达式 u 来帮助被解释者理解"为什么 E？"的答案。如果科学共同体有共同的语境背景信念，科学解释可以变为五元结构"S 在一个特定的问题语境 p 中通过言说 u 给 H 解释为什么 E"。解释者 S 通过带有意图的言说 u 引起被解释项的改变。S 依赖于 H 关于 u 的意义的知识，S 要使 H 认识到 u 是 H 所问问题的回答的意图。

Why—问题的语用表达式的真值条件：

1. u 引起对（？p）E（p）的回答的正确形式所需认识的改变。

2．u 引出 H 不知道的东西。

3．S 认为 u 与主题相关，并且认为 H 有关于主题的知识。

4．通过 u 表达的答案必须与事实相关：E 必须是真的，因为它是所问问题的答案。

5．u 结果是改变 H 的知识陈述。

以上条件说明 u 提高 H 关于 E 相关的需要的知识陈述，u 对 H 来说是新信息，并且信息必须与问题"为什么 E？"相关。解释与增加知识相关。

斯图南认为对于"为什么我的汽车的散热器裂开了？"这个事件的解释存在潜在的原因：P_1，P_2，…，P_n，其中每一个 P 都可能是正确答案，我们要在众多的 P 中选择出哪个是正确的、合适的答案。这样，Why—问题就变成了哪一个问题（Why—问题转换为了 Which—问题）。

加尔登福尔斯和斯图南认为自己的理论可以有效地解决亨普尔模型的自解释问题。亨普尔的自解释问题可以表达为：

T：(x) Mx

C：Ma—Pa

E：Pa

在亨普尔看来，所有的科学解释包括定律，E 应该从 {T，C} 推导出来，而不是单独由 C 推导出来的。按照知识模型，在被解释者 H 看来，以上公式也是不可接受的。假定 T 真，被解释项 E 由一个单称前提 C 确定，这时 H 已经知道 E，只是不知道为什么，他需要解释者提供相信 E 的基础信息以缓解他的迷惑，这个公式没有提高与 E 相关的知识陈述。我们不能接受一个解释可以解释任何事情，如果这样的解释正确，我们用任何事情（除了 Ma 或非 Ma）代替 Pa，就可以得到一个解释，所以这个公式完全不能回答明确的问题"为什么 E？"定律要确保与被解释项相关，我们不能说被解释项 E 是真的仅仅因为它是答案。

当初始条件 C 既不能衍推出被解释项 E，也不能被 E 衍推出的时候，当然需要 C 和 E 的理论媒介。如果 C 衍推出 E，定律失去作用，询问者没有理由地相信，E 真，因为 C 真。如果 E 衍推出 C，答案 C 不能增加被解释者 H 的任何信息，因为被解释者在 K_E 中已经知道 E 真了。定律 T 是 C 和 E 的媒介，答案必须与被解释项相关。

范·弗拉森认为解释就是从所有对照类中找出与主题相关的因素，

寻求解释就不是寻求一个潜在的 Why—问题的正确答案了。Why—问题隐藏着 Which—问题，与其说科学解释是对 Why—问题的回答，不如说科学解释是对 Which—问题的回答。当然，这个 Which—问题未必从问题的表面表达形式上反映出来，它包含在询问者也就是被解释者的背景知识中。通过斯图南的分析我们可以看出，范·弗拉森的科学解释表面上是对 Why—问题的回答，他认为对 Why—问题的回答是从隐含的可供选择的对照类中的成员 Q_1，Q_2，……选择出正确的答案 P，解释是从对照类中区分出哪一个是正确的，解释从对 Why—问题的回答转化为对 Which—问题的回答了。范·弗拉森仅仅看到了 Why—问题语句的表面形式，没有看出 Why—问题的实质是错误的。

并非任何一个 Why—问题都需要一个回答，对于问题"为什么这么可爱的人死了？"就未必需要回答，这个问题未必引起解释，更多的是询问者对死者的同情、感叹。"你为什么不早点开始写论文呢？"这往往是对你没有早点写论文的抱怨或者希望你早点写论文的希望，这个反问句相当于一个陈述句："你应该早点交论文"，这样的 Why—问题往往不需要回答，这时候询问者关心的不是为什么，而是表达一种行为。"你为什么不早点开始写论文呢？"真实的意思表达是"你应该早点开始写论文"。这些语句都不是真正的 Why—问题，对这些问题根本不需要回答。因此我们说"科学解释是对 Why—问题的回答"的时候必须先区分哪些 Why—问题是需要回答的。

对于问题"为什么法国大革命是近代史上的重要事件？"和问题"为什么会发生法国大革命？"前者涉及我们如何理解法国大革命的意义，需要历史学家根据不同的价值标准作出解释，后者要求历史学家详细地描述出法国大革命这一事件产生的历史条件。如果历史学家拥有相同的范式，信奉相同的历史规律，那么他们给出的解释也应该是一致的。对于不同的 Why—问题具有相同的答案，也就是说，对于不同的Why—问题具有相同的科学解释。

同样都是对 Why—问题的回答，但是未必都是科学解释。例如，以下两个自然科学中的问题看起来形式是一样的：问题"为什么相对地面以接近光速运动的物体质量增大了？"和问题"为什么时间是相对于参照系而言的？"对第一个问题我们可以用狭义相对论来回答，这样的回答是科学解释。第二个问题涉及我们如何理解"时间"概念，这就不能由相对论的定律来解释了，而需要在相对论的范式中解释"时间"概念是怎么一回事，这样的回答未必是我们需要的科学解释。

还有一种涉及含有分析命题的 Why—问题，比如，问题"为什么天或者下雨或者不下雨？"我们对此问题的回答要针对分析命题本身，而不是针对 Why—问题了。需要回答的是分析命题，因为分析命题不涉及经验内容，它是永真的。我们不用回答此问题的"为什么"，这时对 Why—问题的回答不是一个科学解释。

还有就是涉及经验中不存在的实体的 Why—问题，比如，对问题"你为什么不把独角兽关在笼子里？"或者问题"你为什么没有见过燃素呢？"这些都是主项为空的疑问句，对这样问题的回答，我们往往针对这些疑问句的主项，而不是针对整个的 Why—问题的语句。我们对此问题的回答为："因为没有独角兽和燃素，所以我们没有办法把独角兽关在笼子了，我们也没有办法看见燃素。"这才是对形如这样的 Why—问题的回答。对这样的 Why—问题的回答不是针对"为什么"，不可能是科学解释。

Why—问题需要进一步地阐释。我们对 Why—问题也要具体地分析。内格尔认为"解释是对 Why—问题的回答，但是为了表明'为什么'这个词并非没有歧义，而且随着情景的变化，不同种类的答案都是对它的恰当的答复，就需要略为思考一下"。① 我们不能简单地把解释看成对 Why—问题的回答。

按照亨普尔的理解，他对 Why—问题的回答区分出两类：一类是对 Why—问题作出解释；一类是给 Why—问题提供理由。前者是对真实事件而言的，即它在于解释真实事件发生的原因。如"为什么会发生日食？"等。后者不预先假定事件的真实性，而只是对一些假定性的事件的可能发生提供理由，使人们相信它是真实的，例如"为什么第三次世界大战不可避免？"亨普尔也承认对提供理由的 Why—问题的回答不是科学解释。

亨普尔认为科学解释就是由科学定律和初始条件推导出被解释项，在解释项中至少有一个定律或似律陈述和其他的初始条件。亨普尔又认为科学解释就是对 Why—问题的回答，那么亨普尔的"为什么 P？"这

①　E. Nagel, The Structure of Science, Problems in the Logic of Scienfitic Explanation, London: Routledge & Kegan Paul Ltd, 1965, pp. 15 – 16.

种形式的问题我们就可以理解为"这种现象 P 是依据哪些规律和按照哪些前提条件发生的?"这样,亨普尔的科学解释表面上是对 Why—问题的回答,其实是对哪些问题或者对如何可能问题的回答了,科学解释不再是对 Why—问题的回答了。

如果像范·弗拉森那样认为解释是把主题从对照类中区分出来的看法,解释就仅限于表面上是对 Why—问题的回答。从以上的论述,我们可以看出,解释跟 Why—问题之间没有固定的必然联系。语用学科学解释模型"它注重解释如何回答了人们的提问,而不是它们有多少成分必须是科学的"。[①]

对于不是 Why—问题的回答中,也存在着可以满足这一条件的解释。另外,还有一些问题并不能转换成 Why—问题,对这些问题的回答不叫科学解释,但并不是说此问题不是科学的一部分。即使对一些问题的回答不是科学解释,科学不只包括解释,解释的标准思考至少把科学分为解释和描述两种活动,不是科学解释还可以是对科学的描述活动。

综上所述,科学解释除了是对 Why—问题的回答,有的时候还是对 What—问题、Which—问题以及对如何可能问题的回答,不仅仅是对 Why—问题的回答,因此,认为科学解释就是对 Why—问题的回答是错误的。但是我们并不否定大部分的科学解释可以表述提问者存在疑惑,提出问题,寻求对此问题的回答的模式,也不否认科学解释是问题与解答之间的关系。爱因斯坦提出过一句名言"提出一个问题比解决一个问题更重要"。爱因斯坦也把自己的科学生涯概括为"提出问题"和"解决问题"也就是回答问题。所以说科学解释还是一个提出问题与解答问题相结合的过程。主要的问题提出的形式还是 Why—问题的形式。我们下面就针对 Why—问题及其回答中的预设进行分析。

第二节　Why—问题及其预设分析

一　问题离不开预设

疑问句按照不同的标准可以分为不同的类,我们这里把问句分为两

---

① A. Rosenberg, Philosophy of Science, A Contemporary Introduction, London and New York: Routledge, 2000, p. 21.

类：一般疑问句和特殊疑问句。我们称一般疑问句为"是否"问题，所谓是否问题指的是既不是对一个语句的主语也不是对一个语句的谓语有疑问，而是对主语与谓语之间的连词有疑问。如，"行星的轨道是椭圆的吗？"对是否问句的回答用"是"或者"否"来回答；特殊疑问句也可以叫作"什么"问题，即 Wh—问题或 Which—问题，指由 Which、Who、Why、How、When 和 Where 等疑问词引导的问题。对 Which—问题的回答要求提供关于问题的具体信息。我们这里讨论的主要是跟科学解释相关的特殊疑问句，也就是 Wh—问题。任何一个问题都包含两个基本要素：一是问题的变量，所谓问题的变量指的是疑问代词所指的项；二是问题的函数，问题函数指的是问题的主题。

疑问句没有真值，因为它并不直接对事实加以陈述或断定。疑问句有预设，也就是说任何问题都有预设。卡茨（J. J. Katz）认为："问句的预设是一个语句，更确切地说，是这个语句表达的陈述，如果问句是表达一个真的对情况的要求，这个陈述必须是真的。"[①] 不但任何问题有预设，并且预设还有真假之分。

斯图南在《解释：寻求基本理由》（*Explanation：In Search of Rationale*）中不把解释局限于对 Why—问题的回答，他把科学解释作为对 Wh—问题语句的回答。Wh—问题语句一般指包括 What、Where、Who 等疑问句的语句，但是斯图南也承认科学解释表面上主要是对 Why—问题的回答。他认为对每一个 Wh—问题都应对其预设进行分析，预设在问题逻辑中起着关键作用，这是因为预设作为假说或资料是背景知识的组成部分，它是问题中的确定的和已知的无须探索的部分，它是问题和回答的桥梁。

科学问题最简单的形式是（? x）P（x），这里的 P 表示问题的主题，x 表示问题的变量。每个问题包含一个存在预设，因此，问题的预设的表达式为：（∃x）P（x）。比如对问题"为什么铜变为绿色？"疑问算子的表达式可以表达为：（? x）（x 是铜变为绿色）。"为什么铜变为绿色？"的预设的表达式为：（∃x）（x 是铜变为绿色）。

范·弗拉森也注意到了一个包含 Why—问题的命题的预设的重要

---

① J. J. Katz, The Logic of Questions, Logic, Metheodology and Philosophy of Sciences, Vol. 3, Amsterdam, 1968, p. 472.

性，他认为 Why—问题预设了主题真，并且在对照类中只有主题真。
"我们考虑这样一个问题'为什么这个导电体会变弯曲?'提问者的意
思是，导电体已经弯曲了，其原因是什么。"① 范·弗拉森虽然认识到
Why—问题的预设的重要性，但是他并没有着手具体分析语句的预设。
预设在一个 Why—问题的地位非常重要，我们就先对预设进行分析。

二　对问题预设的分析

最早研究预设（presupposition）的是弗雷格（G. Frege）、罗素
（B. Russell）和斯特劳森（P. F. Strawson）。首先提出预设概念的是德国
哲学家弗雷格，他在 1892 年的论文《论含义和指称》（*On Sense and
Reference*）中涉及到了预设问题。他认为，我们在说到某个东西的时
候，总有一个很显然的预设，即我们预设我们所使用的专名都有指称。
"当我们说到'月亮'时，我们的意图不是谈论月亮的意象，……，相
反，在这里，我们预先假定了指称的存在。"② 如果我们说"开普勒死
得很惨"，这就预设"存在开普勒这个人"。也就是说专名"开普勒"
有指称对象。弗雷格认为命题的指称是它的真值，一个命题 A 预设 B，
当且仅当 B 有指称是 A 有真值的必要条件。

罗素对弗雷格的预设理论提出批评，罗素认为并非任何专名和命题
都存在指称。罗素在《论所指》（*On Denoting*）中提出摹状词理论，他
认为一个摹状词没有指称时，包含这个摹状词的命题依然有真值。罗素
认为摹状词表面上是一个命题的主词，其实可以改写为一个命题的函
项。罗素提出不同的场合和不同的语境下具有不同的改写方式。下面我
们举例说明："金山不存在"可以改写成"没有一个 x，这个 x 既是金
子作的，又是山"，"当今的法国国王是秃子"可以改写成"存在一个
人，这个人是当今的法国国王，这个人是秃子"。用存在量词代替表面
上的主语。罗素的分析废除了弗雷格关于预设的讨论。

重新认识到预设的重要作用并且第一个赋予预设概念的科学含义的
是英国的哲学家斯特劳森，他在 1952 年《逻辑理论导论》（*Introduction*

---

① Bas. C. Van Fraassen, The Scientific Image, Oxford: Clarendon Press, 1980, p. 141.
② ［德］弗雷格:《论涵义和所指》,《语言哲学》, 牟博等译, 商务印书馆 1998 年版,
第 380 页。

to Logic Theory）中，谈到传统的 A、E、I、O 四种判断的含义时，引进了预设，他认为，A、E、I、O 四种性质判断主项都不为空，也就是说这四种命题都预设主项存在。并且斯特劳森给出了预设明确的定义："一个命题 S 预设另一个命题 S'，当且仅当 S' 是有真值或假值的必要条件。"① 通过斯特劳森的理解我们可以看出，预设是对命题的含义的一种不言自明的设定。

预设一般分为两类：语义预设和语用预设。语形、语义和语用的划分是语言学家莫里斯提出的，他在 1938 年的《指号理论基础》（*Foundation of Theory of Sign*）中把指号过程区分为语形、语义和语用三个方面：语形是指号和指号之间的关系；语义是指号和它的指谓对象之间的关系；语用涉及语言的使用者和语言表达式之间的关系。按照莫里斯对语形、语义和语用的划分，预设一般分为两类，即语义预设和语用预设。语义预设指的是从语句的意义或者命题的真值角度来考察和定义预设。语用预设是从人对命题或语句的使用来考察或定义预设。如果涉及说话者或语言的使用者，那么这种研究就属于语用学的研究领域。当然，对预设的划分还有别的角度，瑞典的奥尔伍德（J. Allwood）安德森（L. G. Anderson）和达尔（S. Dall）在《语言学中的逻辑》（*Logic in Linguistics*）中把自然语言中的预设分为存在预设、事实预设和种类预设三种类型。我们这里主要从语义和语用角度分析预设。

语义预设是从传统逻辑中的"复杂问句"引起的。关于语义预设定义的说法各异，但实质相同，都认为如果 P 在语义上预设 Q，当且仅当 P 是真的时候，Q 是真的；并且当 P 是假时，Q 也是真的。"预设"的意义为"为了使一个语句为真为假，它必须是真的"。② 下面我们具体分析语义预设的逻辑特征：

预设一般是在与蕴涵（implication）和衍推（entailment）的区分中得出来的。衍推是一个语句（sentence）的逻辑后承（consequence）；而预设则是一个话语（utterance）的前提条件（condition）。预设是一种特殊的蕴涵关系，我们可以用蕴涵来定义预设：P 预设了 Q，当且仅

---

① P. F. Strawson, *Introduction to Logical Theory*, London：Methuen, 1952, p. 175.
② ［美］乔治·莱科夫：《语言学与自然逻辑》，黄师哲等译，开明出版社 1994 年版，第149 页。

当：P蕴涵了Q，并且非P也蕴涵了Q。下面的表格能够比较恰当地表明预设、蕴涵和衍推三者之间的关系：

P实质蕴涵Q		P衍推Q		P语义预设Q	
若P真	则Q真	若P真	则Q真	若P真	则Q真
若P假	则Q真假不定	若P假	则Q真假不定	若P假	则Q真
若Q真	则P真假不定	若Q真	则P真假不定	若Q真	则P真假不定
若Q假	则P假	若Q假	则P假	若Q假	则P无意义
P和Q不需要意义上的联系		P和Q必须有意义上的联系		P和Q必须有意义上的联系	

通过以上语义预设与实质蕴涵和衍推的区别，我们可以看出语义预设必须有意义上的联系，并且是狭义的意义上的联系，也就是说一个命题和它的预设命题必须有相关关系，否则就不叫语义预设。比如说"张老师戒烟了"，预设了"张老师原来吸烟"。戒烟与原来吸烟之间有意义上的联系。不论我们说"张老师没有戒烟"还是说"张老师戒烟了"，都是预设"张老师原来吸烟"。如果"张老师原来吸烟"的预设是假的，不管我们说"张老师戒烟了"还是"张老师没有戒烟"都是没有意义的。

下面我们对语义预设进行逻辑分析：

语义预设是多值的。它不只是简单的有真、假两个真值。斯特劳森对此有很好的分析，如果主项不为空，预设有真、假二值，如果主项为空，就要看预设的具体的语境，命题就不仅仅局限于真、假二值了。

语义预设是反自反的，任何一个命题都不能语义地预设自身。因为，如果一个命题能语义预设其自身的话，则不仅当它真的时候它是合适的，而且只要它是合适的它就是真的，也就是说，一个命题或者是真的或者是无意义的，永远不会是假的，这个结论显然是荒谬的，故语义预设是反自反的。命题"张三来了"的预设是"存在张三其人"，而不是预设"张三来了"。

语义预设具有可传递性。P预设Q，Q预设R，那么P预设R。也就是说，预设具有传递性。比如，命题"李教授的学生都爱学习"预设了命题"李教授有学生"，命题"李教授有学生"预设了命题"有李教授其人"，所以，我们可以说命题"李教授的学生都爱学习"预设了"有李教授其人"，这就是语义预设的传递性。

　　语义预设是反对称的。P 的预设是 Q，Q 的预设一定不是 P，命题 P 和命题 Q 不能互为预设。如果一个命题 P 语义预设 Q，则 Q 不能语义预设 P。因为，如果 P 语义预设 Q，且 Q 也预设 P 的话，我们根据语义预设的传递性得出 P 语义预设其自身，但事实上，我们已经证明语义预设是反自反的，所以，语义预设是反对称的。

　　通过以上对语义预设的逻辑分析我们看出，在回答 Why—问题时，我们必须对 Why—问题的可能范畴进行限定。比如问题"为什么我的汽车散热器裂开了？"只有预设我的汽车的散热器裂开存在一个原因时，Why—问题才有答案。因此，我们可以说 Why—问题是伴随预设产生的。"你为什么不打老婆了？"这是一个 Why—问题，如果我们想对其进行合理的分析，必须分析这个语句的语义预设。这个语句的语义预设为"你以前打过你老婆"，我们对这个 Why—问题回答基于对其预设的语义分析。如果你根本没有打过你老婆，这个问题的预设根本不存在，则此问题不能直接回答，也就是说我们就对此问题的回答应该是针对疑问句的语义预设，而不是针对 Why—问题。这样，Why—问题就被我们消解了，像对这样的 Why—问题进行回答，首先应对其回答的预设进行分析。

　　通过以上的分析，我们可以看出，问题的表达式与它们的预设之间的关系是：只有问题的预设是真的，问题才可能有直接回答。当问题的主题的预设为假时，我们一般针对问题的预设来回答，或者纠正问题的预设。

三　对问题的回答也离不开预设

　　问题的预设是陈述句，陈述句有真值，所以问题的预设的命题有真值。对包含特殊疑问句的问题的回答也是陈述句，也是有真值的。

　　比如，我们问"国家安全委员会的领导是谁？"这个疑问句只有在解释者知道"国家安全委员会"的领导是谁，并且询问者了解解释者的知识背景能够衍推出事件的需要时才能够解释。

　　我们在回答 Why—问题时不能引出新问题，问题只有在不引入新问题时才有答案。比如询问者也就是被解释者不知道"国家安全委员会"的领导是谁，或者根本不知道"国家安全委员会"是什么机构的时候，这个问题没有办法回答，这时，我们没有办法解释给询问者，也就是说，询问者的知识背景不能衍推出事件的出现，这个问题我们没有办法回答。我们必须分析问题的预设，如果问题的预设是真的，这个问题才可能有直接的答案，被询问者也就是解释者才有可能回答这个问题。如果根本不存在"国家安全委员会"这个机构，我们对问题的回答应该首先针对问题的预设，然后再看问题是否需要回答。如果语句的预设与我们的信念冲突时，我们一般认为我们的背景知识错了，这时问题不需要回答。因此，我们要想回答问题，必须先明确此问题的预设。

范·弗拉森在《解释的语用学》（*The Pragmatics of Explanation*）中提出对一个问题的反应可以有三种类型：直接回答、纠正和评论，这三种反应都要考虑到问题的预设，对一个问题的直接回答需要考虑预设上面已经有详细的分析。如果一个问题的预设本身是错误的，我们就要对问题的预设进行纠正，这个时候我们对问题的回答是针对问题的预设而不是针对问题本身。

对问题的回答是一个陈述句，陈述句有预设，因此，作为答案的陈述句的预设也不可以是假的。

第三节　语用预设与科学解释

一　语用预设

如果我们把语义预设看作命题间的二元关系，语用预设至少涉及到言说者、话语（utterances）、命题和语境，至少是四者之间的四元关系。语用预设是一种命题态度。美国的斯塔纳克（R. Stalnaker）最早研究语用预设，他认为，基本的预设关系不是命题或语句之间的关系，而是人与命题之间的关系。如果一个命题是说话人在特定语境中的语用预设，这个命题是说话人本身设想或相信的。

语用预设主要和语境联系在一起。乔治·莱科夫（G. Lakeoff）把预设看作关于语境的某种假定，"自然语言是在一定语境中来交流思想的。每当一个说话者用一句话来完成一个语言行为——不管是断定、询问或应允等等——的时候，他总是作出关于语境的某种假定。"[1] 逻辑

---

① ［美］乔治·莱科夫：《语言学与自然逻辑》，黄师哲等译，开明出版社1994年版，第33页。

学家凯南（E. L. Keenan）谈到预设时说"许多语句要求有一定的文化条件或语言环境，为了使说出来的话能让人听懂，就必须满足这些条件。这些条件自然叫作语句的预设"。①

斯塔纳克从语境中的言说者和受话者的假定和信念来定义预设。"预设本质上是人的一种命题态度，更确切地说，它是一种接受某事物为真的态度。"②"一个言说者在谈话中的一个给定的时间预设 P，仅当在他的语言行为中，他倾向于这样的行动，好像他认为 P 当然真，也好像他假定了他和他的受话者一样地认为 P 当然真。"③ 根据斯塔纳克的定义，相对于预设 P 来说，言说者并不需要真正地认为 P 当然是真的，为了交谈的目的，他和其他受话者可以接受一个虚假的知识或者一个其真值尚有疑问的知识。范·弗拉森提出解释只要能够拯救现象，满足经验恰当性就可以了，解释不一定要求用来解释的现象一定是真实的。

语用预设是在具体的交流环境中双方的"共同知识"。"一个人的预设也就是那些他在会谈、问询或深思中经常不自觉地认为是真的那些命题，它们是一些背景知识式的假定，它们可能被使用但是没有被说出来。"④ "预设就像是预先假定的一般知识，或者被认为是（说者与听者）的共有的信念。"⑤ 逻辑学家斯塔乔（A. V. Stechow）认为"如果我们正加入一次谈话，则我们就是以我们视为当然的命题为共有的背景，这些作为共有背景的命题，即是语用预设"。⑥ 美国逻辑学家刘易斯（C. I. Lewis）提出的语境构成包括可能世界、时间、地点、说话者、听话者、被指对象、上下文、值域八个方面的因素。一个语句或命题能够被交际中的双方所理解、能使交际进行下去，就必须使得交际的双方具有关于该语句或命题的共同的背景知识。

通过以上我们对预设的分析可以看出，语用预设一般被我们视为共有的背景或者背景知识。语用预设是一种潜在的已知信息，是交际双方

---

①　E. L. Keenan, Two kinds of Presupposition in Natural language. In：Studies in Linguistics Semantics. C. J. Fillmord, D. T. Langendoen ed. 1971, p. 49.

②　［美］R. 斯塔纳克：《论预设》，胡泽洪译，《哲学译丛》1999 年第 2 期。

③　同上。

④　同上。

⑤　同上。

⑥　A. V . Stechow, Presupposition and Context. Aspects of Philosophical Logic. Synthese, Vol. 147, p. 216.

共同认可的背景知识，是双方共知的理论背景和理论假设。

二　对语用预设恰当性的分析

预设是语句的基础，所以它必须是真的，否则语句就会不合逻辑、不能被别人接受。我们可以否定一个语句，但是不能否认语句的预设。预设不是字面之义，而是字里之义。一个语句的预设需要通过具体的语境，从该语句本身推导出来。如果说语义预设是使一个语句具有真值性的条件，语用预设就是在交际过程中使一个语句具有恰当性的条件。一个语句或话语的语用预设就是保证该语句具有恰当性。所谓"恰当性"，是指语句在当时的交际环境中是合适的、恰当的。

预设的语用分析，在真值以外还必须在语言意义的分析中引入一个"恰当性"概念。预设的恰当性指的是预设要和语境相一致，如果我对你说"把门关上"这句话，这句话就是预设了我们附近有个门存在，门现在的状态是开着的，你也知道我让你关的是哪个门，你也有能力胜任这个工作，否则，我的"命令"就毫无意义。恰当性概念使语句跟语境发生联系，语句的恰当性是通过类型的交际准则制定出来的。

格赖斯（H. P. Grice）提出了合作原则的四个准则。分别为：

量准则（Quantity Maxim）：尽可能多地提供谈话目的所需要的信息，不要提供多于谈话目的所要求的信息；

质准则（Quality Maxim）：不要说你相信为假的话，不要说你缺乏充分证据的话语；

关联准则（Relevant Maxim）：所说的话必须是和谈话目的相关的；

方式准则（Manner Maxim）：避免模糊性，避免歧义，说话要简单明了，有秩序。

以上四个合作原则在谈话中是不能违背的。总的来说，就是要求在谈话中说出的话语应当明确地为交际提供真实可靠、有关的最大量信息。

周礼全先生对格赖斯的合作原则加以修改和补充，增加了一个态度原则，即在一个交际语境 C 中，说话者说出的话语必须是有礼貌的。

瑞典的语言学家与逻辑学家奥尔伍德（J. Allwood）提出了关于交际的恰当性条件，即能力准则和相关准则。能力准则是说："说话者必须是诚实的且所说的话要有一定的根据。就命题来说，这意味着他必须相信他所陈述的是真的，并且他必须有一定的证据来支持它。"① 说话者必须是诚实的且所说的话要有一定的根据。相关准则是"每一个语言表述都有一定的意图，即相关于一定的即将实现的意图"。②

我们应该在交际中遵守这几个原则，我们的交际才能够得以进行。如果双方的语句或话语遵守了交际准则，解释才可能是恰当的。比如，我问"现在几点了？"你回答："老王在散步。"如果我们都知道老王是个像康德一样严谨的人，每天到达这个地方的时间一般都是八点，我就知道你是要告诉我现在大概八点了。这两句话表面上看来没有联系，实际上有联系。语用预设涉及语言和使用者双方的关系。

语用预设还表现为：在同一个语境中，如果两个话语的意谓相同，但它们的重音不同或结构不同，那么预设也不同。"我在广州"预设"有人在广州"。"我在广州"预设"我"和"广州"为真。"我在广州"预设"我在某个地方"。我们要在语境中分析预设。

在一个交际语境中 S 对 H 说出语句"警察表扬了小朋友拾金不昧"。S 预设了专名"警察"的指谓存在。如果把重音放在"表扬"上，S 还预设了"小朋友拾金不昧"为真；如果重音放在"小朋友拾金不昧"上，S 又预设了"警察表扬某件事情"为真，但不预设"小朋友拾金不昧"为真。重读不同，问题的预设就不同，这也是语用预设的表现。

语用预设就是只有在语境中才能清楚它的字里之义。比如，张老师对我说："今天已经四月三十号了"，我就清楚张老师是在催我交论文，因为我们的交际要遵守格赖斯的关联准则和奥尔伍德的相关原则，这样，才能保证交流的恰当性。

我看到天在下雨，然后我对要出门的妹妹和在门外的孩子说同一句话"下雨了"，我表达的意思不同，我对要出门的妹妹说"下雨了"的意思是希望她带伞出门，不然要淋雨；我对门外玩耍的孩子说"下雨了"的意思是希望她快点回家。同样的语句表达不同的行为，因此，在解释中我们同样要考虑言说者的行为。

---

① ［瑞典］奥尔伍德等：《语言学中的逻辑》，王维贤等译，河北人民出版社 1984 年版，第 181 页。

② 同上。

在保证所有预设都为真的情况下，疑问句有回答的恰当性要求：（1）提问的问题有明确的意义？比如我们不能问"为什么绿色的观念狂热地睡眠着?"以及"为什么恺撒是和?"这样的无意义的问题；（2）相信对方有可能具备提供真解答的能力，如果我们对小学生提出量子力学问题就违反了此原则；（3）我们提出问题是要相信对方有可能具有提供真解答的合作意愿。我们一般不适合问涉及回答者隐私的问题，即使是相关询问，也属于不恰当的问题。

一个疑问句只有它的所有预设都是真的，才能存在真解答，并且只有同时满足以上三个恰当性的要求，才能顺利地得到所希望的真解答，否则就不可能或难以得到真解答。

以上我们主要是分析在语境中的单句的语用预设的恰当性，现在我们从预设的恰当性来分析几个复合句的预设。我们主要分析联言话语、选言话语和假言话语。

在语境 C 中的联言句，言说者 S 对受话者 H 说"法国有国王并且法国国王是秃头的"时候，S 不预设"法国国王"为真。因为假如 S 预设"法国国王"为真，也就是 S 相信 H 相信"法国有国王"，而又向 H 说"法国有国王"，则 S 没有向 H 提供最大量的事态，没有遵守合作准则，因此，S 不预设"法国国王"为真。

在语境 C 中的选言句，S 对 H 说"或者没有法国国王，或者法国国王是秃头的"时候，S 不预设"法国国王"为真。因为 S 说这句话时，隐含了 S 并不相信"法国有国王"。这就是说，S 相信"法国国王"为真不满足预设规则的排除条件，因而也不预设定义的条件。

在语境 C 中的假言句，S 对 H 说"如果秃头是遗传的，那么法国国王是秃头的"时候，根据预设规则和定义，S 预设"法国国王"为真，也预设"秃头"为真。如果 S 对 H 说假言句"如果法国有国王，那么他是秃头"时，S 不预设"法国国王"为真。S 说"如果有法国国王，那么他是秃头"。这句话隐含了 S 并不相信法国有国王，他只是假定了一种情况。因此，如果 S 预设"法国国王"为真，就同 S 说这句话和 S 遵守合作原则相矛盾。

预设的可消除性：一句话在一个语境 C 中预设 S_1，但是在另一个更大的语境 C_1 中它可能预设 S_2，这时 S_1 可能就被取消了。复合句的预设"即使张三以前打过老婆的话（S_1），他也不再打老婆了（S_2）"。S_2 预设张三以前打过老婆，S_1 隐含可能张三以前没有打过老婆，这与 S_2 的预设相矛盾。根据预设规则的排除条件应该取消 S_2 的预设。根据预设规则和定义，S 只预设"张三"和"张三的老婆"为真。对于这样的问题的回答，我们要考虑到预设的可消除性。而不是直接回答此问题。

还有就是语句歧义性问题，比如，"他在火车上画画。"我们就要先分析他是坐在火车上画画，还是把画画在火车的车厢上。对于问题"他为什么在火车上画画？"我们要先分析他到底是哪种行为，必须在语境中对问题进行分析，然后才有可能回答问题。

三　语用预设与科学解释

范·弗拉森认为我们提出的 Why—问题依赖于我们的背景知识，依赖于语境，Why—问题的对照类与相关关系都由语境决定。他把语境定义为特定的人、特定时刻说出的特定的话。语境变量既可能被认为是理所当然的假设、所接受的理论，也可能是与语境紧密相关的世界图景或范式。下面我们将对语境和背景知识进行深入的分析。我们必须确定什么是直接回答以及它们是怎样被评价的，它们必须由相关的事实确定为真，这些事实与哪些论题为真的事实在解释上是相关的，命题之间的相关关系可以从更深层相关关系中衍生出来。

科学解释是对一个 Why—问题的回答，我们确定问题的主题必须在语境中进行。比如，对同样的问题"为什么亚当吃苹果？"可以有三种不同主题的问题。我们想明白询问者想问的问题究竟是什么离不开语境。不同的询问者可能问不同的问题，针对不同的人我们也要有不同的问题。Why—问题的主题确定之后，对这个问题的直接回答预设了Why—问题的主题陈述必须为真。语用预设不但同语境相关，而且和言说者有关。因此，科学解释不能离开对问题的语用预设，并且一定要在一定的语境中分析预设。语用预设不但是在 Why—问题的提出，对Why—问题的回答以及对 Why—问题的回答的评价中都有非常重要的作用。

语用预设首先必须具有合适性；其次语用预设必须是谈话双方所共知。预设与语境紧密结合，构成预设的合适性。同一命题在不同的语境中有不同的预设，言谈双方或一般的共知信息构成预设的共知性。这种共知性指说话双方的共知事物，第三者如果不了解前提而只依靠语境，就不一定能真正理解说话双方对话的内容。推理的成功与否很大程度上取决于预设的共知性。比如，我们在路上听到两个老太太的对话"你嫁了几个了？"回答为"两个"。这句话虽然可以理解，但是我们也觉得不符合我们的交际原则。再接着听两个老太太的对话我们如果不了解背景知识就会更糊涂了，"你娶了几个了？""三个。"根据我们通常的语言习惯，我们对女性结婚一般称嫁人，老太太怎么可能娶呢？其实作为谈话双方的两个老太太具有共知性的知识，即一个老太太家有几个儿子，另一个老太太家有几个女儿，她们问"你嫁了几个？"和"你娶了几个？"是在问"你嫁了几个姑娘？"和"你娶了几个媳妇？"如果我们不清楚交际双方的共知，就不能理解谈话内容。就不能对其进行合理的解释。

一般来说共知性有三种情况：（1）预设往往是谈话双方或一般人共知的信息，它与语境紧密结合；（2）预设的共知性要通过说话人的话语暗示出来，并得到受话者的理解；（3）预设的共知性有时只指说话双方的共知事物，第三者如不了解预设而只依靠语境，是不一定能真正理解说话双方对话的内容。因此，我们不能简单地说，对科学解释中的 Why—问题的回答就是要分析解释主体的意图和解释的语境，还必须理解话语交际双方的共知性情况，这样，才能对科学解释有一个恰当的回答。

在一个特定的语境下，言说者有时会自己承认某个预设是真的，也认为他的受话者承认此预设为真。"不管他的真正的信念如何，在他的行为中他将好像认为这个预设是当然真的，也好像他假定了他的受话者与他一样认为这个预设当然真。"① 这在一个解释中的表现为：当我们问一个问题的时候，我们假定这个问题的预设是真的，也假定受话者也认为他的预设是真的。对于问题"为什么英国的女王有糖尿病呢？"此问题预设了"英国的女王有糖尿病"，我也假定你也同意这个观点，希望你回答此问题，实际情况也可能并非如此，"英国的女王根本就没有糖尿病"，如果你认为是这样的就没有办法给此问题提供一个科学解释。如果你知道"英国的女王的确有糖尿病"，你回答："因为女王家族有糖尿病史，遗传基因在糖尿病中占有很大的比例，所以英国的女王有糖尿病"，这是对某人患糖尿病的一个恰当的解释。但是未必是对"英国

---

① ［美］R. 斯塔纳克：《论预设》，胡泽洪译，《哲学译丛》1999 年第 2 期。

女王患糖尿病”的解释，因为可能“英国的女王根本就没有糖尿病”。可见，语用预设中可以自己承认也假定受话者承认某个预设真未必能提出有关科学解释的问题。

范·弗拉森提出，我们对解释的要求只要能够拯救现象，满足经验恰当性就可以了。语用预设认为言说者并不一定要用真的知识来回答问题，我们可以用假的事实作为解释项推出被解释现象。语用预设理论者认为“说话者并不需要真正地认为 P 当然是真的。为了交谈的目的，他和他的听众可以接受一个虚假的知识或者一个其真值尚有疑问的命题。”① 我们认为仅仅满足检验恰当性的解释是不完备的。德国化学家斯塔尔（G. E. Stahl）通过金属受热后变成金属灰说明在金属中有易燃原质——燃素溢出。如果有人问“为什么金属燃烧后变轻了呢？”斯塔尔会回答：“因为金属中的燃素参加燃烧溢出了。”燃素说在斯塔尔时代能对当时为人熟知的各种事实作出令人满意的解释，并且当时的人们也真地承认了“燃素”作为一种化学的物质是存在的。随着科学的发展，我们抛弃了燃素说思想，也就是说，虽然燃素说可以对很多种燃烧现象进行解释，但是，用燃素来解释燃烧是不科学的。

通过本章的阐释我们可以得出：我们不能把科学解释都看成仅仅是对 Why—问题的回答，但是科学解释从本质意义上来讲是一种提出问题和回答问题的模式。对问题的回答要先针对问题的预设而言，问题的预设真，我们再在特定的语境、特定的交际行为中看被解释者的提问是针对问题的哪部分而言的。然后解释者根据自己的知识状态中具有的背景知识回答此问题。解释不能仅仅关注解释项和被解释项之间的逻辑关系和语义关系，解释必须要关注解释者，要分析解释者的言语行为。

---

① ［美］R. 斯塔纳克：《论预设》，胡泽洪译，《哲学译丛》1999 年第 2 期。

第八章　对解释和科学的思考

第一节　对解释的机制和路径的思考

一　科学解释的机制

从亨普尔提出第一个科学解释模型的时候，他就注意到了解释者在解释中的作用。随着科学解释的发展，语用学解释模型或者最佳解释推理（Inference of best explanation）都非常关注解释中语境，特别是解释者。一旦涉及到解释者，就不能回避解释者的信念，因此科学解释问题上采取一种新进路，不能将解释看作是解释者对被解释者的逻辑推出，而看作是对被解释者的运行机制的研究探索和发现。因此，科学解释还应该考虑解释的意向和解释的行为，特别是在社会科学解释更是如此。罗森堡在 2000 年的著作《科学哲学——当代进阶教程》提出：意愿与信念是行动的原因，就预设着有一个因果律存在于二者之间，"社会科学的许多解释和理论，就假定了存在着这样的一种规律，理性选择理论给出了其中一个表达就是：在其他情况不变的情况下，行动者在能实现的行动中选择他有最强的意愿者"。①

罗森堡的论述用包含信念的解释模式可以表示如下：

规律陈述：所有行动者都采取对他有最大意愿并能加以实现的行动。

初始条件陈述：①行动者 A 意向要达到 G，并且 G 是他的最大意愿的东西。

②A 有这样的信念，除非他采取 B 的行动，否则他无法达到 G。

---

① A. Rosenberg, Philosophy of Science, A Contemporary Introduction, London and New York: Routledge, 2000, p. 58.

被解释者：所以 A 采取 B 的行动。

萨尔蒙把科学解释的进路分为三种，即本体论进路、认识论进路和模型论进路。中山大学张华夏教授对科学解释本体论进路作了明确划分和推进研究，他把科学解释从本体论意义上又分为三种类型：①因果决定性机制。②随机盖然性机制（或称概率性因果机制）。③目的性/意向性机制。科学解释三种作用机制的比较如下表所示：

科学解释的三种基本作用机制的比较

作用机制	回答的问题	过程的定向	支配的规律	作用性质	解释类型
Ⅰ. 因果机制	为什么 （why 问题）	原因定向与 过去定向 past – oriented	决定性 因果规律	决定性	因果解释
Ⅱ. 目的机制	为了什么 （what for）	结果定向与 未来定向 future – oriented	行为规律与 行为规范	目的性 或意向性	功能解释与 目的论解释
Ⅲ. 随机机制	偶发了什么 （what happen）	无定向与 概率定向 probability oriented	统计概 率规律	盖然性与 随机性	统计概 率解释

各种事物的运行机制或者是以上三种机制之一，或者是它们的不同形式的混合变形。运用贝叶斯网络的解释者信念度语境相关解释模型从本体论进路上属于随机机制，这里的随机不是没有规律可以遵循的意思，而是说解释项和被解释项之间的关系必须用概率统计才能很好地刻画。这种模型不是无定向的，而是属于概率定向的。这种概率也不仅仅指的是客观概率，这里面的概率涉及主体的信念，涉及随着解释主体知识状态的变化，解释主体信念的改变，就要涉及解释者的行为，就要研究解释者的行为规范。因此，解释主体信念度的模型不仅仅立足于科学解释的本体论进路，还有涉及解释的认识论立场。贝叶斯网络解释者信念度解释模型虽然也涉及解释的本体论进路和解释的认识论进路，不论是从本体论视角还是从认识论视角，人们都想给科学解释一个明确的定义，都想把解释相关归结为解释项和被解释项之间的某个特定的相关关系。亨普尔认为解释相关是逻辑性的相关，萨尔蒙认为解释相关是统计性的相关，费茨尔认为解释相关是因果性的相关，范·弗拉森认为解释相关是语境相关，阿欣斯坦把解释相关界定为言语行为的语用相关。把解释作

为逻辑相关、统计相关、因果相关和语境相关，都有其不足之处，但是对解释相关的理解却得到了深入的研究，但科学家已经认识到解释项和被解释项之间有一种解释的相关关系，也就是"解释相关"。以后，科学哲学家的研究方面也会集中在对"解释相关"的标准的界定上。

二　科学解释的路径

科学解释必须关注因果关系。必须从外延逻辑和内涵逻辑层面上来分析。"首先，在外延逻辑层次上作出分类，揭示科学解释的形式结构。然后，在内涵逻辑层次上作出分类，解释科学解释关键组成部分（即自然律或似律概括）的含义。"①

科学解释的组成有两个条件：第一个必要条件为，构成解释项和被解释项的全部陈述必须有经验内容，它们均为综合陈述，具有经验的可检验性。第二个必要条件为，解释项必须至少含有一条自然律；或者说，解释项必须至少含有一个似律概括陈述。

从外延逻辑看，似律概括有两种形式：一种为全称陈述；一种为概率陈述。从内涵逻辑看，一类是因果式；一类是非因果式的，也可称为是关联式的。

科学解释应该先走语义上升（semantic ascent）之路。再走"语义下降"（semantic descent）。语义上升的主要目的是揭示解释各项特别是解释项中的自然律或似律陈述及其推理的形式。语义下降的关键任务是澄清解释各项特别是解释项中的自然律或似律陈述的含义。

从语义上升着手，全部科学解释都可以叫作"自然律（或似律句）—推理模型"，简称"L—R 模型"，当似律语句即 L 是全称陈述时，此推理即 R 是演绎推理；当 L 为概率型陈述时，R 既可能是演绎推理，也可能是归纳推理。因此，语义上升把全部科学解释分为三种模型：（1）全称陈述—演绎模型（ULn—D 模型）。解释项中含有全称形式定律或似律概括，亨普尔的 D—N 模型属于全称陈述—演绎模型的科学解释。（2）概率陈述—演绎模型（PLn—D）。解释项中含有统计概括或统计的似律概括，亨普尔的 D—S 模型属于这种类型的科学解释。（3）概率陈述—归纳模型（PLn—I）。亨普尔的 I—S 模型属于这种科学解释模型。

---

① 张志林：《因果观念与休谟问题》，湖南教育出版社 1999 年版，第 298 页。

按照张教授的语义上升的划分，内格尔和亨普尔对科学解释的分类具有一定的合理性。内格尔把科学解释分为演绎解释（deductive explanation）、概率解释（probabilistic explanation）、功能解释或目的论解释（the functional or teleological explanation）和发生学解释（the genetic explanation）四种。内格尔认为科学解释作为一种"解释"，是在科学背景下谈的解释。所谓科学解释就是找出一个解释必须满足的恰当性条件。从语义上升角度看，作这样的分类有一定的道理，但是演绎解释和概率是在外延逻辑意义上的，而功能解释和发生学解释是在内涵逻辑意义上，内格尔分类标准不统一。

亨普尔的科学解释的模型也是在语义上升意义上的，虽然他一开始只是提出了科学解释的演绎—律则模型，后来随着对科学解释研究的不断深化才提出 D—S 模型和 I—S 模型，却与语义上升的科学解释模型不谋而合，可见其高瞻远瞩。但是一开始他把所有的科学解释模型称为覆盖律模型，只注重解释项和被解释项之间的逻辑关系，并且把 D—N 模型作为科学解释的标准模型，体现了他作为一个逻辑经验主义者的局限性，这在一定意义上也限制了其他的科学解释模型的发展。亨普尔认为因果解释只服从 D—N 模型，只有解释项是全称的定律才能必然地推导出被解释项，这是错误的，因果解释对概率模型同样适用。

从语义下降入手，可对科学解释作出多种分类，关键在于选择什么角度对解释项中的自然律或似律陈述作出分类。张志林教授把自然律或似律陈述分为两类：一类是因果式的；一类是非因果式的。所谓因果式的科学解释可以分为三个类型：因果全称陈述—演绎模型（CULn—D模型）、因果概率陈述—演绎模型（CPLn—D 模型）和因果概率陈述—归纳模型（CPLn—I 模型）。非因果式的划分与因果式的划分相同。

通过以上的论述，张教授认为全部科学解释都是"自然律—推理模型"，科学解释分类示意图如下：

LR 模型：ULn—D 模型：CULn—D 模型；NCULn—D 模型

　　　　PLn—D 模型：CPLn—D 模型；NCPLn—D 模型

　　　　PLn—I 模型：CPLn—I 模型；NCPLn—I 模型[1]

根据张教授的概念构架，对科学解释的研究主要集中在两个方面：

---

[1]　张志林：《因果观念与休谟问题》，湖南教育出版社 1999 年版，第 300 页。

第一个方面是怎样理解解释项中的自然律或似律陈述。第二个方面是怎样理解解释项与被解释项之间的推理关系。

结合费茨尔的理论方阵，主要有两条研究进路：第一条认识论之路，代表人物是内格尔和亨普尔；第二条本体论加认识论之路，代表人物是萨尔蒙和费茨尔。

萨尔蒙和费茨尔认为亨普尔的认识论之路不能消除认知歧义性，要想消除统计歧义性，必须走本体论之路，把最全特征要求的预设"参照类的齐一性"看成是事物本身的规律性联系，而不仅仅是认识的特征。

费茨尔把解释项和被解释项之间的关系看成因果关系，也不能彻底地消除认知的歧义性难题，对认知的歧义性，我们只能尽量地减少，而不能彻底地消除，这涉及我们对背景知识的认识。

但无论如何，在科学解释问题上，不管解释项和被解释项之间的关系是逻辑相关，抑或统计相关、因果相关甚至语境相关。总之科学哲学家已经认识到解释项和被解释项之间有一种解释的相关关系，也就是"解释相关"。

张教授的解释相关是在萨尔蒙和费茨尔工作的基础上重构的。张教授在萨尔蒙和费茨尔工作的基础上给出了解释相关的标准：

（LRC1）仅当（1）x（R（x）∧F（x）→A（x））

并且 x（R（x）∧¬F（x）→¬A（x））

或者（2）P（A（x），R（x）∧F（x））= m

P（A（x），R（x）∧¬F（x））= n

而且 m≠n

在参考类 R 中，性质或谓词 F 与性质或谓词 A 的出现才是解释相关的。

（LRC2）仅当性质或谓词 F 与被解释项中的性质或谓词 A 的出现是解释相关的，F 才能出现在解释项的自然律或似律陈述的前件中。[①]

借此解释相关，张教授试图给出科学解释的恰当性的条件：

1. 被解释项必须是其解释项的一个演绎的或归纳的推论。

2. 解释项必须至少包含一个自然律或似律陈述，并能满足上述推理的要求。

---

① 张志林：《因果观念与休谟问题》，湖南教育出版社 1999 年版，第 303 页。

3. 解释项中自然律或似律陈述前件的谓词必须与被解释项中表征某些性质出现的谓词解释相关。

4. 解释项和被解释项的全部陈述都必须是真的。[①]

既然给出的是科学解释的恰当性条件，因果解释作为科学解释必须满足以上四个条件，此外，因果解释还有自己独特的特点：（1）解释项中必须含有因果式自然律或似律陈述。（2）因果式自然律或似律陈述前件中谓词所对应的事件必须与被解释项中与某些性质出现对应的事件因果相关。

我们可以从因果律的范导图看出因果解释和因果律的关系，因果律的范导图如下：

因果律：语言先在性

因果范畴

因果定律：满足因果关系　　　非因果定律：形成新的因果定律

因果描述：包含因果定律　　　非因果描述：形成新因果描述

因果解释：包含因果定律　　　非因果解释：形成新因果解释

因果解释的基础为满足因果定律，因果关系所要满足的逻辑条件，即如果关系项 E1 和 E2 之间存在因果关系，那么它必须满足以下四个逻辑关系：

E1 是 E2 的原因。

E2 是 E1 的结果。

E1 引起 E2。

E2 由 E1 引起。[②]

按照因果关系需要满足的逻辑条件，我们得出，要想成为一个因果解释，必须满足因果关系。因果关系对应着两个词，分别为 Causation 和 Causality，两者都表示原因（cause）与结果（effect）之间的关系。Causation 强调原因引起结果的关系，Causality 突出原因具有引起结果的性质。如果说解释项和被解释项是因果相关，必须完成三项工作：首先，找出与 F 和 A 的变化相关的事件，比如说分别为 Ef 和 Ea；其次，确认 Ef 发生在 Ea 之前；最后，再确认 Ef 和 Ea 的先后关系是由某种作

---

① 张志林：《因果观念与休谟问题》，湖南教育出版社 1999 年版，第 303 页。

② 同上书，第 39 页。

用引起的①。这样，才成为满足因果相关关系的科学解释模型。

张教授认为，无论对"概率"作极限频率诠释或者因果倾向诠释，都作出了一个本体论承诺，即存在着"随机事件"（random events），其特点是在一定条件下，既可能发生，又可能不发生。有了这个承诺，萨尔蒙和费茨尔都认为概率是随机事件的性质。

费茨尔相对于其他人高明之处在于：（1）因果相关模型立足于解释项和被解释项之间的因果相关性，启发人们可按照因果律的反倒，注意考察科学解释中的因果关系。（2）该模型还启发人们在考察科学解释时，要注意把那些容易忽略的因素分析出来，纳入科学解释中。

但是，费茨尔并没有像他说的那样"对于演绎论证和概率论证，都能排除任何解释歧义的可能性"。原因：（1）本体论和认识论相结合确能建立起"解释与期望的联系句"，但这种联系绝不是必然的。（2）并非任何解释或统计的歧义性都是可以通过查明因果关系而得到消除的。因此，我们可以希望尽量减少解释的歧义性，但不可奢望彻底消除这种歧义性。

因果解释中所使用的因果定律是决定论定律，而科学解释中所用到的定律既可以是决定论定律，也可以是统计定律。

因果理论两个结果：一个使低概率事件成为可解释的；另一个使无因果关系的解释项被排除。

总的来说，不论是语义学科学解释模型还是语用学科学解释模型，对科学解释的研究应集中以下几个方面：（1）对科学解释的方法论的研究，关注解释的逻辑结构问题，提出恰当的科学解释需要满足的逻辑条件和经验条件；（2）科学解释与其他的科学程序之间的关系，比如解释与预测，解释与确证之间的关系，等等；（3）关注科学解释中的定律的研究，定律为什么能够解释？定律在解释中的作用不可或缺吗？如果我们诉诸定律可以回避有关因果性的难题，那么定律如何对解释起限定的作用？定律如何与解释中的语境因素紧密联系？等等；（4）解释是否必须遵从一种模式？科学解释必须要有一个确定的模型吗？以上这些问题将成为以后科学解释中需要关注的问题。

通过以上的分析，我们可以把对科学解释的研究归结为两个方面：

---

① 张志林：《因果观念与休谟问题》，湖南教育出版社1999年版，第303页。

第一个方面集中在解释项中的定律或似律陈述；第二个方面集中在解释项与被解释项之间的推理关系。主要反映在对解释中"解释相关"的关注。科学解释以后的发展方向是坚持语义上升和语义下降结合之路。

科学的产生源于人类对自然界的好奇，想发现自然界的规律和找到自然现象背后的原因。科学之所以取得成功，在于对世界背后的规律的揭示，也就是从世界繁杂的现象中找到简单的规律，能够解释自然界的现象，所以，从科学解释的提出开始就是把科学解释当成对 Why—问题的回答，真正的科学解释就是要把原因和结果联系起来，才能保证两个事件具有必然性的联系。但随着自然科学的发展，科学研究的过程不仅仅局限于解释现象，并且，一味地追问自然现象背后的原因容易导致把超能力主体引入到科学解释中，因此伽利略就把科学研究对象由问"为什么"转移到真实地描述自然界现象，从解释到描述可以把超能力主体排除在解释大门之外，不要过多地追问"为什么"，而是真实地描述自然界是"怎么样"的。这样，关于人类对自然界的认识由开始的神学自然观任何自然现象都追究责任神，对自然界不是从自然界本身去解释，而从自然界之外寻找事物变化的原因，因此遇到任何自然刮风、下雨都不问"为什么刮风？""为什么下雨？"而是问"谁干的？"从问题"谁干的"到"为什么"说明人类开始寻找自然界的规律，但在认识能力有限的情况下，过多地追问"为什么"会导致把自然界的第一推动力归为上帝。由"为什么"到"怎么样"，体现出科学从解释到描述的转变。

三　科学理论的解释

解释分为两种，一种是对现象的解释；一种是对理论的解释。对现象的解释涉及一个事物和周围众多事物的联系，涉及人们对现象的不同的认识，解释主体的不同的背景知识和信念度在解释中非常重要，因此，不能不涉及语用方面。科学不仅解释单个事实，还解释一般规律。解释还涉及对理论知识的解释。科学解释的观点分为经验定律解释观察现象，理论解释经验定律，高层次理论解释，低层次理论，等等。

那么理论解释是不是对 Why—问题的回答呢？比如对数学定律、逻辑定律的解释是不是对 Why—问题的回答呢？"为什么 $1+1=2$ 呢？"这样的回答涉及不到经验知识，这样的 Why—问题好像也没有合适的回答。

波义耳定律通过对理想气体研究得出：在一定的温度条件下，气体的压强与体积成反比的结论。在这个层次上，这个公式是基于经验数据得到的一个现象的规律。我们也能够从统计力学的形式体系中推论出与此类似的公式。但是，这种演绎式的阐释，没有为我们提供为什么会出现这个结果的物理机制的理解。传统物理学家并不满足于原理性的解释，它们习惯于理解实验现象，揭示实验现象之间的关联。但是到了微观领域，涉及对量子等微观粒子的解释，我们就不能通过我们的经验来把握了。我们就不能问为什么了，对量子的解释也就不是对 Why—问题的回答了。

如果科学解释不能摆脱描述知识的束缚，没有描述知识之前我们如何解释呢？萨尔蒙认为在特定时刻我们对世界有完全的描述，知道所有的定律，能够解决所有的数学问题，预测或确定每件事件已经发生或者将要发生，那么解释又包括什么呢？我们不需要科学解释了，因为我们已经不需要问为什么了。因果解释只是表明了事件与事件之间的联系，但科学解释不仅可以表明事件间的联系，还可以解释定律之间的联系。

Why—问题的提出代表了理性对存在的反思，那么解释就是在这种反思的基础上对"为什么"所提出的问题给出的回答或为这种回答所作的一种系统性的思维努力。

"为什么"可有两种不同含义，一是指因果的或决定的方面；二是指目的论的方面。最后，"如何可能"则指发生学的方面，即进化或起源。

功能的依据不能仅仅从组成部分本身的性质给出，必须从整体状态出发才能得到解释。正是基于整体对部分制约关系的强烈兴趣，才形成了功能解释的语境。发生学的解释也称为历史解释。

"为什么常春藤植物向光生长？"这个问题对博物学传统和生理学传统而言，其解释目标就是大相径庭的。在生物学看来，解释的目标是植物中存在的光合作用机制。因此，他会指出植物体内一系列物理化学反应，从而作出机械因果的解释。而在属于博物学传统的进化主义者看来，解释的目标是系统发育的原因，即在植物系统进化过程中，为什么是常春藤植物而非其他植物发展了"抓光"这一能力。于是他给出的是进化的适应解释。

不同的研究传统对同一现象会给出不同的提问方式：生理学传统的提问方式是何种生理学机制促进了植物的向光生长，而这种提问方式则限定了解释的"近因"语境，博物学传统的提问方式是，何种进化原因促成了常春藤植物具有了"抓光"这一能力，语境差别也就造成了解释目标的不同。

第二节　对科学的思考

科学是揭示自然现象的规律，寻求自然现象背后的因果规律和自然现象变化的原因，摆脱人类受自然界奴役的命运，进而改善和提高人类的生活。科学发展的初衷有善的目的，科学就是实现"善"的有效途径。爱因斯坦说："科学通过作用于人类的心灵，克服了人类在自己及面对自然时的不安全感。这一点使科学保持了不朽的荣誉。"① 默顿也曾经说过："如果有任何科学值得给予尊重的话，它们必须是与人类在各种社会中的幸福有关的。"② 科学正是因为满足了人们的需要而具有了存在的意义。科学可以促进社会的发展和满足人类的需要，这点是毫无疑问的。科学已经作为一种既存的社会力量在介入并影响着人类社会生活，科学的存在影响着人们的社会利益、社会需要和社会情感。

科学作为对宇宙和自然界规律的探索，出于人类对自然界奥秘的好奇和惊讶，在科学探索和研究中蕴涵的美学价值和科学精神是很多学科不能比拟的。除此之外科学还具有培养民族的精神气质和改变人类精神行为等方面的精神价值。这些都是讨论的科学的外在价值，我们这里要讨论的是科学的内在价值。

一　科学的现代含义

随着现代科学的发展，科学已经不仅仅是一个系统化的知识体系。其实，科学作为一个基础概念比较难界定。贝尔纳就曾经说过："科学本身不能用定义来诠释，……必须用广泛的阐明性叙述来作为唯一的表

---

① 爱因斯坦：《爱因斯坦晚年文集》，海南出版社 2000 年版，第 132 页。
② 默顿：《科学社会学》，商务印书馆 2003 年版，第 384 页。

达方法。"① 但科学与常识相比，具有以下六个特征："1. 科学追求的是
具有可检验性的解释系统；2. 科学能够准确地界定自己的适用范围；
3. 科学尽力消除概念和命题的不一致，而保持逻辑连贯性；4. 科学中
的语言具有高度的精确性和专业性；5. 科学追求解释的普遍性；6. 科
学具有可检验性的严格要求。"② 在现代语境下，我们对科学一般可以
从以下方面来理解。首先，科学是关于自然界及其内在规律的系统化、
理论化的知识体系。其次，科学是产生理论知识的实践活动。"科学本
身不是知识，而是生产知识的社会活动。"③ 再次，科学是一种寻求自
然界内部规律的方法。默顿曾经对科学的含义规定为："1. 一组特定的
方法，知识就是用这组方法证实的；2. 通过用这些方法所获得的一些
积累性的知识；3. 一组支配所谓的科学活动的文化价值和惯例。"④ 在
默顿看来，科学具有可证实性，这样，作为科学研究的对象的实体
（entity）应该是存在的。科学作为一种支配科学活动的文化价值和惯
例，具有了价值大小的评判。随着科学的发展和人类对科学理解的深
入，科学已经不再局限于理论化的知识体系，科学研究的对象也不仅仅
局限在实体的范围内，科学作为一种累积的知识传统具有了价值负荷。
认为科学是中立的观点是基于描述为主的经验科学语境基础上的狭隘的
科学观，在现代语境中科学的世界图景正在发生变化。

二　科学非价值中立

第一，从科学的目的和动机来看，科学不仅仅是为了"求真"，也
是为了"求用"。

如果从科学最初的发展动机来说，科学是为了寻找自然界某一方面
的发展规律，科学活动的目的是为了寻找真理。随着近代和现代科学的
发展，科学在对科学事实进行描述的基础上，已经蕴含了价值判断，科
学活动的目的是为了获取价值。科学研究的对象和知识不局限在对自然
界的反映，而是科学共同体内部成员之间共同的约定或者妥协的结果。

① 贝尔纳：《历史上的科学》，科学出版社 1959 年版，第 6 页。

② E. Nagel, The Structure of Science, London：Routledge &Kegan Palul Ltd. 1961, pp. 1 –
14.

③ 付尔科夫：《科学学——问题、结构、基本原理》，科学出版社 1984 年版，第 37 页。

④ 默顿：《科学社会学》，商务印书馆 2003 年版，第 362—363 页。

"不是自然存在决定科学理论的内容，而是从事科学活动的科学家的行为决定了自然界是什么。"① 科学知识只是一种社会建构，而不局限在对自然界内在属性的客观反映。科学已经从发现自然界的规律转变成对世界的理论建构。科学不仅仅局限于发现自然界的规律，更在于建构科学的理论。科学的基本概念、基本公设到科学的知识体系多是理性的建构而非经验的发现。科学不是外在于人类价值的，也非与伦理无涉的自然界的规律，科学作为一种知识体系不是价值中立的，科学本身负载着价值。

第二，从科学研究过程上看，整个科学研究过程的每一个环节都渗透着价值。

现在的科学研究在结构与功能上已发生了巨大的改观，科学不再局限于求知的工具和对自然界疑惑的解释，科学研究已经普遍受社会价值判断的影响。科研活动中不管是科研项目的立项、科研项目的实施和完成都要受到主观因素的干预，受到人类社会价值的影响。科学家在面对众多的现象面前的科学事实的选择、在科学活动中运用的科学方法的认定、在科学体系的建构等各方面都体现了科学并非中立的，而是负载了人类的价值判断。"科学家选择一种理论必须符合他们所特有的方法论原则和能够体现他们所具有的价值目标，反之，科学家所接受的理论和方法论原则又对科学价值目的的选择提出了要求和限制。"② 科学的研究目的与人类的价值判断息息相关，科学研究所需的经费的来源也不是仅仅由科学家的个人的价值判断以及科学研究内容本身可以决定的。并且，科学研究内容的选择也体现了不同科学共同体等利益主体的价值取向。当某种科学活动对人类的发展和社会的进步有重要的作用时，人们就会加强对该项研究的人力、物力和财力的投入，这项科学活动就相应地得到了长足的发展。反之，这种科学活动将受到限制。这些都体现了科学本身具有价值取向。科学研究不管是研究内容的选择、科学研究的目的、科学家的研究行为以及其对以后研究方向的选择都受社会的影响，因此科学研究不是价值中立的，也就是说，科学作为一种研究活动

---

① 科尔：《科学的制造——在自然界与社会之间》，上海人民出版社2001年版，第48页。

② 劳丹：《科学与价值——科学的目的及其在科学争论中的作用》，殷正坤译，福建人民出版社1989年版，第13页。

是具有价值负荷的。

第三，从科学理论的评价上看，不同的价值主体的价值标准会影响对科学理论的评价。

科学理论的评价指的是在科学理论形成之后，以科学共同体为评价主体的对科学理论的检验、评价和选择。对科学理论的评价就是评价主体对科学知识、科学活动、科学方法等作出的主观评判。评价不可避免地受到评价主体的影响，比如受主体的认知能力、知识水平、背景知识等的影响。对科学理论的评价一般包括以下两个方面：对于科学理论真理性的评价和对于科学理论的价值性的评价。

对科学理论的真理性的评价一般包括对科学理论逻辑一致性的评价以及理论和背景知识的一致性的评价。如果一个科学理论本身不具备逻辑自恰性，就不是一个科学理论。比如，古希腊的哲学家亚里士多德认为，物体的降落速度与其质量成正比。伽利略为了反驳亚里士多德的结论，作了如下思想实验：把一个 10 磅的铁球和 1 磅的铁球用绳子拴在一起做自由落体运动，那么就会出现如下两种可能的结果：第一种可能情况，因为两个铁球的质量之和大于 10 磅的铁球，按照亚里士多德的理论，拴在一起的两个铁球的降落速度将大于单独一个 10 磅的铁球的降落速度；第二种可能情况，同样按照亚里士多德的理论，10 磅的铁球以 10 磅的速度下降，而 1 磅的铁球以 1 磅的速度下降，那么 1 磅的铁球将会对 10 磅的铁球有一个向上的力，则拴在一起的两个铁球的降落速度将比单独一个 10 磅的铁球的下降速度慢。同样按照亚里士多德的理论，出现了两个相互矛盾的结果。通过这个思想实验，伽利略推导出亚里士多德的理论不具有逻辑自洽性，从而怀疑亚里士多德理论的真理性。除此之外，对科学理论的评价还要涉及这个理论和背景知识的契合度，说到背景知识的契合度就要涉及人类的知识水平的发展程度。燃素说（The Phlogiston Theory）是 17 世纪末 18 世纪初解释燃烧现象的学说，甚至可以说是解释整个化学现象的理论基础，被当时的科学共同体所接受和推崇，直到拉瓦锡提出氧化学说后，燃烧的学说才被新的知识范式所取代，被主流的化学界人士所接受。舍勒和普利斯特利在氧化学说提出之前就通过化学实验获取了纯净的氧气，但因为囿于燃素说而把"氧气的发现者"的桂冠拱手让给了"近代化学之父"拉瓦锡。

对科学理论的评价除了对科学理论真理性的评价外，还包括了对科学理论的功能性的评价。即科学理论是否具有逻辑简单性以及对科学理论的解释和预测的评价。科学理论的逻辑简单性考察的是理论的普遍性，指的是科学理论体系所包含的彼此独立的基本概念和基本定律越少则这个理论越好。不同科学发展时期，科学理论的基本概念和基本定律是不同的，因此，对不同范式下科学理论的评价不能单纯依靠基本概念和基本定律的数量，更不能依靠科学理论的基本概念是否是实体来评价。科学既然是关于自然界本质规律的认识，应该对已知的经验事实和实验现象进行解释，对未知的事实和现象进行预测，科学具有解释功能和预测功能。例如，我们可以根据物理学上"光的散射"现象来解释"天空为什么是蓝色的？"我们也可以根据哈雷彗星的运行周期是 76 年，又知道上次哈雷彗星出现的时间是 1985 年，那么我们就可以预见下次看到哈雷彗星的时间是 2061 年，这些属于科学具有解释和预测功能。对科学理论的评价还涉及对科学理论的解释力和预测力的评价，这同样依靠评价主体或者说依靠科学发展语境的，对于宇宙学说的评价，托勒密时期和哥白尼时期是不同的，托勒密时期会因为"地心说"的解释力强而坚持太阳围绕着地球转，而到了哥白尼时期，人们会秉承简单性原则而坚持"日心说"理论。在托勒密时期和哥白尼时期，太阳和地球之前的关系并未发生改变，但是对宇宙学说的评价却因评价主体不同而有所差异。

以上不管是对科学理论的真理性还是价值性的评价，都涉及评价主体的知识背景和认知能力和评判标准，因此，对科学理论的评价不可能不具有价值负荷。

三　对科学非价值中立的思考

人类有了闲暇时间和自由，开始对自然现象和自然界的规律充满了好奇。原始神话自然观时期，由于人类的能力低下，对自然界的规律没有办法把握，从而把自然现象看成变化无常的，对自然产生敬畏心理，认为万物都是有灵魂的，风、雨、雷、电等自然现象都是由某个神来控制的。当时，对自然现象没有办法从自然界自身加以解释，遇到任何自然变化都问"谁干的？"随着社会的发展和人类能力的增强，人类开始从自然界本身找自然现象出现的原因，提出形如"天空为什么是蓝色的？"、"筷子插入水中为什么会弯曲？"这样的问题。在不同的研究语境下回答这些"Why—问题"，就成为科学研究的内容，这时的科学的范畴局限于对自然现象的原因给出解释，这种对于原因的追求不能摆脱科学研究中的本体论承诺困境。伽利略拓展了科学研究的范畴，他把对自然现象的状态的描述纳入到科学体系中来。这样，世界是"怎么样"的状态描述和自然界"是什么"在科学研究中具有同等重要的地位。这说明在不同语境下科学的研究内容是不同的。

科学是关注自然现象，关注事实的，而事实与价值是截然二分的。事实与价值的关系问题历来就是一个非常复杂非常困扰人的问题。英国著名哲学家休谟（D. Hume）就曾提出能否从"是"推导出"应该"的问题，也就是能否从事实判断推导出价值判断，史称"休谟问题"。康德理论体系中也已有"实然"与"应然"的划分。逻辑实证主义沿袭康德的观点，把科学界定为摆脱了价值因素且致力于处理经验问题、检验描述命题，能够借助逻辑推理的稳定的知识体系。

逻辑实证主义者主张科学是关于事实的，而价值是关于目的，科学是价值中立（value – neutrality）的。科学与价值无涉。逻辑实证主义者把科学语言区分为观察语言和理论语言，科学可以分为观察陈述和理论陈述两个层次，一切有关实在的陈述原则上必须通过观察命题的检验。观察是被动的、消极的生理反应，只要具有相同的观察器官，观察到的结果也是相同的，坚持观察中性说（theory of neutral observation），观察陈述因其直接来源于经验具有可靠性，不受任何已有理论的影响。在逻辑实证主义看来，"科学给予我们的世界图像是真实的、在细节上可信的图像，而且在科学中所假定的实体是真实存在的：科学的进步是发现而不是发明。"① 而理论陈述可以通过观察陈述与经验对象相联系，理论陈述的意义源于观察陈述，科学理论就是基于观察基础上的。逻辑实证主义认为科学知识的基础不是依赖于个人的经验感觉，而是依赖于公认的实验证实，而在迪昂看来，"物理学中的一项实验不纯粹是对一种现象的观察，而且还是对这一现象的理论解释。"②

逻辑实证主义语境下的科学是基于观察和理论的二分基础上的价值中立的科学，科学哲学也是以逻辑实证主义为主流发展起来的，逻辑实

---

① Bas. C. Van Fraassen, The Scientific Image, Oxford: Clarendon Press, 1980, p. 5.
② 迪昂：《物理理论的目的与结构》，中国书籍出版社1995年版，第160页。

证主义对科学和科学哲学的发展影响深远，直至今日，科学哲学界公认的占主流的理论观点仍然与逻辑实证主义者的观点一脉相承，对科学的价值中立的观点也隶属于此。随着科学研究语境的发展，逻辑实证主义受到众多学者的反对。这其中包括科学历史主义者库恩（T. Kuhn）、汉森（N. R. Hanssen）、约定论者彭加勒（Jules Henri Poincare）、建构经验论者范·弗拉森等人。

科学历史主义者基于相对主义立场，以科学的价值性否定其真理性，强调观察过程及观察事实的理论负载性，倾向于否定科学事实的客观性和对于科学理论的基础地位。库恩和汉森坚持理论先于观察，汉森还提出"观察渗透理论"（theory - laden observation），认为观察受理论的影响，甚至观察受理论的支配。所以观察不可能是一种纯粹客观的描述，只能是观察者对观察对象的主观建构。观察的目的是为了获得科学事实，科学事实不是对观察到的事件的简单复述，而是在一定的科学概念框架中对观察到的现象的一种解释，它本质上是一种不能脱离具体的概念框架的理论解释。科学历史主义的观点动摇了逻辑实证主义的理论基础，由此也导出了科学具有价值负载的观点。

20 世纪以后，当科学的视野推进到微观领域，逻辑实证主义者面临着更加严峻的挑战。约定论者彭加勒注意到，物理学中的一些基本概念和基本原理既不是先验综合判断，也不是经验事实，它们实际上是约定（convention）的。约定无所谓真假，只是出于方便而已。爱因斯坦的思想也受到彭加勒经验约定论的影响，"一切的概念，甚至那些最接近经验的概念，从逻辑观点看来，完全像因果性概念一样，都是一些自由选择的约定"。[①] 在约定论者看来，不仅科学概念是科学共同体约定的，连科学理论也是科学共同体约定的。科学家以不同的方式构造科学知识。

建构经验论者也反对科学的价值中立说，范·弗拉森认为科学的目标不是发现世界的"真实结构"，而是发明出用以"拯救"经验现象的理论。"科学活动是建构，而不是发现；是建构符合现象的模型，而不是发现不可观察物的真理。"[②] 他认为科学理论因其具有经验适当性被

---

① 爱因斯坦：《爱因斯坦文集》，许良英译，商务印书馆 1976 年版，第 316 页。
② Bas. C. Van Fraassen，The Scientific Image. Oxford：Clarendon Press，1980，p. 5.

人们接受，建构模型必须满足经验适当性，而不是关于不可观察实体的发现真理。"科学的目的是为我们提供具有经验适当性的理论，理论的接受仅仅与相信理论具有经验适当性的信念有关。"① 范·弗拉森重视科学理论的建构，他认为一旦理论的结构与经验的可观察对象的结构同构，该理论就是经验上适当的。

范·弗拉森认为科学就应该满足于拯救现象（save phenomena）。科学应该从"现象"出发，然后提出假说以解释现象的缘由，而不是仅仅满足于发现事物的本性。"相信理论为真或相信其经验适当性并不意味着相信对理论的完全接受将会得到证实，或者并不意味着可以通过其证实来表明这一信念。"② 一个经验上适当的理论，可能不符合科学共同体的背景知识，或者说可能在短时期内不能够被证实，但是却能够通过建构的理论对现象加以解释。理论建构的目的不是为了与客观世界取得一致，而是为了要适合于可观察现象。"断定经验适当性比断定真理弱得多，而且接受理论的这种束缚把我们从形而上学中解救出来。"③ 范·弗拉森的建构思想避开了科学理论的真理性标准，而代之以模型建构的经验适当性标准。"科学即使没有给出本义上真的描述，也能很好地服务于其目的。理论的接受涉及的可能恰恰是比理论为真的信念更次要的东西，或者是理论为真的信念之外的东西。"④ 经验事实是被主体所建构的，因而也就不能逃脱价值的定向和制约。

通过以上对科学的概念和科学的价值负荷的具体体现的分析，认为科学是工具理性，与价值无涉，科学是价值中立的观点是基于逻辑实证主义语境下的观点，在逻辑实证主义语境外，不管对科学历史主义、经验约定论还是建构经验论来说，他们对科学中的观察、实验和理论的理解都认为科学是具有价值负荷的。

自 20 世纪中叶以来，实在论和反实在论之争（realism vs. anti – realism）非常激烈，其核心问题就是关于科学研究对象的实在性问题，也就是理论实体是否具有本体论地位问题。现代科学的发展已经超出了以对事物进行观察为依据的经验范畴内的研究范畴，科学不再是"只须

---

① Bas. C. Van Fraassen, The Scientific Image. Oxford: Clarendon Press, 1980, p. 8.

② Bas. C. Van Fraassen, The Scientific Image. Oxford: Clarendon Press, 1980, p. 8.

③ Bas. C. Van Fraassen, The Scientific Image. Oxford: Clarendon Press, 1980, p. 5.

④ Bas. C. Van Fraassen, The Scientific Image. Oxford: Clarendon Press, 1980, p. 13.

处理事实或者其他新事实便万事大吉,至于概念则纯属偶尔需要却无须深究的权宜手段"①。正如16、17世纪的科学家一样,当时的很多科学家也是哲学家,他们认为"并不存在纯粹事实而只有从某种根本观念来看的事实,而且事实总是以观念所达到的深度为限的"②,现代科学是从事实出发的,也离不开理论实体和理论建构,因此,科学已经不是具有确定性的,对科学的研究应该站在非决定论立场,更应该关心科学研究的主体或者科学解释的主体以及解释者的信念。

---

① Paul M. Churchland and Clifford A. Hooker, Images of Science, The University of Chicago Press, 1985, p. 302.

② 海德格尔:《现代科学与古代和中世纪科学的不同特点》,《国外社会科学文摘》1987年第7期。

参考文献

参考书目

Achinstein, Peter, The Nature of Explanation, New York: Oxford University Press, 1983.

A. V. Stechow, Presupposition and Context. Aspects of Philosophical Logic.

A. F. Heath, Scientific Explanation, Papers Based on Herbert Spencer Lectures Given in the University of Oxford, Clarendon Press, Oxford, 1981.

A. Tarski, Introduction to Logic and to the Methodology of Deductive Sciences, New York: Oxford University Press, 1965.

A. P. Martinich and David Sosa, A Companion to Analytic Philosophy, Blackwell, 2001 .

Asa Kasher, Pragmatics: Critical Concepts, London and New York: Routledge, 1998.

Andy Poger, Bob Wall, and John P. Murphy, Proceedings of the Texas Conference on Performatives, Presuppositions, and Implicatures, Center for Applied Linguistics, 1977.

Andrew Simpson, Focus, Presupposition and Light Predicate Raising in East and Southeast Asia, Kluwer Academic Publishers, 2001.

Arthue Peacocke, Science and the Future of Theology: Ctitical Issues, Board of Zygon, 2000.

Allan, Keith, Linguistic Meaning, London and New York: Routledge & Kegan Paul, 1986.

Apel, K. O. , Understanding and Explanation, A Transcendental – Pragmatic Perspective, The MIT Press, 1984.

Bates, Elizabeth, Language and Context: the Acquisition of Pragmatics,

London, San Francisco, New York: Academic Press, 1976.

B. Abbott, Presuppositions as nonassertions, journal of pragmatics, 2000.

Bas. C. Van Fraassen, the Scientific Image, Oxford: Clarendon Press, 1980.

Bart Geurts: Presuppositions and Anaphors in Attitude Contexts, Kluwer Academic Publishers, 1998.

Bergmann, Gustav, Philosophy of Science, Westport, Connecticut: Greenwood Press, 1977.

Braithwaite, Richard Bevan, Scientific Explanation, a Study of the Function of Theory, Probability and Law in Science, Cambridge University Press, 1964.

Bromberger, S, On What We Know We Don't Know, Explanation, Theory, Linguistics, and How Questions Shape Them, the University of Chicago Press, 1992.

Carston, Robyn, Linguistic Meaning, Communicated Meaning and Cognitive Pragmatics, Blackwell Publishers Ltd, 2002.

Casti, Johu L. & Karlqvist, Anders, Beyond Belief: Randomness, Prediction and Explanation in Science, CRC Press, 1990.

Christopher Damian Tanvredi. Deletion, Deaccenting, and Presupposition, the Degree of Doctor of Philosophy in Linguistics, 1992.

Christopher Norris, Ontology According to Van Fraassen: Some Problems with Constructive Empiricism, Blackwell Publishers Ltd, 1997.

Clayton, Philip, Inference to the Best Explanation, the Joint Publication Board of Zygon, 1997.

Cohen, R, the Context of Explanation. Dordrecht: Kluwer Academic Publishers, 1993.

C. G. Hempel, Aspects of Scientific Explanation and Other Essays in the Philosophy of Science, The Free Press, 1965.

C. G. Hempel, Selected Philosophical Essays, Cambridge University Press, 2000.

Corol Rovane, Anti – Representationalism and Relativism, Blackwell Publishers Ltd, 2004.

Clark Glymour, "Expanation and Realism" in P. Churchland and C. Hooker (eds), The University of Chicago Press, 1985.

J. H. Fetzer, Philosophy of Science, New York: Paragon House, 1993.

Dryer, Matthew S, Focus, Pragmatic Presupposition and Activated Propositions, Elsevier Science, 1996.

Dorit A. Ganson, The Expanation Defense of Scientific Realism, Garland Publishing, 2001.

Dacid Beaver and Emiel Krahmer, A Partial Account of Presupposition Projection, Kluwer Academic Publishers, 2001.

Daniel Rethbart, Science Reason and Reality, Issues in the Philosophy of Science, First Edition, Harcourt Brace College Publishers, 1998.

Deirdre Wilson, Presuppositions and Non – Truth – Conditional Semantics, London, New York, San Francisco: Academic Press, 1975.

E. L. Keenan, Two kinds of Presupposition in Natural language, In: Studies in Linguistics Semantics. C. J. Fillmord, D. T. Langendoen ed. 1971.

Elizabeth Bates, Language and Context: the Acquisition of Pragmatics, London, San Francisco, New York: Academic Press, 1976.

Edward M. MacKinnon, Scientific Explanation and Atomic Physics, London and Chicago: The University of Chicago Press, 1982.

Eunhee Lee, Differences between Two Alleged Perfects in Korean, Kluwer Academic Publishers, 2003.

Fetzer, James. H, Philosophy of Science, New York: Paragon House, 1993.

Fetzer, James. H, Scientific Knowledge, Causation, Explanation, and Corroboration, D. Reidel Publishing Company, 1981.

Galavotti, M. C. & Pagnini, A, Experience, Reality, and Scientific Explanation, Kluwer Academic Publishers. 1999.

F. C. Keil, R. A. Wilson, Explanation and Cognition, the MIT Press, 2000.

F. Wilson, Explanation Causation and Deduction, D. Reidel Publishing Company, 1985.

George B. Murray, S. J. Philosophy and Science as Modes of Knowing Selected Essays, New York: Appleton – Century – Crofts, 1969.

Gerhard Jager, Towards an Explanation of Copula Effects, Kluwer Academic Publishers, 2003.

Gennato Chierchia, Reference to Kinds Across Languages, Kluwer Academic

Publishers, 1998.

Ganson, Dorit A, The Explanation Defense of Scientific Realism, Garland Publishing, 2001.

Gazdar, Gerald, Pragmatics: Implicature, Presupposition, and Logical Form, Academic Press, 1979.

George, B. & Murray, S. J, Philosophy and Science as Modes of Knowing Selected Essays, New York: Appleton – Century – Crofts, 1969.

Gerald Gazdar, Pragmatics: Implicature, Presupposition, and Logical Form, Academic Press, 1979.

Gustav Bergmann, Philosophy of Science, Westport, Connecticut: Greenwood Press, 1977.

George Boolos, Logic, Logic, and Logic, Harvard University Press, 1998.

Heath, A. F, Scientific Explanation, Papers Based on Herbert Spencer Lectures Given in the University of Oxford, Clarendon Press, Oxford, 1981.

Hempel, C. G, Selected Philosophical Essays, Cambridge University Press, 2000.

Hempel, C. G, Philosophy of National Science, Englewood cliffs, New Jersey, Prentice, Hall, 1966.

Hempel, C. G, Aspects of Scientific Explanation and Other Essays in the Philosophy of Science, The Free Press, 1965.

Hempel, Philosophy of National Science, Englewood Cliffs, New Jersy, Prentice, Hall. 1966.

Humphrey Palmer. Presupposition & Transcendental Inference, London & Sydney: Croom Helm, 1985.

Hans – Jorg Schmid, "Presupposition can be a bluff": How abstract nouns can be used aspresupposition triggers, Elsevier Science, 2001.

Joseph C. Pitt, Theories of Explanation, New York, and Oxford: Oxford University Press, 1988.

J. Wright, Realism and Explanatory Priority, Kluwer Academic Publishers, 1997.

J. P. Srerba, Philosophy: The Big Questions, Blackwell Publishers Ltd. , 1998.

J. R Searle, The Philosophy of Language, London: Oxford University Press, 1971.

Jeanette K. Gundel, Michael Hegarty and Kaja Borthen, Cognitice Status,

Information Structure, and Pronominal Reference to Clausally Introduced Entities, Kluwer Academic Publishers, 2003.

James H. Fetzer, Scientific Knowledge, Causation, Explanation, and Corroboration, D. Reidel Publishing Company, 1981.

Jef Verschueren, Understanding Pragmatics, Foreign Language Teaching and Research Press & Edward Arnold (Publishers) Limited, 2000.

Joseph Agassi and Robert S. Cohen, Scientific Philosophy Today: Essays in Honor of Mario Bunge, D. Reidel Publishing Company, 1982.

Jerrold L. Aronson, A Realist Philosophy of Science, The Macmillan Press Ltd, 1984.

Julie A. Eisele, Barbara Lust and Dorothy M. Aram, Presupposition and Implication of Truth: Linguistic Deficits following Early Brain Lesions, Academic Press, 1998.

James Ladyman, Igor Douven, Leon Horsten and Bas van Fraassen, A Defence of Van Fraassen's Critique of Abductive Inference: Reply to Psillos, Blackwell Publishers Ltd, 1997.

Jennifer M. Saul, The Pragmatics of Attitude Ascription, Kluwer Academic Publishers, 1998.

Jason Stanley, Context and Logical Form, Kluwer Academic Publishers, 2000.

Jenifer Spenader, Factive Presuppositions, Accommodation and Information Structure, Kluwer Academic Publishers, 2003.

Johu L. Casti and Anders Karlqvist, Beyond Belief: Randomness, Prediction and Explanation in Science, CRC Press, 1990.

K. O. Apel, Understanding and explanation, A, Transcendental – Pragmatic Perspective, The MIT Press, 1984.

Kristo Ivanov, Presuppositions in Information Systems Design: From Systems to Networks and Contexts, Elsevier Science Ltd, 1996.

Jeroen Van Bouwel and Erik Weber, Remote Causes, Bad Explanations? Blackwell Publishers Ltd, 2002.

Juli Eflin, Epistemic Presuppositions and their Consequences, Blackwell Publishers Ltd, 2003.

John Gureny, Don Perlis and Khemdut Purang, Interpreting Presuppositions

Using Active Logic: From Contexts to Utterances, Blackwell Publishers Ltd, 1997.

J. - Marc Authier, On Presuppositions and (Non) Coreference, Blackwell Publishers Ltd, 1998.

John William Miller, The Definition of the Thing with Some Notes on Language, New York and London: W. W. Norton & Company, 1980.

James Baillie. Contemporary Analytic Philosophy, Prentice Hall, Upper Saddle River, 1996.

Kadmon, Nirit, Formal Pragmatics: Semantics, Pragmatics, Presupposition, and Focus, Blackwell Publishers Ltd, 2001.

Kasher, Asa, Pragmatics: Critical Concepts, London and New York: Routledge, 1998.

Keil, F. C. & Wilson, R. A, Explanation and Cognition, the MIT Press, 2000.

Kitcher, P, & Salmon, W. C, Scientific Explanation, Minnesota: University of Minnesota Press, 1989.

Keith Allan. Linguistic Meaning (V1), London and New York: Routledge & Kegan Paul, 1986.

Lipton, Peter, Inference to the Best Explanation, Routledge, 1991.

Klee, Robert, Introduction to the Philosophy of Science: Cutting Nature at its Seams, New York and Oxford: Oxford University Press, 1997.

Kenneth Taylor. Truth and Meaning: An Introduction to the Philosophy of Language, Blackwell Publishers Ltd, 1998.

Krahmer, Emiel, Presupposition and Anaphora, CSLI Publications, 1998.

Lycan, William G, Logical Form in Natural Language, the MIT Press, 1984.

MacKinnon, Edward M, Scientific Explanation and Atomic Physics, London and Chicago: The University of Chicago Press, 1982.

Marina Sbisa, Speech Acts in Context, Elsevier Science Ltd, 2002.

Mary Dalrymple, John Lamping Fernando Pereira and Vijay Saraswat, Quantifiers, Anaphora, and Intensionality, Kluwer Academic Publishers, 1997.

Matthew S. Dryer, Focus, pragmatic presupposition and activated propositions, Elsevier Science, 1996.

Mandy Simons, Presupposition and Accommodation: Understanding the Stalnakerian Picture, Kluwer Academic Publishers, 2003.

M. C. Galavotti and A. Pagnini, Experience, Reality, and Scientific Explanation, Kluwer Academic Publishers. 1999.

Masatake Muraki, Presupposition and Thematization, Tokyo: Kaitakusha, 1974.

Michael Questier, Loyal to a fault: Viscount Montague explains himselt, Blackwell Publishers Ltd, 2004.

Michela Ippolito, Presuppositions and Implicatures in Counterfactulas, Kluwer Academic Publishers, 2003.

Nirit Kadmon, Formal Pramatics: Semantics, Pragmatics, Presupposition, and Focus, Blackwell Publishers Ltd, 2001.

Norris, Christopher, Ontology According to Van Fraassen: Some Problems with Constructive Empiricism, Blackwell Publishers Ltd, 1997.

Pitt, Joseph C, Theories of Explanation, New York and Oxford: Oxford University Press, 1988.

P. Kitcher, W. Salmon. Scientific Explanation, Minnesota: University of Minnesota Press, 1989.

Peter. Achinstein, the Nature of Explanation, New York and Oxford: Oxford University Press, 1983.

Paul Portner: The Temporal Semantics and Modal Pragmatics of the Perfect, Kluwer Academic Publishers, 2003.

Philip Clayton, Inference to the Best Expanantion, the Joint Publication Board of Zygon, 1997.

Philip G. Surette and Rebort E. Mercer, Realizing Presuppositions in a Montague Grammar – Like Fragment of Ehgilish Blackwell Publishers Ltd, 2002.

P. F. Strawson: "On Referring" from reading in the Philosophy Language, edited by P. Ludlow, Massachusetts Institute of Technology, 1997.

Peter Lipton, Inference to the Best Explanation, Routledge, 1991.

P. F. Strawson, Philosophical Logic, Oxford University Press, 1967.

P. F. Strawson, Analysis and Metaphysics, Oxford and New York: Oxford University Press, 1992.

Philip Kitcher and Wesley C. Salmon, Scientific Explanation, Minneapolis: University of Minnesota Press, 1989.

Ruben, D, Explaining Explanation, New York: Routledge, 1990.

R. Cohen, The Context of Explanation, Dordrecht; Kluwer Academic Publishers, 1993.

Ruth M. Kempson, Presupposition and the Delimitation of Semantics, Cambridge University Press. 1975.

Robert Stalnaker, On the Reresentation of Context, Kluwer Academic Publishers, 1998.

Robert Slalnaker, Common Ground, Kluwer Academic Publishers, 2002.

Marina Sbisa, Speech acts in context, Elsevier Science Ltd. , 2002.

Robert N, McLaughlin, Intentions and Cause, Actions and Right Actions, Blackwell Publishers Ltd. , 2000.

Ruben D, Explaning Explanation, New York: Routledge, 1990.

Richard Bevan Braithwaite, Scientific Explanation, A Study of the Function of Theory, Probability and Law in Science, Cambridge University Press, 1964.

Robyn Carston, Linguistic Meaning, Communicated Meaning and Cognitive Pragmatics, Blackwell Publishers Ltd. , 2002.

Richard Bevan Braithwaite, Scientific Explanation, A Study of the Function of Theory, Probability and Law In Science, Cambridge University Press, 1964.

Robert M. Harnish, Basic Topics in the Philosophy of Language, Havester Wheatsheaf, 1994.

Rob A. Van Der Sandt, Context and Presupposition, London: Croom Helm, 1988.

Robert Klee, Introduction to the Philosophy of Science: Cutting Nature at its Seams, New York and Oxford: Oxford University Press, 1997.

Salmon, W. C, Statistical Explanation and Statistical Relevance, Pittsburgh: Pittsburgh Press, 1971.

Salmon, W. C, Scientific Explanation and the Causal Structure of the World, Princeton University Press, 1984.

S. Bromberger, On What We Know We Don't Know, Explanation, Theory, Linguistics, and How Questions Shape Them, University of Chicago Press, 1992.

Shalom Lappin, The Handbook of Contemporary Semantic Theory, Foreign

Language Teaching and Research Press & Blackwell, 2001.

Simons, Mandy, Presupposition and Accommodation: Understanding the Stalnakerian Picture, Kluwer Academic Publishers, 2003.

Smith, W. Newton, a Companion to the Philosophy of Science, Blackwell Publishers Ltd. , 2000.

Sperber, D & Wilson, D, Relevance: Communication and Cognition. Oxford: Blackwell Publishers Ltd. , Second Edition, 1995.

Stalnaker, Robert, On the Representation of Context, Kluwer Academic Publishers, 1998.

Slalnaker, Robert, Common Ground, Kluwer Academic Publishers, 2002.

Stanley, Jason, Context and Logical Form, Kluwer Academic Publishers, 2000.

Stechow, A. V, Presupposition and Context. Aspects of Philosophical Logic Synthes, Vol. 147, 1981.

S. Toulmin, The Philosophy of Science—An Introduction, London: Hutchinson press, 1953.

Sperber, D & Wilson, D, Relevance: Communication and Cognition, Oxford: Blackwe Publishers Ltd. , Second Edition, 1995.

Thomas S. Kuhn The Structure of Scientific Revolutions (3th Edition), Chicago and London: The University of Chicago Press, 1996.

Van Bouwel, Jeroen & Weber Erik, Remote Causes, Bad Explanations? Blackwell Publishers Ltd. , 2002.

Van Der Sandt, Rob A, Context and Presupposition, London: Croom Helm, 1988.

Van Fraassen, Bas. C, the Scientific Image, Oxford: Clarendon Press, 1980.

Verschueren, Jef, Understanding Pragmatics, Foreign Language Teaching and Research Press & Edward Arnold (Publishers) Limited, 2000.

Wilson, F, Explanation Causation and Deduction, D. Reidel Publishing Company, 1985.

Wright, J, Realism and Explanatory Priority, Kluwer Academic Publishers, 1997.

W. Salmon, Statistical Explanation and Statistical Relevance, Pittsburgh: Pittsburgh Press, 1971.

W. Salmon, Scinetific Explanation and the Causal Structure of the World, Princeton University Press, 1984.

W. Newton – Smith, A Companion to the Philosophy of Science. Blackwell Publishers, 2000.

W. V. Quine, Philosophy of Logic, Prenticae, hall, 1970.

William G. Lycan, Logical Form in Natural Language, The MIT Press, 1984.

William G. Lycan, Philosophy of Language：a Contemporary introduction, London and New York：Routledge, 2000.

艾伦·查尔默斯：《科学究竟是什么》，河北科学技术出版社 2002 年版。

大卫·哈维：《地理学中的解释》，商务印书馆 1994 年版。

冯棉：《可能世界与逻辑研究》，华南师范大学出版社 1996 年版。

弗雷格：《弗雷格哲学论著选辑》，王路译，商务印书馆 1994 年版。

弗雷格：《算术基础》，王路译，商务印书馆 2002 年版。

Geoffrey Leech：《语义学》，李瑞华等译，上海外语教育出版社 1987 年版。

韩林合：《分析的形而上学》，商务印书馆 2003 年版。

汉斯，波塞尔：《科学：什么是科学》，李文潮译，上海三联书店 2002 年版。

Imre Lakatos：《科学研究纲领方法论》，兰征译，上海译文出版社 1999 年版。

江天骥：《科学哲学名著选读》，湖北人民出版社 1988 年版。

卡尔纳普：《科学哲学导论》，张华夏等译，中山大学出版社 1987 年版。

卡尔纳普等：《科学哲学与科学方法论》，华夏出版社 1990 年版。

克拉夫特：《维也纳学派》，李步楼，陈维杭译，商务印书馆 1999 年版。

刘高岑：《从语言分析到语境重建——分析哲学意向性理论的科学语境论建构》，山西科学技术出版社 2003 年版。

内格尔：《科学的结构——科学说明的逻辑问题》，徐向东译，上海译文出版社 2002 年版。

尼古拉斯·布宁，余纪元编著：《西方哲学英汉对照辞典》，人民出版社 2001 年版。

N. R. 汉森：《发现的模式》，邢新力译，中国国际广播出版社 1988
　年版。

马蒂尼奇：《语言哲学》，牟博等译，商务印书馆 1998 年版。

乔治·莱科夫：《语言学与自然逻辑》，开明出版社 1994 年版。

索尔·克里普克：《命名与必然性》，梅文译，上海译文出版社 1999
　年版。

Stephen Read：《对逻辑的思考》，李小五译，辽宁教育出版社、牛津大
　学出版社 1998 年版。

石里克：《自然哲学》，陈维杭译，商务印书馆 1997 年版。

W. V. Quine：《真之追求》，王路译，生活·读书·新知三联书店
　1999 年版。

王维贤，李先焜，陈宗明等：《语言逻辑引论》，湖南教育出版社 1989
　年版。

亚历克斯·罗森堡：《科学哲学——当代进阶教程》，刘华杰译，上海
　科技教育出版社 2004 年版。

杨百顺，李志刚：《现代逻辑辞典》，湖北教育出版社 1995 年版。

殷杰，郭贵春：《哲学对话的新平台——科学语用学的元理论研究》，
　山西科学技术出版社 2003 年版。

张志林，陈少明：《反本质主义与知识问题——维特根斯坦后期哲学的
　扩展研究》，广东人民出版社 1995 年版。

张志林：《因果观念与休谟问题》，湖南教育出版社 1998 年版。

Zeno Vendler：《哲学中的语言学》，陈嘉映译，华夏出版社 2002 年版。

竹尾治一郎：《科学哲学》，林起权，王建新译，上海译文出版社 1994 年版。

周礼全：《逻辑——正确思维和成功交际的理论》，人民出版社 1994
　年版。

周北海：《模态逻辑》，中国社会科学出版社 1996 年版。

邹崇理：《自然语言逻辑研究》，北京大学出版社 2000 年版。

参考论文

Achinstein, Peter, Explanation V. Prediction: Which Carries More Weight?
　Philosophy of Science Association, Vol. 2, 1994.

Achinstein, Peter, The Pragmatic Character of Explanation, Philosophy of Science Association, Vol. 2, 1984.

Bromberger, Sylvain, On Pragmatic and Scientific Explanation: Comments o Achinstein's and Salmon's Papers, Philosophy of Science Association, Vol. 2, 1984.

B, P Minogue, Van Fraassen's Semanticism, Philosophy of Science Association, Vol. 1. 1984.

Bas C. Van Fraassen, On the Extension of Beth's Smeantics of Physical Theories, Philosophy of Science, 1970.

Bas C. Van Fraassen, Salmon on Explanation, the Journal of Philosophy, 1985.

Brian Cupples, Three Types of Explanation, Philosophy of Science, 44, 1977.

Bas C. Van Fraassen, Constructive Empiricism Now, Philosophical Studies, 106, 2001.

Bas C. Van Fraassen, Michel Ghins on the Empirical Versus the Theoretical, Foundations of Physics, Vol. 30, No. 10. 2000.

Brian D. Haig, Inference to the best explanation: A neglected approach to theory appraisal in psychology, The American Journal of Psychology, Vol. 122, No. 2 (Summer 2009).

D. W. Shrader, J. R. , Causation, Explanation and Statistical Relevance, Philosophy of Science, 44, 1977.

David Sandborg, Mathematical Expanation and the Thoery of Why – Questions, Brit. J. Phil. Sci. 49. 1998.

Dennes Temple, The Contrast Theory of Why – Question, Philosophy of Science, 1988.

David E. Nelson, Inductive and Explanatory Irrelevance, Philosophical Studies: An International Journal for Philosophy in the Analytic Tradition, Vol. 96, No. 2 (Nov. , 1999).

Donald Gillies, Varieties of Propensity, The British Journal for the Philosophy of Science, Vol. 51, No. 4 (Dec. , 2000).

Donald Gillies, Intersubjective Probability and Confirmation Theory, The British Journal for the Philosophy of Science, Vol. 42, No. 4 (Dec. , 1991).

P. Gardenfors, A Pragmatic Approach to Explanations, Philosophy of Science, 1980.

E. S. Shirley, An Unnoticed Flaw in Barker and Achintein's Solution to Goodman's New Riddle of Induction, Philosophy of Science, 48, 1981.

F. Rohrlich, Scientific Explanation: From Covering Law to Covering Theory, Philosophy of Science Association, 1994, Vol. 1.

Fetzer, J. H, Wesley Salmon's Scientific Explanation and the Causal Structure of the World, Philosophy of Science, 54, 1987.

Fetzer, J. H, What's Wrong with Salmon's History: the Third Decade, Philosophy of Science, 59, 1995.

Friedman, M, Explanation and Scientific Understanding, Journal of Philosophy, Vol. 71, 1974.

Grimes, Thomas R, Explanation and the Poverty of Pragmatics, Erkenntnis (27), 1987.

Grimes, Thomas R, Statistical Explanation Probability and Counteracting Conditions, Philosophy of Science, 39, 1988.

Hintikka, J. J, Semantic and Pragmatics for Why – Question, the Journal of Philosophy, 1995.

Holcomb. H, Logicism and Achinstein's Pragamatic Theory of Scientific Explanation, Dialectica, Vol. 41, No3, 1987.

Harmon Holcomb, Logicism and Achinstein's Pragamatic Theory of Scientific Explanation, Dialectica, Vol. 41, No3, 1987.

Igor Douven, Testing Inference to the Best Explanation, Synthese, Vol. 130, No. 3 (Mar. , 2002) .

Koertge, Noretta, Explanation and its Problems, Brit. J. Phil. Sci, 43, 1992.

J. Hintikka, Semantic and Pragmatics for Why – Question, the Journal of Philosophy, 1995.

J. H. Fetzer, What's Wrong With salmon's History: the Third Decade, Philosophy of Science, 59, 1995.

J. H. Fetzer, Wesley Salmon's Scientific Explanation and the Causal Structure of the World, Philosophy of Science, 54, 1987.

Jonathan Weisberg, Locating IBE in the Bayesian Framework, Synthese,

Vol. 167, No. 1 (Mar., 2009).

Lehman, H, Statistical Explanation, Philosophy of Science, Philosophy of Science Association, 1972.

Lipton, Peter, Contrastive Explanation and Causal Triangulation, Philosophy of Science, 58, 1991.

McCarthy T, On an Aristotelian Model of Scientific Explanation, Philosophy of Science, 44, 1977.

Minogue, B. P, van Fraassen's Semanticism, Philosophy of Science Association, Vol. 1, 1984.

Mischel, T, Pragmatic Aspects of Explanation, Philosophy of Science, Vol. 33, No. 1/2 (Mar., 1966).

M. Scriven, Causation as Explanation, Nous 9, 1975.

McCarthy T, On an Aristotelian Model of Scientific Explanation, Philosophy of Science, 1977 (44)

M. Friedman, Explanation and Scientific Understanding, Journal of Philosophy, Vol. 71, 1974.

Matti Sintonen, On the Logic of Why – Question, Philosophy of Science Association, Vol. 1, 1984.

Noretta Koertge, Explanation and its Problems, Brit. J. Phil. Sci., 43, 1992.

Paul Teller, On Why-Questions, Blackwell Publishing, Vol. 8, No. 4, 1974.

P. Kitcher, Van, Fraassen on Explanation, the Journal of Philosophy, 1987.

Peter, Achinstein, The Pragmatic Character of Explanation, Philosophy of Science Association, Vol. 2, 1984.

Peter Lipton, the Best Explanation of a Scientific Paper, Philosophy of Science, 65, 1997.

R. Stalnaker, On the Representation of Context, Journal of Logic, Language, and Information, 7. 1998.

Rohrlich, F, Scientific Explanation: From Covering Law to Covering Theory, Philosophy of Science Association, Vol. 1, 1994.

Salmon. W. C, Hempel's Conception of Inductive Inference in Inductive – Statistical Explanation, Philosophy of Science, 44, 1977.

Salmon. W. C, Why ask "Why?"? An Inquiry Concerning Scientific Explanation Proceedings and Addresses of the American Philosophical Association, Vol. 51, No. 6（Aug. , 1978）.

Sandborg. David, Mathematical Explanation an the Theory of Why – Questions, Brit. J. Phil. Sci, 49, 1998.

Sylvain Bromberger, On Pragmatic and Scientific Explanation: Comments o Achinstein's and Salmom's Papers, Philosophy of Science Association, 1984, Vol. 2.

Salmon, W. C, Conflicting Conceptions of Scientific Explanation, the Journal of Philosophy, 1985.

Salmon, W. C, Explanation and Relevance: Comments on James G. Greeno's "Theoretical Entities in Statistical Explanation", Boston Studies in the Philosophy of Science, Vol. 3, 1970.

Salmon, W. C, Scientific Explanation: Three Basic Conceptions, Philosophy of Science Association, Vol. 2, 1984.

Salmon, W. C, The Spirit of Logical Empiricism: Carl. G. Hempel's Role in Twentieth – Century Philosophy of Science, Philosophy of Science, Vol. 66, 1999.

Shirley, E. S, An Unnoticed Flaw in Barker and Achinstein's Solution to Goodman's New Riddle of Induction, Philosophy of Science, 48, 1981.

Shrader, D. W, Causation, Explanation and Statistical Relevance, Philosophy of Science, 44, 1977.

Sylvain Bromberger, An Approach to Explanation, On What We Know We Don't Know, The University of Chicago Press, 1992.

T. Mischel, Pragmatic Aspects of Explanation, Philosophy of Science, Vol. 33, No. 1/2（Mar. , 1966）.

Timothy Day and Harold Kincaid, Putting Inference to the Best Explanation in Its Place, Synthese, Vol. 98, No. 2（Feb. , 1994）.

Teller, Paul, On Why-Questions, Blackwell Publishing, Vol. 8, No. 4, 1974.

Temple, Dennis, The Contrast Theory of Why – Question, Philosophy of Science, 55（1988）.

Van Fraassen, Bas C, On the Extension of Beth's Semantics of Physical Theories, Philosophy of Science, 1970.

Van Fraassen, Bas C, Michel Ghins on the Empirical Versus the Theoretical. Foundations of Physics, Vol. 30, No. 10. 2000.

Van Fraassen, Bas C, Constructive Empiricism Now, Philosophical Studies, 106, 2001.

Van Fraassen, Bas C, Salmon on Explanation, the Journal of Philosophy, 1985.

W. C. Salmon, Hempel's Conception of Inductive Inference in Inductive – Statistical Explanation, Philosophy of Science, 44, 1977.

William S. Krasker, A Note on Selecting Parametric Models in Bayesian Inference, The Annals of Statistics, Vol. 12, No. 2 (Jun., 1984).

毕文胜:《范·弗拉森"语用学"科学说明观的两个问题》,《自然辩证法研究》2005 年第 10 期。

成素梅:《科学的成功说明了什么?——评劳丹对科学实在论的论证策略的批判》,《山西大学学报》(社会科学版) 2010 年 2 期。

陈晓平:《无差别原则与贝叶斯疑难》,《哲学研究》2007 年第 7 期。

陈晓平:《科学定律与反事实条件句》,《自然辩证法研究》2001 年第 7 期。

陈晓平:《从贝叶斯方法看休谟问题——评豪森对休谟问题的"解决"》,《自然辩证法通讯》2010 年第 4 期。

曹志平:《论逻辑实证主义的科学解释观》,《中南工业大学学报》(社会科学版) 2002 年第 2 期。

高嵩,洪正平,王其超:《科学探究中的科学解释》,《山东师范大学学报》(人文社会科学版) 2009 年第 6 期。

亨普尔:《普遍规律在历史学中的功能》,载加德纳《历史理论》,1959 年。

范·弗拉森:《说明(解释)的语义学》,《哲学译丛》1988 年第 5 期。

F. 赖特:《说明(解释)和理解》,《哲学译丛》1988 年第 5 期。

郭贵春,安军:《科学解释的语境论基础》,《科学技术哲学研究》2013 年第 1 期。

侯纯:《科学解释的语义结构分析》,《燕山大学学报》(哲学社会科学版) 2000 年第 1 期。

刘高岑,郭贵春:《科学解释的语境:意向模型》,《科学学研究》2006

年第 4 期。

刘占峰：《论社会认知中的意向性》，《华中师范大学学报》2002 年第 6 期。

林凡杰：《最佳解释推理与归纳》，西南大学学位论文，2015 年 5 月。

李珍：《反事实与因果机制》，《自然辩证法研究》2009 年第 9 期。

苗兴伟：《关联理论对语篇连贯的解释力》，《外语教学与研究》1999 年第 3 期。

N. 柯埃提格：《萨尔蒙 S—R 说明模型初探》，《哲学译丛》1988 年第 5 期。

Peter Kitcher：《对说明（解释）的两种探讨》，《哲学译丛》1988 年第 5 期。

P. L. 奎因：《C. G. 亨普尔及其解释理论》，《哲学译丛》1987 年第 6 期。

齐磊磊：《科学解释的模型论进路》，《自然辩证法研究》2008 年第 7 期。

任晓明，臧勇：《主观贝叶斯主义的概率理论》，《华北水利水电学院学报》（社会科学版）2007 年第 2 期。

R. 斯塔纳克：《论预设》，《哲学译丛》1999 年第 2 期。

S. 摩根贝塞：《科学解释》，《哲学译丛》1987 年第 6 期。

史滋福，王香香，陈姣，张庆林：《贝叶斯推理研究的三个层次》，《心理科学进展》2010 年第 18 卷第 2 期。

孙思：《辩护和扩展科学说明的演绎——定律模型的新方案》，《哲学研究》2009 年第 10 期。

孙思：《基于贝叶斯网络方法的说明者信念度相关性模型——科学说明相关性问题的一个解决方案》，《自然辩证法通讯》2010 年第 1 期。

W. Salmon：《科学说明（解释）的冲突观念》，《哲学译丛》1988 年第 5 期。

王巍：《科学说明和历史解释——论自然科学与人文学科的方法论统一性》，《中国社会科学》2002 年第 5 期。

王巍：《因果机制与定律说明》，《自然辩证法研究》2009 年第 2 期。

王航赞，王涌米：《最佳说明的推理：论科学说明和推理的当代发展——兼评理普顿的〈最佳说明推理〉》，《哲学堂》第 3 辑。

魏屹东：《归纳推理与科学说明模型的语境解释》，《南京社会科学》
　　2011 年第 5 期。

吴志远：《科学说明的影像理论》，《哲学百家》2008 年第 2 期。

熊立文：《归纳逻辑与贝叶斯方法》，《南京社会科学》2011 年第 5 期。

徐竹：《从方法论重构到先验旨趣分析——论现象学科学哲学中科学说
　　明研究的范式转换》，《哲学研究》2008 年第 2 期。

熊学亮：《语用学和认知语境》，《外语学刊》1996 年第 3 期。

夏年喜：《贝叶斯主义与指称主义》，《世界哲学》2009 年第 2 期。

于永全：《从说明语用学到科学的新模型——范·弗拉森的反科学实在
　　论科学探析》，黑龙江大学硕士学位论文。

杨莉，胡竹菁：《概率的不同表征对贝叶斯推理的影响的研究》，《心理
　　学探新》2007 年第 2 期。

杨连菊，李娜：《论语用学的科学解释观》，《社会科学论坛》2006 年
　　10 月下。

张华夏：《科学解释标准模型的建立、困难与出路》，《科学技术与辩证
　　法》2002 年第 2 期。

张志林：《科学解释与理解类型》，《科学技术与辩证法》2003 年第
　　3 期。

张志林：《因果关系的状态空间模型》，《自然辩证法通讯》1996 年第
　　1 期。

张志林：《因果律、自然律与自然科学》，《哲学研究》1996 年第 9 期。

张志林：《休谟因果问题的重新发现及解决》，《哲学研究》1998 年第
　　5 期。

张志林：《再论休谟因果问题的重新发现及解决》，《哲学研究》1999
　　年第 9 期。

张志林：《论科学解释——从〈解释的逻辑研究〉谈起》，《哲学研究》
　　1999 年第 1 期。

曾国屏，袁航：《科学说明为何离不开理解——从对科学说明模型的分
　　析展开》，《自然辩证法研究》2006 年第 10 期。

朱霖：《论亨普尔关于科学说明与科学预测的同构论及其困境》，《贵州
　　大学学报》（社会科学版）2005 年第 3 期。